Xpert.press

Springer
*Berlin
Heidelberg
New York
Hongkong
London
Mailand
Paris
Tokio*

Die Reihe **Xpert.press** des Springer-Verlags vermittelt Professionals im Projektmanagement sowie in den Bereichen Betriebs- und Informationssysteme, Software Engineering und Programmiersprachen aktuell und kompetent relevantes Fachwissen über Methoden, Technologien und Produkte zur Entwicklung und Anwendung moderner Informationstechnologien.

Hans-Bernd Kittlaus   Christoph Rau
Jürgen Schulz

Software-Produkt-Management

Nachhaltiger Erfolgsfaktor
bei Herstellern und Anwendern

Hans-Bernd Kittlaus
Christoph Rau
Jürgen Schulz

InnoTivum
Im Sand 86
53619 Rheinbreitbach
info@innotivum.de

ISSN 1439-5428
ISBN 3-540-14037-9 Springer-Verlag Berlin Heidelberg New York

Bibliografische Information Der Deutschen Bibliothek
Die Deutsche Bibliothek verzeichnet diese Publikation in der
Deutschen Nationalbibliografie; detaillierte bibliografische Daten
sind im Internet über <http://dnb.ddb.de> abrufbar.

Dieses Werk ist urheberrechtlich geschützt. Die dadurch begründeten Rechte, insbesondere die der Übersetzung, des Nachdrucks, des Vortrags, der Entnahme von Abbildungen und Tabellen, der Funksendung, der Mikroverfilmung oder der Vervielfältigung auf anderen Wegen und der Speicherung in Datenverarbeitungsanlagen, bleiben, auch bei nur auszugsweiser Verwertung, vorbehalten. Eine Vervielfältigung dieses Werkes oder von Teilen dieses Werkes ist auch im Einzelfall nur in den Grenzen der gesetzlichen Bestimmungen des Urheberrechtsgesetzes der Bundesrepublik Deutschland vom 9. September 1965 in der jeweils geltenden Fassung zulässig. Sie ist grundsätzlich vergütungspflichtig. Zuwiderhandlungen unterliegen den Strafbestimmungen des Urheberrechtsgesetzes.

Springer-Verlag ist ein Unternehmen von Springer Science+Business Media
springer.de

© Springer-Verlag Berlin Heidelberg 2004
Printed in Germany

Die Wiedergabe von Gebrauchsnamen, Handelsnamen, Warenbezeichnungen usw. in diesem Werk berechtigt auch ohne besondere Kennzeichnung nicht zu der Annahme, dass solche Namen im Sinne der Warenzeichen- und Markenschutz-Gesetzgebung als frei zu betrachten wären und daher von jedermann benutzt werden dürften.

Umschlaggestaltung: KünkelLopka, Heidelberg
Datenaufbereitung: U. Kunkel Textservice, Reichartshausen
Gedruckt auf säurefreiem Papier   33/3142 GF   5 4 3 2 1 0

Vorwort

Verblüffenderweise gibt es in einer Zeit, in der die Buchmessen von der Vielzahl von Neuerscheinungen überquellen, doch noch wichtige Themen, die in der Literatur nicht adressiert sind. Software-Produkt-Management ist so eines. Als wir in unserer gemeinsamen Zeit im Entwicklungslabor der Firma IBM in Böblingen Ende der 80er und Anfang der 90er Jahre erstmals mit dem Thema in Berührung kamen, wirkte es wie eine Geheimwissenschaft mit wenigen Eingeweihten, die ihre Geheimnisse noch nicht einmal untereinander austauschten, geschweige denn Dritten verrieten. Literatur zum Thema gab es keine.

Durch mühsame Lernprozesse bei der praktischen Arbeit wurden wir allmählich selbst zu Eingeweihten. Christoph Rau nutzte diese Kenntnisse als langjähriger Software-Executive bei IBM und BEA, Jürgen Schulz als Manager im Service-Bereich der IBM. Hans-Bernd Kittlaus wurde verantwortlich für das europäische Produkt-Management der IBM für Datenbank- und Anwendungsentwicklungsprodukte, bevor er Ende der 90er Jahre einen ersten Versuch als Direktor der Sparkassenorganisation machte, das Konzept für Software-Produkt-Management in eine Organisation mit Tausenden von Anwendungsentwicklern hineinzutragen. Literatur gab es immer noch keine. Mit diesem Buch versuchen wir jetzt selbst, die Literaturlücke zu schließen. Die Erfolgsbeurteilung überlassen wir Ihnen und freuen uns auf Ihre Kritik und Ihr Lob unter „info@innotivum.de".

Bedanken möchten wir uns bei Herrn Hermann Engesser, Frau Dorothea Glaunsinger und Frau Gabriele Fischer vom Springer-Verlag für die gute Zusammenarbeit, bei der Gartner Group für die freundliche Überlassung einiger Abbildungen sowie bei Herrn Horst von Einem, der seine langjährigen Erfahrungen als Software-Produkt-Manager als fachlicher Lektor einbrachte. Ganz besonderer Dank gilt unseren besseren Hälften für die klaglose Hinnahme der Schreibanfälle und -blockaden und die moralische Unterstützung.

Rheinbreitbach, im Oktober 2003
                                                    Hans-Bernd Kittlaus
                                                    Christoph Rau
                                                    Jürgen Schulz

Inhaltsverzeichnis

1 **Einleitung** 1

2 **Sichten auf Produkt-Management in der Literatur** 5

3 **Software-Produkt: Begriff und Merkmale** 9
   3.1 Abgrenzung und Produktbegriff 10
   3.2 Externe und interne Sicht auf ein (Software-)Produkt 12
   3.3 Das Software-Produkt als Typ und die
kundenspezifische Auslieferung als Exemplar 14
   3.4 Produktname, Versionsbezeichnungen und Kompatibilität 15
   3.5 Merkmale von Software-Produkten 18

4 **Software als Business** 21
   4.1 Variable Produktkosten praktisch Null 22
   4.2 Niedrige Markteintrittsbarrieren 23
   4.3 Software bleibt kleben 23
   4.4 Partner sind wesentlich für den Erfolg 24
   4.5 Gesetz des steigenden Grenznutzens 28
   4.6 Marktführerschaft ist entscheidend für den Erfolg 29
   4.7 Business-Modelle auf der Herstellerseite 30
   4.8 Die Business-Aspekte auf der Anwenderseite 35

5 **Kernelemente des Software-Produkt-Managements** 37
   5.1 Ziele 37
   5.2 Die Rolle des Software-Produkt-Managers 42
   5.3 Produktpositionierung im Markt 44
   5.4 Produktstrategie 51
   5.5 Wettbewerbsvorteile und ihre Sicherung 53
   5.6 Steuerung der Marketing-Instrumente 56
   5.7 Distribution und Vertrieb 67
   5.8 Pricing von Software-Produkten 76
   5.9 Die vertragliche Gestaltung 88

5.10 Die Support-Struktur 93
5.11 Anforderungsmanagement 95
5.12 Werkzeugunterstützung 131
5.13 Die Auftraggeberrolle für die Entwicklung 132
5.14 Planungsprozesse 135

**6 Software-Produkt-Management als Teil
der Unternehmensstruktur** 137
6.1 Das Zusammenspiel im Unternehmen 137
6.2 Organisationsformen 147
6.3 Ausgestaltung des Software-Produkt-Managements 152

7 Zusammenfassung und Ausblick 159

Anhang: Stellenbeschreibung 163

Literaturverzeichnis 165

Stichwortverzeichnis 169

1 Einleitung

Von Software-Krise spricht man schon seit den 60er Jahren. Gemeint war damit das Auseinanderklaffen von Erwartungen und tatsächlichen Leistungen bei Produktivität und Qualität der Software-Bereitstellung, sowohl bei Herstellern wie auch bei Anwendern. Trotzdem ging es der Branche über Jahrzehnte überwiegend blendend. Erst mit dem Platzen der Internet-Blase ab dem Jahr 2000 muss man von einer echten Krise der Software-Branche sprechen. Viele börsennotierte Software-Unternehmen gingen in die Insolvenz, in Deutschland etwa Brokat oder Heyde. Andere wurden übernommen, wie etwa NSE Software oder Rational. Diese Entwicklung kann als überfällige Konsolidierung nach einer Übertreibungsphase gesehen werden, doch dahinter verbergen sich auch die immensen Risiken eines schwierigen Geschäfts mit rascher Abfolge von Technologiewechseln, wenig Standardisierung und viel irrationalem Hype.

Auf der Anwenderseite ist nach den enormen Investitionen in IT in der Boom-Phase ebenfalls Ernüchterung eingetreten. Das „soft" in Software wurde zu oft fehlinterpretiert im Sinne von „alles ist machbar". Eine Vielzahl von Großprojekten sind völlig gescheitert, so zum Beispiel Retail-Banking- oder Wertpapier-Anwendungen in allen deutschen Bankengruppen. Andere Projekte sind kostenseitig und zeitlich massiv aus dem Ruder gelaufen und/oder haben nicht den erhofften Return on Investment gebracht. Doch auch hier darf nicht das Kind mit dem Bade ausgeschüttet werden. Die Frage ist nicht, ob noch in IT investiert werden soll, sondern wie erreicht werden kann, dass Investitionen zu dem gewünschten nachhaltigen geschäftlichen Erfolg führen. Genau darin liegt das Ziel eines systematischen Software-Produkt-Managements.

Produkt-Management ist eine Disziplin, mit der sich viele Branchen schon seit Jahrzehnten beschäftigen, allen voran die Konsumgüterindustrie. Die Erfindung von Produkt-Management als explizitem Steuerungskonzept wird Procter & Gamble zugeschrieben, die zwei konkurrierende Seifenprodukte 1931 jeweils mit einem Produkt-Manager versahen (siehe [Gorche00]). Seitdem hat sich diese Grundidee weit verbreitet, auch wenn es immer noch Unternehmen gibt, die meinen, ohne ein (explizites) Produkt-Management auskommen zu können. Eigentlich liegt es für jedes Unternehmen nahe, die Produkte, mit denen es sein Geld verdient, die als Assets nachhaltige Werte des Unternehmens darstellen, explizit zu managen. Doch was bedeutet dieses Managen der Produkte tatsächlich? Leider ist diese Frage nur in Teilen allgemein zu beantworten, zeigt doch die Praxis, dass die Tätigkeit des Produkt-Managers stark abhängig ist von der Art des Produkts, der Kultur und Organisation des Unternehmens sowie dem Ziel- und Belohnungssystem. Grundsätzlich geht es um die Steuerung und Koordination aller relevanten Bereiche innerhalb und außerhalb des Unternehmens mit dem Ziel, den Produkterfolg nachhaltig zu optimieren. Innerhalb des Unternehmens umfasst dies insbesondere Entwicklung, Produktion, Marketing, Vertrieb und Logistik.

In über zwanzigjähriger Tätigkeit in der Software-Branche haben die Autoren die Erfahrung gemacht, dass all die Erkenntnisse und Erfahrungen aus anderen Branchen und Produktarten nur bedingt auf Software übertragbar sind. Die Tätigkeit eines Software-Produkt-Managers ist in wesentlichen Teilen geprägt durch die spezifischen Eigenschaften von Software. Am augenfälligsten sind die geringe Bedeutung von Produktion und Logistik und die große Bedeutung von Anforderungsmanagement, um Wunsch und Möglichkeit der häufigen Änderung des Produkts über seine Lebenszeit zu steuern. Da Software nach Auffassung der Autoren das komplexeste Erzeugnis menschlichen Handelns ist, das wir kennen (siehe Kapitel 3), stellt auch und gerade das Managen von Software-Produkten eine einzigartige Menge von Anforderungen an die Akteure. Dementsprechend schwer tun sich Software-Hersteller mit der Besetzung von Produkt-Management-Positionen, da es keine spezifischen Ausbildungsgänge für diese Tätigkeit gibt. Dies führt typischerweise dazu, dass man in solchen Funktionen einen Mix von sehr erfahrenen Leuten findet, die im Laufe ihrer Karriere in sehr unterschiedlichen Bereichen des Unternehmens oder der Branche gearbeitet haben, und Spezialisten, die durch Ausbildung und Werdegang eine bestimmte Teilaufgabe kompetent abdecken können, z.B. Branding. Berufsanfänger sieht man hier jedenfalls selten. Auch einschlägige Literatur zu Software-Produkt-Management, die einem Einsteiger helfen könnte sich einzuarbeiten, steht weder auf dem deutschen noch auf dem amerikanischen Markt zur Verfügung (siehe Kapitel 2).

Eine recht neue Entwicklung hat auf der Anwenderseite eingesetzt. Mit der zunehmend isolierten Betrachtung, z.B. Auslagerung oder innerbetrieblicher Leistungsverrechnung, von Unternehmenseinheiten, in denen die Bereitstellung von Software eine zentrale Rolle spielt, wird die Notwendigkeit gesehen, die Software-Produkte als die entscheidenden Assets explizit zu managen. Auch die Erkenntnis, dass Unternehmen IT-fremder

Branchen plötzlich zu „Standard-Software-Lieferanten" für ihre Kunden werden, indem sie auf ihrer Website Java Applets bereitstellen (z.B. Finanzdienstleister), mag zu dieser Entwicklung beigetragen haben. Dabei wird Software-Produkt-Management bei Anwendern bisher überwiegend nicht so konsequent betrieben wie bei Herstellern. Hier liegt Verbesserungspotential.

Mit diesem Buch wollen die Autoren die erste umfassende Darstellung des Themas Software-Produkt-Management liefern. Dabei wird eine integrierte Behandlung für Hersteller und Anwender verfolgt, da die Gemeinsamkeiten, die durch die Spezifika von Software als Produkt induziert werden, stärker wirken als die Unterschiedlichkeit der Sichten. Trotzdem muss dieser Unterschiedlichkeit am Ende Rechnung getragen werden durch unterschiedliche Schwerpunktsetzung bei den Aufgaben des Software-Produkt-Managements (siehe Kapitel 6). Zielgruppe dieses Buches sind alle Personen, die bei Hersteller- und Anwenderunternehmen mit Software-Produkt-Management zu tun haben, insbesondere die Top-Management-Ebene dieser Unternehmen, die ein bewussteres Management ihrer Software-Assets anstrebt. Natürlich freuen wir uns auch über Leser aus dem Hochschulbereich, wobei dieses Buch nicht den Anspruch einer wissenschaftlichen Monografie oder eines Lehrbuchs hat.

Um der Breite des Themas gerecht werden zu können, sind klare Abgrenzungen notwendig. Auch wenn Software-Produkt-Management wichtige Schnittstellen zur Entwicklung hat, werden hier weder die Themen Software-Entwicklungsmethodik und -management noch Projektmanagement behandelt. Ähnliches gilt für die Funktionen Marketing, Vertrieb und Consulting. Der Begriff Software-Produkt-Management wird im Folgenden noch klar definiert, doch sei hier zur Abgrenzung bereits gesagt, dass damit nicht das Software License Management gemeint ist, also die ordnungsgemäße Buchhaltung, Verwaltung und Bezahlung der in einem Unternehmen vorhandenen und verwendeten Software-Lizenzen.

Wie oben ausgeführt gibt es viel Literatur zum Thema Produkt-Management, aber deutlich weniger Bücher, die für das Software-Produkt-Management nützlich sind. In Kapitel 2 wird ein Überblick über Bücher gegeben, die uns hilfreich erscheinen, ohne damit einen akademischen Vollständigkeitsanspruch zu verknüpfen. In Kapitel 3 wird der schwierige Versuch gemacht, allgemeingültig den Begriff „Software-Produkt" zu definieren. Kapitel 4 betrachtet die Business-Seite von Software. Den Hauptteil des Buches macht die Darstellung der Kernelemente des Software-Produkt-Managements in Kapitel 5 aus. Hier werden detailliert alle Facetten des Themas von Marktpositionierung bis Lizenzmodell behandelt, die für Software relevant sind. Die Einordnung von Software-Produkt-Management als Teil der Unternehmensstruktur bei Herstellern und Anwendern ist Thema von Kapitel 6. Dabei geht es um Zusammenspiel und Abgrenzung von Software-Produkt-Management und Unternehmensstrategie, Produkt-Portfolio-Management, Management von Produktplattformen und Produktfamilien sowie den Funktionen Entwicklung, Marketing, Vertrieb und Consulting. Darauf aufbauend werden aufbauorganisatorische Alternativen und die spezifische Ausgestaltung des Software-Produkt-Managements nach Unternehmens- und Produktarten dargestellt. Das Buch endet mit Zusammenfassung und Ausblick in Kapitel 7.

In diesem Buch werden Begriffe wie „Manager" oder „Leiter" geschlechtsneutral verwendet, d.h sie beziehen sich auf weibliche und männliche Personen gleichermaßen. Diese Konvention dient nur der Lesbarkeit, hat also keinerlei diskriminierenden Charakter.

2 Sichten auf Produkt-Management in der Literatur

So unterschiedlich sich Produkt-Management inhaltlich und organisatorisch in der Praxis darstellt, so unterschiedlich zeigt sich auch die Behandlung in der einschlägigen Literatur. Da gibt es Autoren, die versuchen, Produkt-Management branchen- und produktunabhängig zu erklären. Andere Autoren sehen die Notwendigkeit, stärker zu differenzieren. Ein Dienstleistungsprodukt, z.B. ein Reinigungsservice, verlangt eben eine andere Form des Produkt-Managements als ein Investitionsgüterprodukt, z.B. ein Bagger, oder ein Konsumgüterprodukt, z.B. eine Zahnbürste. Wieder andere Autoren konzentrieren sich auf einen oder wenige Aspekte des Produkt-Managements. Je nach Erfahrungshintergrund der Autoren findet man einen Marketing-Fokus, z.B. auf Brand Management, Namensfindung oder Werbung, die Konzentration auf den Produktionsprozess, auf reine Neuentwicklung oder auf die Preisgestaltung.

Dieses Buch ist von Praktikern für Praktiker geschrieben. Dementsprechend beschränken wir uns auf die Nennung von Literaturquellen, die wir als nützlich für diejenigen betrachten, die sich für Software-Produkt-Management interessieren. Wir verbinden damit also keinen akademischen Vollständigkeitsanspruch, noch wollen wir ausschließen, dass es noch weitere nützliche Quellen gibt, auf die wir nicht gestoßen sind.

Das einzige uns bekannte Buch, das sich spezifisch mit Software-Produkt-Management befasst, stammt von Dan Condon [Condon02], einem Praktiker, der seine Erfahrungen bei verschiedenen amerikanischen Software-Herstellern gesammelt hat. Dementsprechend beschränkt er seine Darstellung auf das Management von Standard-Software. Er sieht den Produkt-Manager als Koordinator aller unternehmensinternen Funktionen, die zur Entwicklung und Markteinführung eines Produkts beitragen. So schildert er die dabei auftretenden Konflikte aus der Praxis heraus und versucht, Verständnis für die unterschiedlichen Sichten und Kulturen der Beteiligten zu wecken. Auch wenn die Darstellungen mitunter etwas holzschnittartig geraten, sind sie recht praxisnah und lesenswert für jemanden, der noch keine Erfahrungen im Software-Produkt-Management sammeln konnte. Der erfahrene Praktiker profitiert eher von der gelungenen Darstellung der Entwicklung des System Software Business von teuren proprietären Produkten hin zu Open Source am Ende des Buches, wobei allerdings der Mut zur Vorhersage der weiteren Entwicklung fehlt. Insgesamt hat das Buch nicht den Anspruch, das Thema Software-Produkt-Management umfassend abzuhandeln.

Das „Product Manager's Handbook" [Gorche00] behandelt das Thema unabhängig von Produktart und Branche. Es stammt von der Amerikanerin Linda Gorchels, die nach praktischer Ausübung von Produkt-Management in verschiedenen Branchen heute in Consulting und Lehre tätig ist. Die oberste Gliederungsebene des Buches ist etwas irreführend, da sie sich auf Skills bezieht. Tatsächlich ist das Buch aber nach Aufgaben bzw. Tätigkeitsfeldern des Produkt-Managements strukturiert. Diese Aufgaben werden sehr kundig und umfassend beschrieben, soweit dies ohne Bezug auf Branche und Produktart möglich ist. Wenige, aber ausführliche Beispiele belegen immer wieder den Praxisbezug. Damit ist dies das beste uns bekannte Buch zu Produkt-Management im Allgemeinen.

Unter dem Titel „Product Strategy for High Technology Companies" [McGrat01] beschäftigt sich der erfahrene Unternehmensberater Michael McGrath mit den strategisch orientierten Themen, die die Arbeit des Produkt-Managers beeinflussen. Dabei ist der Buchtitel etwas irreführend, denn McGrath betrachtet weniger das einzelne Produkt als vielmehr die gesamte Unternehmensstrategie und ihre Umsetzung in Produktplattformen, Produktfamilien und Einzelprodukten. Dabei geht er ausführlich auf Strategien zur Differenzierung am Markt, Wettbewerbs- und Wachstumsstrategien und das Thema Portfolio Management ein. Das Buch quillt derart über von Fallbeispielen aus der High-Tech-Industrie, dass mitunter die Allgemeingültigkeit verloren geht. Dies ist allerdings auch schon der einzige Kritikpunkt an diesem ansonsten brillanten Buch. Da es inhaltlich in weiten Bereichen mit unseren Sichten und Erfahrungen übereinstimmt, werden wir es in Kapitel 6 noch mehrfach zitieren, in dem wir die Einbindung des Produkt-Managements ins Gesamtunternehmen beleuchten.

Eines der wenigen Teilthemen des Software-Produkt-Managements, das wirklich ausgiebig in der Literatur behandelt wird, ist das Thema Anforderungsmanagement. Allerdings wird das Thema zumeist in Bezug auf ein einzelnes Entwicklungsprojekt gesehen. Dagegen halten wir den Ansatz von Bruno Schienmann für wegweisend, der in seinem exzellenten Buch „Kontinuierliches Anforderungsmanagement" [Schien02] eine Trennung in die Sichten Kunde, Produkt und Projekt einführt, die auch unseren Ausführungen in Kapitel 5 zugrunde liegt. Die amerikanischen Beraterinnen Ivy Hooks und Kristin Farry bleiben in ihrem Buch „Customer-Centered Products – Creating Successful Products through Smart Requirements Management" [HooFar01] wesentlich oberflächlicher, liefern aber gute Argumente und Beispiele für die Nützlichkeit eines systematischen Anforderungsmanagements, die jeden Entscheidungsträger überzeugen sollten.

Der amerikanische Berater Robert Cooper schildert in seinem Buch „Product Leadership – Creating and Launching Superior New Products" [Cooper00] den Prozess der Identifizierung, Entwicklung und Markteinführung erfolgreicher neuer Produkte branchenübergreifend. Auch wenn seine Kriegsmetaphern auf deutsche Leser eher penetrant wirken, erweist sich der Inhalt ansonsten als durchaus praxisnah. Allerdings wendet er sich strikt an das Topmanagement und lässt den menschlichen Faktor, der insbesondere bei Go/NoGo-Entscheidungen über Projekte wie auch generell im Portfolio-Management eine wichtige Rolle spielt, völlig außer Acht. Dieser ist sehr überzeugend im Buch „The Smart Organization: Creating Value Through Smart R&D" der Brüder Matheson [MatMat98] dargestellt, die auch wesentlich bessere Beispiele bringen. [Cooper00] widmet ein Kapitel einer Zusammenfassung des Themas Portfolio-Management, das in [CoEdKl01] in aller Ausführlichkeit dargestellt wird und das einen Produkt-Manager dadurch betrifft, dass er sein Produkt im Portfolio-Management-Prozess typischerweise vertreten muss (siehe Kapitel 6). Cooper verwendet den Begriff Innovation ziemlich undifferenziert für jegliche Neuerungen. Tatsächlich erscheint es aber gerade im Software-Bereich sinnvoll, zwischen Evolution und Innovation zu unterscheiden (siehe Kapitel 5). Dabei ist Innovation eine besonders radikale Form der Veränderung, z.B. ein Technologiewechsel, bei der Risiken und Chancen wesentlich größer sind und die andere Management-Ansätze braucht als evolutionäre Weiterentwicklung. Dies stellen William Miller und Langdon Morris in ihrem lesenswerten Buch „4th Generation R&D: Managing Knowledge, Technology, and Innovation" ([MilMor99]) dar.

Angesichts der wirtschaftlichen Bedeutung, die Software in den letzten Jahrzehnten gewonnen hat, ist es auf den ersten Blick verwunderlich, wie wenig Literatur es zum Thema Software-Produkt-Management gibt. Auf den zweiten Blick kommen dann einige Gründe zum Vorschein. Zum einen ist es schwierig, das Thema in seiner ganzen Breite in diesem extrem dynamischen, d.h. sich rasant verändernden Markt gesamthaft abzudecken. Zum anderen betrachten gerade die Marktführer das Thema insgesamt als hochgradig wettbewerbsrelevant. Bei einzelnen Elementen wie z.B. Pricing haben sie überhaupt kein Interesse, Kunden und Wettbewerbsbehörden allzu viel Einblick zu geben, und verbieten dementsprechend ihren Mitarbeitern Veröffentlichungen. Mit diesem Buch versuchen wir, den Schleier des Geheimnisses zu lüften.

3 Software-Produkt: Begriff und Merkmale

Software ist ein immaterielles Wirtschaftsgut, nicht fassbar, ja nicht einmal sichtbar oder in anderer Form wahrnehmbar. So ist nur die Funktionalität von Software z.B. über eine Benutzungsschnittstelle wahrnehmbar, oder als Ergebnis einer durch Software gesteuerten Transaktion, zum Beispiel als Kontobewegung. Die Vorstellungen darüber, was ein Software-Produkt ausmacht, sind häufig eher intuitiv. Wie bei vielen hochtechnisierten Produkten verstehen auch bei einem Software-Produkt viele Menschen nicht, wie es funktioniert. Software ist also im wahrsten Sinne des Wortes nicht be-„greifbar". Software steht damit in deutlichem Gegensatz zu anderen Investitions- oder Konsumgütern. Dazu kommt die Besonderheit, dass der Kunde beim Kauf von Software nicht wirklich das Produkt erwirbt, sondern über einen Lizenzvertrag ganz bestimmte genau definierte Nutzungsrechte. Dennoch stellen die Investitionen in Software mittlerweile einen größeren Anteil der Gesamtausgaben für IT-Infrastruktur dar als die Investitionen für Hardware, und Software-Verträge mit großen Unternehmen belaufen sich nicht selten über mehrere Millionen Euro.

Software reiht sich neben den drei klassischen Wirtschaftsfaktoren Kapital, Boden und Arbeit in die neue vierte Kategorie „Wissen" ein. Software ist die Manifestierung von menschlichem Know-how in Bits und Bytes und besitzt in dieser Form noch dazu den unschätzbaren Vorteil (und gleichzeitig Nachteil), dass sie sich sehr leicht kopieren und über beliebige Entfernungen schnell verteilen lässt. Die richtige Software optimal eingesetzt kann im heutigen Wirtschaftsleben einen größeren strategischen Wettbewerbsvorteil darstellen als alle anderen Faktoren. Software kann entscheidend sein für die Wettbewerbsfähigkeit von Produktionsprozessen, die Funktionalität und Verfügbarkeit von Dienstleistungsprodukten, also für Erfolg oder Misserfolg eines Unternehmens am Markt.

Aber was ist ein Software-Produkt und was ist keines – oder noch keines? Welche Rolle spielt der Preis? Wie sind Dienstleistungen einzuordnen, die auf der Basis von Software angeboten werden?

Wir halten es für sinnvoll, den Begriff des Software-Produktes nicht zu beschränken auf die Welt der Software-Hersteller, sondern ebenso zu verwenden in der Welt der Anwender und Dienstleister. Wird auch z.B. ein

Online-Konto oder Online-Depot bei einer Direktbank, ein Handy in Kombination mit einem speziellen Mobilfunktarif oder die Mitgliedschaft in einer Chat Community zu einem Software-Produkt? Wir wollen in diesem Kapitel versuchen, den Begriff des Software-Produktes zu definieren und anschließend bestimmte Merkmale von Software und deren Relevanz für den Produktbegriff und das Produkt-Management zu diskutieren.

3.1 Abgrenzung und Produktbegriff

Die Marketing-Lehre definiert den Begriff „Produkt" im Allgemeinen wie folgt: „Ein Produkt ist jedes Objekt, das auf einem Markt zur Beachtung oder Wahl, zum Kauf, zur Benutzung oder zum Verbrauch oder Verzehr angeboten wird und geeignet ist, damit Wünsche oder Bedürfnisse zu befriedigen." (siehe [KoArSW02]).

Wir verzichten in unserer Definition auf den Begriff des Marktes (der uns die Begriffsbildung zu sehr auf einen „Massenmarkt" fokussiert) und stellen eher die Beziehung zwischen zwei Parteien in den Vordergrund, so dass auch Individualentwicklungen bzw. interne Kunden-/Lieferantenbeziehungen hiermit abgedeckt werden.

> Produkt = Kombination aus (materiellen und/oder immateriellen) Gütern und Dienstleistungen, die eine Partei (genannt Anbieter) unter kommerziellen Interessen zusammenstellt, um definierte Rechte daran einer zweiten Partei (genannt Kunde) zu übertragen.

> Software-Produkt = Produkt, dessen vorrangiger Bestandteil Software ist.

Das Wort „Partei" soll ausdrücken, dass es sich dabei nicht unbedingt um eine juristische Person handeln muss. Es könnten also auch Bereiche innerhalb eines Unternehmens oder Einzelpersonen sein. Die Formulierung „unter kommerziellen Interessen" soll deutlich machen, dass es schon um Business geht, aber nicht notwendigerweise eine Bezahlung erfolgen muss. Auch hinter Open Source steckt ein kommerzielles Interesse, und sei es nur, den etablierten Herstellern zu schaden. Auch ein kostenfreies Produkt (z.B. der Microsoft Powerpoint Viewer) hat das kommerzielle Ziel, die Verbreitung eines anderen – natürlich kostenpflichtigen – Produktes des gleichen Software-Herstellers zu erhöhen. Die Formulierung „definierte Rechte" soll ausdrücken, dass es hier Gestaltungsspielraum gibt, z.B. Nutzungsrecht (evtl. mit Beschränkungen), Eigentumsrecht, Besitzrecht, Recht zur Weiterveräußerung etc. Näheres regeln i.d.R. Lizenzbedingungen des jeweiligen Software-Herstellers oder ein Einzelvertrag zwischen den beteiligten Parteien.

Die Produktdefinition soll auch ausdrücken, dass etwas bereits ein Produkt sein kann, wenn es noch kein Kunde erworben hat, d.h. es wird nicht durch den Kaufvorgang zum Produkt, sondern durch die Absicht, es zu verkaufen. Für die Abgrenzung, was ein Software-Produkt ist und was nicht, haben wir bewusst eine „weiche" Formulierung gewählt: Das Wort „vorrangig" soll deutlich machen, dass es hier einen Ermessensspielraum gibt.

Ein Handy ist nach unserer Definition kein Software-Produkt (sondern ein Telekommunikations-Produkt), auch wenn Software ein wichtiger Bestandteil ist und ggf. auch einen Großteil der Entwicklungskosten verschlungen haben kann. Es handelt sich jedoch hierbei um Embedded Software, die der Funktion des Telefonierens „dient" und somit ein untergeordneter Teil des Gesamtproduktes ist, der auch nicht separat erworben werden kann.

Embedded Software steuert und betreibt nicht nur einen Computer oder Rechner, sondern ist eingebettet in ein technisches System, das darüber hinaus weitere Komponenten besitzt, die das Ganze erst zu einem Produkt werden lassen. Dies kann die Software für die Programmierung und Steuerung einer Werkzeugmaschine sein, aber auch Diagnose-Software für die Fehlerfindung in einem Automobil oder Software für die Bedienung eines Dialysegerätes in der Medizin. Diese Programme bedienen meist hochspezialisierte und sehr hardware-nahe Schnittstellen. Deshalb werden die Anforderungen und auch das Produkt-Management eher getrieben durch das komplette System, die Software wird i.d.R. nicht alleine vertrieben und hat auch keinen eigenen Preis. Embedded Software ist nach unserer Definition vom Anfang des Kapitels kein eigenständiges Software-Produkt und wird deshalb in diesem Buch auch nicht weiter diskutiert.

Eine Spielkonsole ist ebenfalls kein Software-Produkt (sondern ein Spielzeug-Produkt). Hier gilt eine ähnliche Argumentation wie beim Handy. Ein Spiel für diese Konsole – separat zu erstehen, separat verpackt mit eigenem Preis und eigenen Lizenzbedingungen – ist dagegen selbstverständlich ein Software-Produkt.

Ein Online-Konto ist nach dieser Definition auch kein Software-Produkt, sondern ein Bankprodukt, das bankintern mit Hilfe von Software(-Produkten) realisiert wird. Der Kunde erhält von seiner Bank oder Sparkasse einen Online-Zugriff auf sein Konto, der es ihm ermöglicht, Banktransaktionen (Kontostandsabfrage, Überweisungen, Einrichten von Daueraufträgen etc.) von zu Hause oder von unterwegs zu tätigen. Dem Endkunden ist es also egal, ob und mit welcher Software diese Funktionen intern realisiert werden.

3.2 Externe und interne Sicht auf ein (Software-)Produkt

Durch Verlagerung der Sichtweise bzw. des Standpunktes kann aus einem „Nicht-Software-Produkt" sehr schnell wieder ein „reines" Software-Produkt werden. Um bei dem Beispiel des Online-Kontos aus dem letzten Kapitel zu bleiben: Mit der Brille des Endkunden der Bank oder auch des Bankvorstandes betrachtet ist das Online-Konto ein Bankprodukt. Hierfür mag es in der Organisation der Bank auch einen eigenen Produkt-Manager geben, der die Anforderungen der Kunden bearbeitet und insgesamt dafür sorgt, dass die Bank ein stimmiges und konkurrenzfähiges Homebanking-Angebot für ihre Kunden hat.

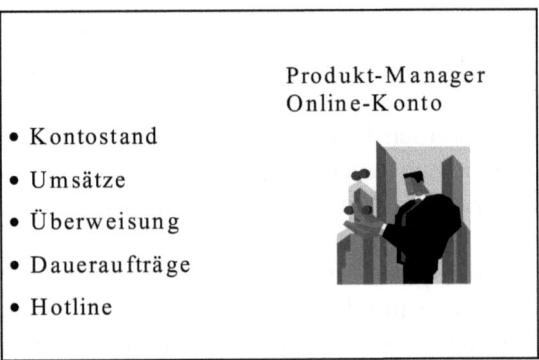

Abb. 3.1: Produkt Online-Konto

Intern wird das Online-Konto durch mehrere Hardware-, Software- und Dienstleistungskomponenten realisiert, die durchaus aus unterschiedlichen Quellen stammen können. Nehmen wir an, das Produkt wird realisiert durch die Komponenten Online-Anwendungen, HBCI (Home Banking Computer Interface)-Server und ein Call Center. Ferner werden

- die Online-Anwendungen durch die eigene Anwendungsentwicklung als Teil der IT-Abteilung erstellt;
- der HBCI-Server als Standard-Software eingekauft und von der IT-Abteilung mit den Online-Anwendungen integriert, getestet und in Produktion gebracht;
- das Call Center als Service-Leistung ausgelagert und bei einem externen Dienstleister eingekauft (Outsourcing).

3.2 Externe und interne Sicht auf ein (Software-)Produkt

Aus Sicht der IT-Abteilung ist die Komponente „Online-Anwendungen" ein Software-Produkt. Da es im eigenen Hause entwickelt wird, gehört dazu konsequenterweise auch ein eigenes Software-Produkt-Management, das seine Anforderungen – jedenfalls die funktionalen – vom Produkt-Manager des Bankproduktes „Online-Konto" bekommt. Außerdem könnte die Bank auf die Idee kommen, dieses Produkt auch anderen Banken zu verkaufen, was die Notwendigkeit eines eigenen Software-Produkt-Managements für die Applikationen unterstreichen würde.

Für das Standardprodukt „HBCI-Server" ist man dagegen Kunde eines Software-Herstellers. Da das Produkt aus der Sicht der IT-Abteilung nicht alle Anforderungen für den spezifischen Einsatz bei der Bank abdeckt, werden entsprechende Anforderungen an den Produkt-Manager beim Software-Hersteller gestellt und für deren Umsetzung dessen Zusage eingeholt.

Das Call Center einschließlich Infrastruktur und Agenten wurde komplett an einen externen Dienstleister abgegeben. Mit diesem werden Service Level Agreements (z.B. durchschnittliche und maximale Zeit, die Kunden als Anrufer in der Warteschleife verbringen dürfen) vereinbart und vertraglich abgesichert, d.h. keine Anforderungen an einzelne Software-Produkte gestellt.

Abb. 3.2: Die Realisierung des Produkts Online-Konto

Der externe Dienstleister seinerseits realisiert das Call Center für die Bank durch Hardware und Software sowie Personaldienstleistungen. Dazu gehören Komponenten wie Nebenstellenanlage, ACD (Automatic Call Distribution), CTI (Computer Telephone Integration), IVR (Interactive Voice Reponse) Units, Call Recording etc. Da der Dienstleister Call-Center-Lösungen für viele Firmen anbietet, ist dies aus seiner Sicht eines seiner Hauptprodukte, d.h. auch auf dieser Ebene gibt es einen Produkt-Manager, der Anforderungen von Kunden (z.B. der Bank) managt und seinerseits Anforderungen an eingesetzte Hard- und Softwareprodukte stellt.

Wie dieses leicht weiter zu verfeinernde Beispiel zeigt, ist die Definition dessen, was ein Produkt ist, durchaus von der Perspektive des Betrachters abhängig. Die Basis für viele „Produkte" sind letztendlich häufig doch wieder Software-Produkte in dem Sinne wie weiter oben definiert. Insofern spielt das Thema Software-Produkt-Management auch dort eine Rolle, wo man es nicht auf den ersten Blick mit Software-Produkten zu tun hat.

3.3 Das Software-Produkt als Typ und die kundenspezifische Auslieferung als Exemplar

Für das Verständnis des Begriffs Software-Produkt ist es wichtig zu unterscheiden zwischen Typ und Exemplar. Dazu folgendes Beispiel: Bei Entwicklung eines Automobils z.B. der Marke VW Golf wird – aus Sicht der Objektorientierung – ein Typ definiert. Dieser kann eine Fülle unterschiedlicher Ausprägungen haben, die den Produktionsprozess beeinflussen.

Typ VW Golf
Ausstattung: *C, CL, GL, GTI*
Motorisierung: *50kw, 70kw, 100 kw*
Türen: *3, 5*
Farbe: *schwarz, weiß, rot, gelb, blau*
Innenausstattung: *schwarz, beige*
Klimaanlage: *ja /nein*

Bei Bestellung eines Wagens durch einen Kunden bzw. über den Händler werden die Ausstattungsmerkmale festgelegt (Produkt-Konfiguration). Beim Fertigungsprozess wird somit ein Objekt des Typs Golf kreiert.

Golf_für_JSchulz = VW Golf
(Ausstattung: *GTI,*
Motorisierung: *100kw,*
Türen: *3,*
Farbe: *rot,*
Innenausstattung: *schwarz,*
Klimaanlage: *ja   )*

Danach wird das Exemplar an den Kunden ausgeliefert und vom Hersteller und vom Kunden nicht mehr verändert.

Der Produkt-Manager für den VW Golf ist also für den gesamten „Typ" Golf zuständig; auch wenn es sehr viele verschiedene Ausstattungsvarianten gibt, ist deren Zahl immer endlich und alle Kombinationen sind vor Produktionsbeginn bekannt.

Auch Software-Produkte können in diversen Varianten vom Hersteller ausgeliefert werden. Allerdings erfolgt in vielen Fällen nicht nur eine Selektion von Alternativen vor dem Auslieferungsprozess, sondern eine kundenspezifische Anpassung (customizing) des Software-Produktes an dessen Umgebung vor Ort. Dies kann durch den Kunden selbst oder auch mit Unterstützung und Beratung des Software-Herstellers erfolgen. Auch dazu ein Beispiel:

Typ Lohn_und_Gehalt
Plattform: IBM AIX, SUN Solaris, HP-UX, Linux
Sprache: deutsch, englisch, französisch, italienisch
Steuertabelle: Deutschland_2003, Italien_2003, Schweiz_2003,
         Österreich_2003, England_2003, Frankreich_2003
Medium: CD, Cartridge

L&G_für_Sacher_Wien = Lohn_und_Gehalt
(Plattform: SUN Solaris,
Sprache: deutsch,
Steuertabelle: Österreich_2003,
Medium: CD   )

Werden Teile des Produktes auch in Source Code ausgeliefert, so kann über ein reines Customizing hinaus auch das Produkt selbst verändert werden. Hierfür gibt es eine nicht vorhersehbare Anzahl von Möglichkeiten, die auch vom Produkt-Manager nicht alle bedacht, geplant und geprüft werden können. Deshalb wird in der Regel die Gewährleistung des Herstellers nur auf den von ihm ursprünglich ausgelieferten, nicht aber den vom Kunden modifizierten Code bezogen.

3.4 Produktname, Versionsbezeichnungen und Kompatibilität

Die meisten Software-Produkte werden kontinuierlich weiterentwickelt. Eine wichtige Frage in diesem Zusammenhang ist, ob und wann die Weiterentwicklung eines Produktes bereits wieder ein neues Produkt (mit einem neuen Produktnamen etc.) ist oder lediglich eine „Neuauflage" des bestehenden Produktes. Diese Frage kann nicht allgemein beantwortet werden. Für die Namensgebung spielen häufig Marketing-Aspekte eine wichtigere Rolle als technische. Für die Versionsbezeichnung hat sich aber ein Hochzählen der Software-Stände nach einer bestimmten Nomenklatur eingebürgert, die i.d.R. herstellerabhängig ist.

Die IBM beispielsweise verwendet eine dreistufige Hierarchie von Software-Ständen:

- Versionsnummer:
  bezeichnet ein neues Produkt, das in der Regel sehr wesentliche Erweiterungen und Verbesserungen gegenüber dem Vorgängerprodukt beinhaltet. Außerdem ist eine neue Version immer kostenpflichtig und erhält stets auch eine neue Produktnummer.
- Release-Nummer:
  bezeichnet einen neuen Software-Stand mit größeren funktionalen oder sonstigen Erweiterungen. Neue Releases sind in der Regel nicht kostenpflichtig und behalten den Produktnamen, die Produktnummer und das Preismodell vom Vorgänger.
- Modification Level:
  bezeichnet einen neuen Software-Stand mit geringfügigen Erweiterungen bzw. Auslieferung von Fehler- und Schönheitskorrekturen gegenüber dem Vorgänger.

Ein Beispiel für eine vollständige Produktbezeichnung ist etwa IBM AIX Version 4 Release 3 Modification Level 5 (kurz AIX 4.3.5).

Die Einführung eines neuen Namens für ein Folgeprodukt kann unterschiedliche Gründe haben. Hat z.B. das aktuell auf dem Markt befindliche Produkt bei Einführung ein Qualitätsproblem gehabt, mag dies auf lange Sicht auch zu einem Image-Problem geführt haben, das man natürlich dann mit dem Produktnamen assoziiert. Hier soll ein neuer Name einen Neuanfang und möglichst wenig Gemeinsames mit dem Vorgängerprodukt signalisieren.

Ein neuer Name kann auch durch die Vereinheitlichung von Produktnamen im Zusammenhang eines größeren Produkt-Portfolios oder einer Produktfamilie erforderlich werden. Beispielsweise hat die IBM in den 90er Jahren alle relationalen Datenbankprodukte auf den unterschiedlichen Systemplattformen zur DB2-Produktfamilie zusammengefasst und allen Produkten diesen Namen gegeben (der zuvor nur für das Host-Produkt verwendet wurde). Dies hatte jedoch nichts damit zu tun, dass die Einzelprodukte etwa eine gemeinsame Code-Basis gehabt hätten, selbst wenn dies natürlich wünschenswert gewesen wäre und vom Hersteller durch die gemeinsame Namensbasis vielleicht auch suggeriert werden sollte.

Häufig wird eine Weiterentwicklung auch erforderlich – wenn nicht gar erzwungen – durch die technologische Entwicklung bzw. durch die Weiterentwicklung von Produkten, die für das eigene Software-Produkt als Basis dienen (Prerequisites). Beispielsweise muss ein Betriebssystem neue Hardware (Prozessoren, Speichermedien etc.) unterstützen. Die ältere Version des Betriebssystems wird irgendwann aus der Wartung genommen, so dass – häufig mit einer gewissen Zeitverzögerung – eine ganze Kette von Upgrades auch bei den darüber liegenden System- und Anwendungssoftware-Produkten erforderlich wird. Die Bezeichnung unterstreicht in diesem Fall auch die Aufwärtskompatibilität der Produkte und den vom Hersteller betriebenen Investitionsschutz für seine Kunden. Eine Änderung des Produktnamens sollte deshalb immer gut bedacht werden, um eventuellen Irritationen bei den Kunden vorzubeugen. Natürlich halten sich nicht alle Hersteller an dieses „ungeschriebene" Gesetz und es gibt auch genug Beispiele, in denen der Produktname beibehalten wurde und die Kunden beim Umstieg auf die neue Version einige böse Überraschungen erlebt haben.

Unter Aufwärtskompatibilität wird verstanden, dass

- bei einem Wechsel vom Software-Stand N eines Produktes auf den Nachfolgestand N+1 bestehende Funktionen des Standes N weiterhin unterstützt werden,
- die Daten aus dem Stand N unverändert auch unter dem Stand N+1 übernommen und weiterverwendet werden können,
- Schnittstellen (APIs, Interfaces zu anderen Systemen/Produkten) erhalten bleiben.

Sollten nur Teile dieser Bedingungen erfüllt werden, kann man von Funktions-, Daten - bzw. Schnittstellenkompatibilität sprechen.

Häufig führt die Weiterentwicklung eines Produktes jedoch zwangsweise zu einer Erweiterung und damit Veränderung des zugrundeliegenden Datenmodells und dies wiederum zur Änderung der Datenstrukturen. In diesem Fall kann die Datenkompatibilität nicht ohne weiteres erreicht werden. Hier ist eine separate Datenmigration erforderlich, für die der Hersteller aber möglichst die erforderlichen Prozeduren und Scripts mitliefern sollte.

Im Gegensatz zur Aufwärtskompatibilität kann man eine Abwärtskompatibilität nicht unbedingt erwarten oder voraussetzen. Beispielsweise ist ein mit MS Word 2000 erstelltes Dokument in der Regel mit einer älteren MS-Word-Version nicht lesbar und muss vor dem Einlesen in das interne Format der älteren Version konvertiert werden. Der umgekehrte Weg sollte jedoch zu keinen Problemen führen.

3.5 Merkmale von Software-Produkten

Software-Produkte haben spezifische Merkmale, die die „Art" der Software näher beschreiben und die außerdem helfen, bestimmte Aspekte des Produkt-Managements zu beleuchten, da unterschiedliche Arten von Software-Produkten andere Fragestellungen aufwerfen und ggf. auch unterschiedliche Ansätze im Produkt-Management verlangen. Wesentliche Beschreibungskriterien sind zum Beispiel:

- Markt:
  - Consumer (B2C), z.B. Spiel-Software
  - Business (B2B)
    - horizontal (d.h. branchenübergreifend): z.B. System-Software, Middleware
    - vertikal (d.h. branchenspezifisch): z.B. Anwendung für Wertpapierhandel
- Funktionaler Bereich, z.B. System-Software, Middleware, Anwendung
- Entwicklungsfokus, d.h. Standard-Software vs. Componentware vs. Individualentwicklung
- Konditionen:
  - Lizenzbedingungen, z.B. Open Source, Freeware, Shareware, kostenpflichtige Lizensierung
  - Entwicklung gegen Bezahlung

Als neues Thema im Markt der Software-Produkte hat sich der Begriff Componentware herausgebildet. Dieser Begriff beschreibt Produkte, die nicht mit eigenständiger Funktionalität auftreten, sondern als Bausteine – also gewissermaßen Halbfertigfabrikate – für funktionale Software-Systeme dienen. Die Lizenzierungsmodelle und Marketing- und Vertriebsstrategien für Componentware sind heute noch im Entwicklungsstadium.

Eine besonders wichtige Unterscheidung liefert das Markt-Kriterium, d.h. die Frage, ob es sich um Business Software, also Software-Produkte für den Einsatz in Unternehmen (Business-to-Business oder kurz B2B), handelt oder um Consumer Software, also paketierte Software-Produkte für den Massenmarkt, die sich an den individuellen Endverbraucher richten (Business-to-Consumer, kurz B2C). Hierbei handelt es sich in aller Regel um PC-Software.

Natürlich sind die Grenzen zwischen diesen beiden Bereichen insofern fließend, dass durchaus Produkte für den Endverbrauchermarkt auch in Unternehmen zum Einsatz kommen. Beste Beispiele hierfür sind PC-Betriebssysteme und Office-Produkte. Allerdings werden diese Produkte dann zumindest in deutlich anderer Paketierung und Preisgestaltung für den Endverbrauchermarkt angeboten. Während PC-Produkte für den Endverbraucher als sogenannte Shrink-Wrapped-Produkte mit allen dazugehörigen Medien (Software auf CD, gedruckte Dokumentation) typischerweise zum Listenpreis verkauft werden, wird die gleiche Software einem Unternehmen als Mehrplatz- oder Unternehmenslizenz für viele Benutzer mit nur einer Kopie der Medien zu einem individuell verhandelten Preis angeboten. Außerdem bieten viele Hersteller wie z.B. Microsoft ihre Software-Produkte für den PC in eingeschränkter Funktionalität und mit abgewandelter Produktbezeichnung für den Endverbrauchermarkt an.

Es gibt deutliche Unterschiede zwischen diesen beiden Produktbereichen. Business Software muss im Gegensatz zu Consumer Software in hohem Maße an die Bedürfnisse des Unternehmens angepasst werden. Für den Kunden liegt der Aufwand für Anpassung und Implementierung typischerweise in ähnlicher Größenordnung wie der Preis für die Software oder übersteigt diesen sogar deutlich. Studien haben ergeben, dass zum Beispiel Firmen, die ERP (Enterprise Resource Planning)-Software einsetzen, 30% des Gesamtaufwands für die Lizenzierung der Software-Produkte ausgeben und die übrigen 70% für Dienstleistungen zur Anpassung und Implementierung. Einige Hersteller leisten diese Arbeiten für ihre Kunden selber, andere verlassen sich für solche Aktivitäten vorwiegend auf Partnerunternehmen im Dienstleistungssektor. Auf Vor- und Nachteile der jeweiligen Strategie wird in Kapitel 5 noch näher einzugehen sein. Im Zusammenhang mit diesem hohen Aufwand für Anpassung und Implementierung zieht sich die Installation von komplexeren Business-Software-Produkten typischerweise über Monate hin, während PC-Benutzer gewohnt sind, ein Produkt im Laufe weniger Minuten zu installieren und es sofort produktiv einzusetzen.

Ein weiterer Unterschied zwischen Business Software und Consumer Software liegt darin, dass Consumer Software für Millionen von Einzelkunden entwickelt und vermarktet wird, während die Anzahl der Kunden für Business Software deutlich kleiner ist, dafür mit signifikant komplexeren Installationen auf vernetzten Systemen mit einer großen Anzahl von Benutzern.

Business Software und Consumer Software unterscheiden sich ganz wesentlich in der Priorisierung ihrer wichtigsten Management-Aufgaben (siehe [HoRoPL00]). Für Consumer Software steht die Marketing-Strategie an oberster Stelle der Prioritätenliste, gefolgt von der Partner-Strategie und der Frage, ob und wie schnell ein Produkt auf dem internationalen Markt angeboten werden soll. Für Business Software dagegen hat die Partner-Strategie höchste Priorität, gefolgt von der Service-Strategie, also der

Frage, mit welchen Partnern oder eigenen Ressourcen die erfolgreiche Implementierung der Produkte beim Kunden gewährleistet werden soll. Die Marketing-Strategie folgt für Business Software in der Priorität interessanterweise erst auf Rang 3.

Der Einfluss der charakteristischen Merkmale auf das Software-Produkt-Management wird in Kapitel 5 detailliert behandelt.

4 Software als Business

Der Begriff „Software" ist zum selbstverständlichen Bestandteil der englisch-amerikanischen und auch der deutschen Sprache geworden. Dabei handelt es sich um eine recht junge Entwicklung. In den Anfängen der Computer-Zeit hatte man den Computer noch als reine Maschine gesehen. So wie man einem Benzinmotor durch Druck aufs Gaspedal sagte, dass er schneller laufen sollte, so sagte man dem Computer per Befehl (Instruktion), was er tun sollte. Die Hersteller verkauften den Computer als physische Maschine, das Betriebssystem und elementare Programme gab es lange Zeit als kostenlose Beigabe. Erst in den 60er Jahren begann man, Software als etwas Eigenständiges zu sehen.

Die Prägung des Begriffs „Software Engineering" auf einer NATO-Tagung in Deutschland im Jahre 1968 symbolisierte die Entkopplung der Programme von der Maschine. Angestoßen wurde diese veränderte Sicht durch verschiedene technische Entwicklungen. So waren die Befehlssätze zu Beginn computerspezifisch, d.h. jeder Prozessor hatte seine individuelle Assembler-Sprache. Damit waren Programme an den jeweiligen Prozessor gebunden, also nicht auf andere Prozessoren übertragbar. Ab Ende der 50er Jahre entstanden die ersten Programmiersprachen wie FORTRAN und ALGOL, die das Programmieren auf einer abstrakteren logischen Ebene ermöglichten. Für diese Sprachen wurden Compiler, also Übersetzer in verschiedene Assembler-Sprachen angeboten, so dass das Erlernen einer solchen Sprache den Programmierer in die Lage versetzte, Software für verschiedene Prozessoren zu entwickeln. Auch eine Übertragung eines Programms auf einen anderen Prozessor wurde denkbar, auch wenn Javas „Write once, run everywhere" Mitte der 90er Jahre noch immer als eine Heilsverkündung empfunden wurde. Außerdem brachte IBM die /360-Prozessor-Serie heraus, die Prozessoren unterschiedlicher Leistungsfähigkeit enthielt, die alle mit der gleichen Assembler-Sprache programmiert werden konnten. Diese Entwicklungen ermöglichten die Entkopplung der Programme von der Maschine, die Betrachtung von Software als etwas Eigenständigem. Auf Druck des US-Justizministeriums und angesichts drohender Kartellrechtsklagen kündigte IBM am 23. Juni 1969 an, in Zukunft Hardware und Software separat zu bepreisen. Damit war die Software-

Industrie geboren. Daraus entstand dann im Laufe weniger Jahrzehnte ein Software-Markt, der laut IDC im Jahre 2003 ein Volumen von 183 Milliarden US-$ hat. Den weltweiten Markt der IT Services schätzt Gartner auf 555 Milliarden US-$.

Software als Wirtschaftsgut und auch der Software-Markt haben über die in Kapitel 3 genannten Merkmale hinaus spezifische Eigenheiten und Charakteristika, die im Folgenden beleuchtet werden, da sie wesentlichen Einfluss auf die Arbeit des Software-Produkt-Managers haben.

4.1 Variable Produktkosten praktisch Null

Ein Charakteristikum von Software-Produkten ist die Tatsache, dass die Produktkosten fast ausschließlich fixe Kosten in Form von Produktentwicklungskosten sind. Die variablen Kosten für das einzelne Produkt bzw. Lizenz sind praktisch vernachlässigbar, wenn man von den Kosten der Medienerstellung und der Produktdokumentation absieht. Dies gilt insbesondere für Enterprise-Solution-Software-Produkte. Es gibt allerdings auch niedrigpreisige Software-Produkte für Endbenutzer wie PC-Spiele oder andere PC-Tools, bei denen die Herstellkosten aufgrund des niedrigen Preises als variable Kosten einen wesentlichen Teil der gesamten Produktkosten darstellen.

Im Allgemeinen stehen Software-Produkte damit also diametral im Gegensatz zu Dienstleistungen, die durch niedrige Fixkosten, aber nahezu konstant hohe umsatzabhängige variable Kosten gekennzeichnet sind. Software-Produkte stehen damit aber auch im Gegensatz zu typischen Investitions- oder Konsumgütern, bei denen die variablen Produktionskosten den wesentlichen Anteil an den gesamten Produktkosten darstellen. Allerdings können bei produzierten Gütern im Gegensatz zu Dienstleistungen die Produktionskosten pro Stück durch „Economies of Scale" bei höheren Produktionsvolumen deutlich gesenkt werden.

Dadurch, dass bei Software-Produkten praktisch die gesamten Produktkosten fixe Kosten sind, besteht mehr als bei jedem anderen Produkt die Notwendigkeit, einen bestimmten Mindestumsatz bzw. eine Mindeststückzahl zu erzielen, um den „Break Even Point" zu erreichen. Oder anders ausgedrückt: bei keinem anderen Produkt ist die Möglichkeit so ausgeprägt, ab dem Erreichen einer bestimmten Umsatzmarke oder Stückzahl mit jedem weiteren Dollar Umsatz nahezu reinen Gewinn zu erwirtschaften. Das führt dazu, dass der Anreiz – oder die Notwendigkeit, um bestimmte Stückzahlen zu erreichen – für Software-Unternehmen, ihre Produkte international oder sogar weltweit anzubieten, besonders groß ist. Das setzt natürlich voraus, dass sich die Produkte international einsetzen lassen und keine landesspezifischen Anforderungen eines nationalen Marktes adressieren. Es erfordert im Allgemeinen auch, dass Benutzerschnittstellen und Dokumentation an die Landessprache angepasst werden und dass das leicht möglich ist. Der Software-Markt ist überwiegend international geprägt, wenn es auch eine Reihe erfolgreicher Anbieter für regionale Software-Lösungen gibt. Diese internationale Ausrichtung hat wesentliche Bedeutung für die Aufgabe eines erfolgreichen Software-Produkt-Managements bei Herstellern.

4.2 Niedrige Markteintrittsbarrieren

Verglichen mit traditionellen Industrieunternehmen, die Güter entwickeln und herstellen, sind für ein Software-Unternehmen nur sehr wenig Startkapital und geringe Investitionen notwendig. Software-Unternehmen binden auch vergleichsweise wenig Kapital in Investitionen in der Startphase und in der weiteren Unternehmensentwicklung. Für das Entwickeln von Software sind „nur" gutes Know-how und ein paar PCs erforderlich und die Herstellung des fertigen Produktes beschränkt sich, vereinfacht ausgedrückt, auf die Vervielfältigung der Medien und das Drucken von Broschüren und Handbüchern. Natürlich sind auch in der Software-Industrie die Dinge etwas komplizierter, aber die berühmten Garagenunternehmen sind geradezu sprichwörtlich. Jeder kann ein Software-Unternehmen gründen – die Kunst ist, es dann zum Erfolg zu führen. Und das Geheimnis des Erfolgs liegt in gutem Know-how und professionellem Management.

Dieser geringe Kapitalaufwand führt a priori zu niedrigen Markteintrittsbarrieren. Täglich werden irgendwo auf der Welt neue Software-Unternehmen gegründet – und gehen zu Grunde. Das wesentliche „Kapital" von Software-Unternehmen – menschliches Know-how – ist in den Köpfen der Mitarbeiter und damit extrem mobil. Das führt zu sehr hoher Innovationsfähigkeit in der Software-Industrie. Technologische Neuerungen verbreiten sich sehr schnell und finden sehr schnell Eingang in die neuen Produktversionen. Diese hohe Innovationsgeschwindigkeit wiederum führt zu niedrigeren technischen Eintrittsbarrieren als in anderen Branchen, so dass der gesamte Software-Markt durch extrem niedrige Markteintrittsbarrieren und damit extrem hohen Wettbewerb und Fluktuation gekennzeichnet ist.

4.3 Software bleibt kleben

Nichts fürchtet ein Hersteller von Produkten so sehr wie „Commoditization", also die Austauschbarkeit seiner Produkte gegen die seiner Wettbewerber. Der Endverbraucher sieht sich heute weder mit größeren funktionellen noch ökonomischen Barrieren konfrontiert, wenn er zum Beispiel seine Automarke wechseln will. Entsprechenden Aufwand stecken die Hersteller bei vergleichbarer Funktionalität auch in Brand- und Image-Marketing. Und auch im IT-Umfeld stehen z.B. die verschiedenen Server-Plattformen und Hersteller im ständigen Wettbewerb miteinander. Ganz anders bei Software-Produkten. Es ist mittlerweile deutlich aufwändiger und riskanter, ein installiertes Software-Produkt gegen ein Mitbewerber-Produkt auszutauschen, als ein anderes Element der IT-Infrastruktur. Diese Aussage gilt vor allem für Software, die in Unternehmen eingesetzt wird, aber auch in zunehmendem Maße für Software auf Stand-alone-PCs. Hauptgrund dafür ist, dass Software niemals isoliert eingesetzt wird, sondern immer als integrierter Bestandteil der gesamten im Unternehmen eingesetzten Software inklusive der im Unternehmen selber entwickelten Software. Außerdem ist ein wesentliches Merkmal gerade von Unternehmens-Software der hohe Grad von unternehmensspezifischer „Customization", den das Produkt zulässt und der von den Unternehmen gewünscht und auch genutzt wird. Der Grad der Vernetzung eines Software-Produkts mit den übrigen eingesetzten Produkten und vom Unternehmen entwickelten Lösungen ist extrem hoch und in vielen Fällen auch nicht wie bei einem ordentlichen Produktentwicklungsprozess sauber dokumentiert. Das alles führt dazu, dass Software, die einmal installiert ist und genutzt wird, nur sehr schwer zu verdrängen ist. Es hat aber auch zur Folge, dass die Produktpflege und -weiterentwicklung, die Wartung älterer Releases und Kompatibilität neuer Releases und Versionen für Software-Produkte eine besonders hohe Bedeutung haben und einen wesentlichen Faktor für erfolgreiches Software-Produkt-Management darstellen.

4.4 Partner sind wesentlich für den Erfolg

Neben den traditionellen direkten Vertriebskanälen ist im Software-Markt mehr als für andere Produkte ein funktionierendes Netzwerk der verschiedensten Partner eine wesentliche Voraussetzung für langfristigen Erfolg. Für einen Software-Hersteller ergeben sich unterschiedliche und mehrfache Motivationen für den Aufbau und das Management eines Partnernetzwerks. Während größere Hersteller die Gestaltung und die Regeln ihres Partnernetzwerks wesentlich selber bestimmen, haben kleinere Software-Unternehmen eher das Interesse, an einem solchen Netzwerk teilzunehmen und müssen sich hier der Führung größerer Partner unterordnen.

Zum einen werden Partner gebraucht, um Kunden zu erreichen, die man aus eigener Kraft mit dem eigenen Direktvertrieb alleine nicht oder nicht in der erforderlichen „time to market" erreichen könnte. Eine eigene

Vertriebsorganisation aufzubauen ist zeit- und kostenintensiv, und aus Gründen der Wirtschaftlichkeit muss dann auch ein signifikanter Mindestumsatz pro Kopf erreicht werden. Ein Vertriebspartner kann durch Kombination der Produkte verschiedener Hersteller sowie seiner eigenen Produkte und Dienstleistungen die erforderliche Umsatzgröße für ein Vertriebsgebiet leichter darstellen. Dazu kommt, dass viele Vertriebspartner als Value Added Reseller oder System-Integrator für IT-Lösungen mit den entsprechenden Kundenkontakten am Markt bereits etabliert sind.

Außerdem sind besonders Kunden von Business Software eigentlich gar nicht an einem bestimmten Software-Produkt oder einer bestimmten Funktionalität interessiert, sondern an einer Lösung für ihre geschäftlichen Probleme, an einer möglichst effizienten Implementierung ihrer Geschäftsprozesse. Bedingt durch die Komplexität und extreme Vernetzung gerade im Bereich der Business Software wird diese angestrebte Lösung im Allgemeinen nicht durch ein einzelnes Software-Produkt und auch nicht ohne erheblichen Anpassungs- und Implementierungsaufwand erreicht. Die Kunden stützen sich für die Realisierung der Lösung auf entsprechend qualifizierte Consulting- und Dienstleistungsunternehmen, die sie mit der Realisierung und oft auch mit der Konzeption der Lösung beauftragen. Mit diesem Auftrag bekommen diese Unternehmen zwangsläufig einen deutlichen Einfluss auf die Auswahl der Software-Produkte, unter Umständen wird ihnen die Entscheidung sogar vollkommen übertragen. Deshalb kann die Partnerschaft mit solchen Consulting-Unternehmen für den Erfolg eines Software-Unternehmens wichtiger sein als der Endkunden-Vertrieb. Dies gilt für Anwendungs-Software, aber in ganz besonderem Maße für Software-Produkte der IT-Infrastruktur.

In vielen Fällen wird die Entscheidung für eine bestimmte Software-Technologie oder ein Software-Produkt gar nicht mehr vom Kunden selber getroffen, sondern von dem Lösungsanbieter der Anwendungssoftware, die auf einer bestimmten Software-Technologie aufsetzt, oder dem vom Kunden gewählten System-Integrator, der eine bestimmte Technologie oder ein Software-Produkt favorisiert und seine Leistung daraufhin angeboten hat.

Und nicht zuletzt schließen sich Hersteller, deren Produkte nicht im Wettbewerb stehen, sondern sich ergänzen, zu Technologie-Allianzen zusammen. Solche Allianzen verfolgen zum einen den Zweck, Vertriebsressourcen zu bündeln. Das kann geschehen im Rahmen von Vertriebskooperationen, oder sogar indem Software-Produkte eines Herstellers auf der Hardware eines anderen Herstellers vorinstalliert und -konfiguriert werden. Weiterhin wird damit das Ziel verfolgt, durch Kombination ergänzender Produkte und Dienstleistungen das vom Markt geforderte Leistungsspektrum wenn schon nicht aus einer Hand so doch aus einer Partnerschaft anzubieten, von der der Kunde annehmen kann, dass die Unternehmen technologisch kooperieren. Außerdem wollen die Hersteller über eine solche Allianz vom Markt-Image, der Brand, und von der Marktposition des jeweiligen Partners profitieren.

Ganz grob kann man folgende Gruppen von Partnern für Software-Hersteller unterscheiden:

- Distributoren – zum Auslagern der Herstell- und Distributionsaktivitäten, für das Management kleinerer Partner und für eine bessere Marktdurchdringung,
- VARs (Value Added Reseller) – als erweiterter Vertriebskanal und zur Anreicherung der eigenen Produkte mit Lösungskomponenten sowie zur besseren Marktdurchdringung,
- ISVs (Independent Software Vendors) – Anbieter von Anwendungssoftware, deren Lösungen auf den Software-Produkten eines Herstellers aufsetzen oder diese Produkte u.U. sogar notwendig voraussetzen oder favorisieren,
- SIs (System-Integratoren) – Dienstleistungsunternehmen, die Lösungskomponenten beisteuern und die komplexe und aufwändige Arbeit der kundenspezifischen Installation und Anpassung bis hin zur Gesamtprojektverantwortung übernehmen,
- Technologische Allianzen – als Vertriebskooperationen, um Software-Produkte vorinstalliert auszuliefern, zur Angebotskomplettierung und zur Erhöhung des Wirkungsgrades im Marketing.

Ein einzelnes Partnerunternehmen kann durchaus für mehrere dieser Motivationsfaktoren relevant sein. Letztlich dienen alle Aktivitäten in Richtung Partnerschaften nur einem Zweck: schnelleres Wachstum und Marktführerschaft. Hierbei gilt es, eine Balance zu finden zwischen Profitabilität und Wachstum: Das Software-Unternehmen überlässt seinen Partnern einen Teil des Umsatzes und/oder der Gewinn-Marge, um dadurch schneller zu wachsen und möglichst eine führende Position im Markt zu erreichen.

Dazu etabliert ein Software-Hersteller dedizierte Partnerprogramme, in denen unter anderem geregelt ist,

- welche Voraussetzungen ein Partner erfüllen muss, um sich für diese Programme zu qualifizieren,
- mit welchen Maßnahmen der Hersteller den Aufbau der Partnerschaft unterstützt,
- welchen Prozentsatz bzw. welche Marge ein Partner für den Wiederverkauf der Software-Produkte bekommt,

- unter welchen Bedingungen ein Partner eine Umsatzbeteiligung (z.B. eine Finder's Fee) für inkrementelle Umsätze erhält, auch wenn der Hersteller den Lizenzvertrag direkt mit dem Kunden abschließt,
- zu welchen Konditionen Hersteller und Partner gemeinsame Marketing-Aktivitäten aufsetzen.

Mindestens so wesentlich für den Erfolg wie solche vor allem auf Vertriebseffizienz ausgerichtete Partnerschaften sind die informellen Netzwerke, die um wichtige Themen der Software-Industrie herum entstehen, wie führende Produkte, Systemplattformen oder neue Technologietrends. Beispiele hierfür sind die verschiedenen Betriebssystemplattformen von Windows über UNIX bis zu den Großsystemen, der Entwicklungsstandard Java oder Anwendungssoftware wie SAP/R3. Solche Themen werden jeweils von einzelnen Software-Herstellern als Initiatoren geschaffen und bilden gewissermaßen Kristallisationspunkte der Netzwerke. Andere Marktteilnehmer – sowohl Software-Hersteller als auch Beratungsunternehmen – greifen dann das Thema auf und verstärken dadurch als Adaptoren einen Trend. Die verschiedenen Teilnehmer verstärken dabei nicht nur einen Trend, sondern gestalten auch das Thema mit und bilden so ein Software-Ökosystem. Die Teilnehmer dieses Systems sind gleichzeitig Partner mit gleichgerichteten Interessen und auch Wettbewerber. Beispiel hierfür ist das Thema Java, an dem sich so verschiedene und im Wettbewerb stehende Unternehmen wie IBM, SUN und BEA beteiligen. Ab einem gewissen Grad der Vernetzung, für den man keinen absoluten Wert festlegen kann, hat sich das Thema im Markt etabliert und wird nicht mehr von selber verschwinden. Wir beobachten hier also einen sich selbst verstärkenden Effekt nach Art eines Schneeballsystems oder der gegenseitigen Anziehung von Massen. Je mehr Marktteilnehmer das Thema aufgreifen und ihre Produkte oder Dienstleistungen daran ausrichten, desto mehr entwickelt es sich zum Quasi-Standard. Das kann dann bis zu einer marktbeherrschenden Stellung oder Monopolisierung führen. Das bekannteste Beispiel hierfür ist sicher die Firma Microsoft mit dem Windows-Betriebssystem. Natürlich kann man solche Trends mit entsprechend starken Marketing- und Vertriebsmaßnahmen umkehren oder stoppen. Beispiel hierfür ist das Betriebssystem OS/2, das sich durchaus als Thema im Markt etabliert hatte, dann aber dem Druck von Microsoft nicht standhalten konnte. Themen sind auch nicht notwendigerweise an ihre Initiatoren gebunden. Obwohl ein Thema sich durchgesetzt hat, kann es trotzdem von einem Wettbewerber „hi-jacked" werden. Beispiel hierfür ist die Firma VisiCalc, die Spreadsheet ursprünglich entwickelte und vermarktete, dann aber von Lotus vollständig aus diesem Markt verdrängt wurde.

Zum Management seines Partnernetzwerks etabliert der Software-Hersteller üblicherweise parallel zu seiner Direktvertriebsorganisation eine Partnervertriebsorganisation. Auf die verschiedenen Möglichkeiten der Incentivierung und Steuerung einer solchen Partnervertriebsorganisation abhängig von der Vertriebsstrategie und die Vor- und Nachteile der verschiedenen Modelle soll in Kapitel 5 näher eingegangen werden.

4.5 Gesetz des steigenden Grenznutzens

Wie in [HoRoPL00] sehr gut beschrieben, wird die Software-Industrie vom Gesetz des steigenden Grenznutzens (Law of increasing returns) bestimmt, das der Ökonom Brian Arthur als erster beschrieben hat. Dieses Gesetz besagt, dass ein Software-Produkt mit einem hohen Marktanteil allein über diesen Vorsprung vor seinen Wettbewerbern eine weitere Verbesserung seiner Marktposition erreichen wird, während ein niedriger Marktanteil zu einer weiteren Verschlechterung der Marktposition führen wird. Mit anderen Worten: Marktanteiltrends verstärken sich selber. Für dieses Phänomen gibt es drei wesentliche Gründe:

- Standardisierung von Schnittstellen und Daten: Benutzer, die das gleiche Programm verwenden, können leichter Daten austauschen, die von diesen Programmen erstellt wurden, und können sich auch leichter über die Benutzung dieser Programme austauschen – sie sprechen gewissermaßen die gleiche Sprache. Besonders über die Benutzer in unterschiedlichen Unternehmen bewirkt das einen Trend zur Standardisierung von Software-Produkten über Unternehmensgrenzen hinweg.
- Steigende Kosten des Wechsels: Je länger ein Anwender oder ein Unternehmen eine bestimmte Software (z.B. ein Textverarbeitungsprogramm) einsetzt, desto aufwändiger wird es, zu einem anderen Produkt zu wechseln – zum einen wegen der mit dem Produkt erstellten Daten, die nicht notwendigerweise mit dem Alternativprodukt verlustfrei weiterbearbeitet werden können, zum anderen wegen der mit einer Umstellung verbundenen zusätzlichen Schulungsaufwendungen.
- Vertrauen in Marktführer: Verbraucher und auch große Unternehmen neigen dazu, sich auf etablierte Marken und marktführende Produkte zu verlassen. Zum einen gibt das Investitionssicherheit, dass das gewählte Produkt nicht morgen vom Markt verschwinden wird. Die marktführende Position wird durchaus als Qualitätsurteil gewertet, denn immerhin hat sich ja ein großer Prozentsatz der Kunden auch für das Produkt entschieden und diese Entscheidung nicht revidiert. In diesem Zusammenhang ist auch wieder Punkt 1 relevant: Standardisierung von Schnittstellen und Daten.

Die Wirkungsweise des Gesetzes des steigenden Grenznutzens auf die Marktposition eines Produktes sowie die Bedeutung des Marktanteils für Software-Produkte sind durchaus unterschiedlich abhängig vom Reifegrad des Gesamtmarktes, in dem der Wettbewerb stattfindet. In frühen Technologiephasen sind typischerweise noch sehr viele relativ junge Produkte mit ähnlicher Funktionalität am Markt und die Kunden orientieren sich noch. Die ersten Produkte werden zu Testzwecken gekauft, einige „Early Adopters" haben Produktentscheidungen getroffen und investieren in produktive Installationen. In dieser Phase gibt es noch keine Marktführer, es bilden sich aber Trends und Lager heraus, in denen abhängig vom Gewicht des jeweiligen Lagers die Marktführer der Zukunft „gemacht" werden. In der Wachstumsphase eines Produktmarktes kristallisieren sich dann sehr schnell (innerhalb von 12 bis 18 Monaten) zwei, maximal drei marktbeherrschende Produkte bzw. Hersteller heraus. Spätestens in der Reifephase erfährt der Markt alle drei oben beschriebenen Phänomene. Das führt dann zur Konsolidierung und Verdrängung aller kleineren Anbieter, oft zu einer Konzentration auf nur noch zwei oder sogar ein einziges dominierendes Produkt.

4.6 Marktführerschaft ist entscheidend für den Erfolg

Aufgrund der oben beschriebenen Gesetzmäßigkeiten ist im Software-Markt Marktführerschaft ein noch wichtigerer und entscheidenderer Faktor als bei anderen Produkten. Natürlich ist Marktführerschaft für die meisten Produkte ein entscheidender Wettbewerbsvorteil, sei es zur Erreichung von Kosteneffizienz über entsprechende „Economies of Scale", sei es als Marketing-Instrument über die Präsenz im Markt. Aber nirgendwo ist Marktführerschaft ein so entscheidendes Kriterium dafür, ob ein Unternehmen überhaupt mittelfristig noch im Markt präsent sein wird, wie in der Software-Industrie. Deshalb hat das Ziel der Marktführerschaft kurzfristig prinzipiell Vorrang vor allen anderen Unternehmenszielen wie Umsatz und Profitabilität.

Neue Software-Technologien entwickeln und treiben immer neue Märkte für Software-Produkte. Diese Märkte sind geprägt von schnellem, oft dramatischem Wachstum, im Laufe dessen von vielen Wettbewerbern nur wenige Gewinner, aber unzählige Verlierer übrig bleiben. Die Software-Technologien und ihre Märkte bauen wie Zwiebelschalen aufeinander auf, und es entstehen permanent neue Schalen der Zwiebel und die alten vertrocknen und werden abgestoßen. Die Kunst besteht darin, die allmählich austrocknenden äußeren Schalen schnell genug zu verlassen und auf eine neue „saftigere" Schale zu setzen, einen neuen Markt, in dem der Marktführer wieder neu entschieden wird.

4.7 Business-Modelle auf der Herstellerseite

Auch wenn Software-Produkt-Management auf der Herstellerseite schon deutlich länger geläufig ist (zum Teil unter anderen Namen [siehe Kapitel 5]) als auf der Anwenderseite, heißt das keineswegs, dass alle Herstellerunternehmen ein explizites Software-Produkt-Management betreiben. Gerade junge Unternehmen werden zwar häufig mit dem Anspruch gegründet, als Software-Hersteller am Markt zu agieren, sind aber typischerweise nicht hinreichend kapitalkräftig, die Entwicklung eines ersten Releases eines Software-Produkts vorzufinanzieren. Wenn die jungen Unternehmer das notwendige Kapital nicht über Venture Capital und Kredite bekommen, liegt es für sie nahe, die Entwicklung in Form von kundenspezifischen Projekten voranzutreiben, für die der jeweilige Kunde bezahlt. Kunden lassen sich dafür häufig schon auf Basis von hinreichend attraktiven Prototypen finden. Erfahrungswerte legen die Faustregel nahe, dass das Aufwandsverhältnis von Prototyp zu kommerziell einsatzfähiger Software bei 1 zu 3 liegt, von kommerziell einsatzfähiger Software zu einem Software-Produkt, das bei einer größeren Zahl von Kunden einsetzbar ist, aber ebenfalls bei 1 zu 3. Ein interessierter Kunde wird also bereit sein, den Weg vom Prototyp zum kommerziell einsatzfähigen Produkt, das auf seine spezifischen Bedürfnisse zugeschnitten ist, zu finanzieren. Gleichzeitig wird er aber mit Argusaugen darüber wachen, dass seine Finanzierung nicht „missbraucht" wird für den Weg zum allgemein verwendbaren Software-Produkt. Deshalb gelingt dieses Spagat nur wenigen Herstellern. Meist führt dieses Vorgehen dazu, dass das Unternehmen für jeden Kunden eine eigene Software-Basis schafft, aber kein gemeinsames Software-Produkt für alle Kunden. Solange die weitere Pflege dieser Software-Basen von den jeweiligen Kunden nach Aufwand finanziert wird, kann dieses Modell funktionieren. Dies ist dann aber nicht das Business-Modell eines Software-Herstellers, sondern eines Dienstleisters. Gehen Unternehmen und Kunden dazu über, das Business-Modell eines Software-Herstellers zugrunde zu legen, zahlt der Kunde für die weitere Pflege nur noch marktübliche Wartungsgebühren. Mit diesen Einnahmen kann ein Hersteller die Wartung einer einheitlichen Produktbasis gut finanzieren, aber nicht die Wartung von disjunkten kundenspezifischen Software-Basen. Dieses Vorgehen führt nahezu zwangsläufig zu großer Kundenunzufriedenheit und wirtschaftlichen Problemen.

Ein Beispiel für diesen Sachverhalt ist die NSE Software AG, ein deutsches Unternehmen, das unter dem Namen FINAS Vertriebs-Front-End-Software für Finanzdienstleister entwickelte. Nachdem das Unternehmen in den 80er und 90er Jahren zunächst eine Reihe von Großkunden gewinnen konnte, u.a. einige IT-Dienstleister der Sparkassenorganisation, zeigte sich in der zweiten Hälfte der 90er Jahre zunehmend die Kehrseite dieses Erfolgs. Man hatte viele kundenspezifische Lösungen gebaut, die sowohl hinsichtlich der Anbindung an die Mainframe-Legacy-Anwendungen als auch hinsichtlich der Gestaltung der Front Ends jeweils Einzellösungen darstellten. Dies war ein wesentlicher Grund dafür, dass das Unternehmen in eine existenzgefährdende Lage kam. Inzwischen wird NSE von Brain Force übernommen.

Welche Schlussfolgerungen sind daraus zu ziehen? Eine Unternehmensführung muss Klarheit schaffen, was das Unternehmen sein will, bzw. welchem Business-Modell es folgen will. Michael Cusumano, Professor an der MIT Sloan School of Management, schreibt dazu ([Cusuma03]): „Unabhängig davon, welche Balance sie zwischen Produkten und Dienstleistungen wählen, müssen Manager von Software-Unternehmen verstehen, was ihr vorrangiges Geschäft ist, und erkennen, worin sich die zwei unterscheiden – denn der Verkauf von Produkten fordert ganz andere Fähigkeiten vom Unternehmen als der Verkauf von Dienstleistungen." (Übersetzung der Autoren). Soll das Unternehmen ein Software-Hersteller sein, dann unterstellt das dazugehörige Business-Modell Standard-Software-Produkte als Basis, also Software-Produkte, die für eine größere Zahl von Kunden geeignet sind. Der Vertrieb dieser Software-Produkte kann flankiert werden durch produktnahe Dienstleistungen, die auf Aufwandsbasis oder paketiert mit den Produkten angeboten werden oder als eine Art Abonnement, wie es für Wartung üblich ist. Dazu Cusumano ([Cusuma03]): „Eine allgemeine Faustregel besagt, dass Unternehmen über die Gesamtnutzungszeit eines Software-Produkts zwischen ein und zwei Dollar für Dienstleistungen und Wartung pro Dollar Lizenzgebühr bezahlen." (Übersetzung der Autoren). Insbesondere bei schlechter Konjunktur, wenn das Produktgeschäft am Boden liegt, zeigt sich die Bedeutung dieser Einnahmen für das Überleben des Software-Unternehmens. Deshalb ist z.B. das Preismodell der Monthly License Charge (MLC) für Mainframe-Software, bei dem die Kunden keine einmalige, sondern eine monatliche Lizenzgebühr zahlen, für IBM seit langer Zeit eine wesentliche Säule, die zu einer angenehmen Verstetigung des Umsatzes führte (siehe auch Kap. 5).

Will ein Kunde Funktionalität, die das Software-Produkt nicht beinhaltet, so ist zu prüfen, ob dieser Wunsch als Anforderung in die Weiterentwicklung des Produkts einfließt oder als individuelle Dienstleistung gegen Bezahlung realisiert wird. Im ersten Fall kommen dann alle Kunden in den Genuss dieser zusätzlichen Funktionalität, im zweiten Fall wird die Funktionalität nicht Teil des Produkts. Natürlich sind Kundensituationen in der Praxis nicht immer so schwarz-weiß wie hier dargestellt, aber im Kern geht es um diese Alternativen, wenn die Konsistenz des Standard-Produkts erhalten bleiben soll.

Mit einer Produktentwicklung verbindet man in der Regel auch eine Ownership, d.h. das Software-Produkt „gehört" einer Firma, die es entwickelt und vertreibt, und diese besitzt auch formal die Rechte an dem Code. Dies bedeutet auch, es gibt eine mehr oder weniger „feste" Entwicklungsorganisation. Natürlich kann – insbesondere bei größeren Projekten – die Entwicklungsmannschaft über mehrere Lokationen oder sogar Länder verteilt sein, ggf. werden auch Teile der Entwicklung nach außen gegeben oder an einen Partner übertragen, aber letztendlich gibt es ein zentrales Projektmanagement und Controlling. Mit der Entwicklung von Open-Source-Software wie z.B. des Linux-Betriebssystems ist erstmals dieses Paradigma außer Kraft gesetzt worden. Eine – ständig größer werdende – Community von Entwicklern arbeitet parallel und selbstgesteuert an der Weiterentwicklung eines komplexen Systems, das inzwischen vom Kultstatus zu einem „de-facto" Industriestandard geworden ist. Der Linux-Code ist über das Internet allen verfügbar und auch kostenlos. Kostenpflichtig sind dagegen die „Packages" der Linux-Distributoren, die außer der Software Installations- und Implementierungshilfen sowie Dokumentation anbieten.

Mit dem Erfolg, den die Open-Source-Bewegung mit Linux, Apache und ähnlichen Produkten hat und jetzt mit JBOSS möglicherweise auf den Middleware-Bereich und mit MySQL auf den Datenbankbereich ausdehnt, wird aktuell darüber spekuliert, ob damit mittelfristig nicht alle Software-Produkte kostenfrei werden. Wir halten diese Extrapolation für irreführend. Wenn man die Historie der Open-Source-Bewegung betrachtet, die mit der Vergabe kostenfreier Source-Code-Lizenzen für das UNIX-Betriebssystem begann, so lassen sich Beweggründe erkennen, die eindeutig in spezifischen Eigenschaften der Programmierer-Gemeinde aus Nerds, Gurus und Freaks wurzeln. Da gibt es ein starkes anarchisches Element, das der Eleganz und Schönheit einer technischen Lösung Vorrang vor jeglichen wirtschaftlichen Betrachtungen einräumt und dazu tendiert, gegen Beschränkungen, die Unternehmen ihren Angestellten oder das Wirtschaftssystem den Marktteilnehmern auferlegen, zu rebellieren. Ein wesentlicher Faktor der Open-Source-Bewegung lag und liegt im Widerstand gegen marktbeherrschende Unternehmen, früher vor allem IBM, jetzt Microsoft. In der Gemeinde ist Anerkennung durch die Peers, also andere anerkannte Spezialisten, wichtiger als ökonomischer Erfolg, auch wenn viele dieser Programmierer die Anerkennung nutzen, um an gut bezahlte Jobs zu kommen. Die Bewegung ist gekennzeichnet durch den Widerspruch zwischen den ökonomischen Interessen des Einzelnen, der von seiner Tätigkeit als Programmierer leben will, und der anti-ökonomischen Grundhaltung der Gemeinde. Da diese Gemeinde ausschließlich aus „Techies" besteht, also technisch ausgerichteten Programmierern, ist es kein Wunder, dass die Open-Source-Bewegung sich auf Infrastruktur-Software konzentriert, d.h. auf den Bereich der Betriebssysteme und der Middleware. Anwendungsorientierte Software, die nur in Zusammenarbeit mit Fachleuten aus der jeweiligen Anwendungsdomäne entwickelt werden kann, existiert bisher nicht als Open Source und wird nach unserer Einschätzung auch in Zukunft kostenpflichtig bleiben, weil Nicht-Techies typischerweise die anti-ökonomische Grundhaltung der Open-Source-Gemeinde nicht teilen.

Hat eine Open-Source-Software allerdings eine gewisse Verbreitung erreicht, wird sie auch für kommerzielle Software-Unternehmen interessant. Es lassen sich dann auch auf Open-Source-Basis Software-Produkte vertreiben, wobei der Umsatz durch das Packaging und ggf. durch dazugehörige Services gemacht werden muss. Beispiele dafür sind Firmen wie Red Hat oder Suse im Linux-Bereich. Auch etablierte Hersteller haben Gefallen an Open-Source-Produkten gefunden. Bestes Beispiel dafür ist die Firma IBM, die voll auf den Linux-Zug gesprungen ist. Welche Motivation steckt dahinter? Der Aufwand eines Herstellers für die kontinuierliche Weiterentwicklung eines komplexen Software-Produkts wie etwa eines Betriebssystems ist immens. Damit sich das rechnet, muss der Hersteller entsprechend hohe Preise verlangen – Beispiel IBMs zOS, früher als OS/390 oder MVS bekannt – oder extrem hohe Stückzahlen erreichen – Beispiel Microsoft Windows. Gibt es auf dem Markt ein Betriebssystem, das vergleichbare Qualität hat, aber nahezu kostenlos ist, werden die Kunden immer weniger bereit sein, für ein kommerzielles Produkt zu zahlen. Diese Diskussion erlebt Microsoft zurzeit z.B. im Bereich der öffentlichen Verwaltungen. Für IBM gab es also mehrere Gründe für die Hinwendung zu Linux:

- Erschütterung des Microsoft-Business-Modells,
- Erschütterung des SUN-Business-Modells, das u.a. auf SUNs UNIX-Derivat Solaris beruht,
- Schaffung der Möglichkeit, die immer größer werdende Zahl von Anwendungen, die auf Basis von Linux angeboten werden, auf der Hardware der z-Series lauffähig zu machen, nachdem IBM seit vielen Jahren das Problem hatte, dass Hersteller von Anwendungen diese nicht mehr für die z-Series verfügbar machten,

- Verbesserung des Unternehmens-Image als „offener" Anbieter,
- kostensparende Partizipation an der neuartigen Form der Arbeitsteilung in der Open-Source-Gemeinde, bei der ein Hersteller die Rolle übernimmt, für die Lauffähigkeit auf seinen Hardware-Plattformen und entsprechende Robustheit und Skalierbarkeit zu sorgen, während andere „Gemeindemitglieder" sich um funktionale Erweiterungen und Ähnliches kümmern.

Neben Open Source gibt es auch viele kommerzielle Software-Produkte, die nicht kostenpflichtig sind. Immer mehr Produkte können kostenlos aus dem Internet heruntergeladen werden. Bei genauerem Hinsehen zeigt sich jedoch, dass auch dahinter in der Regel handfeste kommerzielle Interessen und entsprechende Marketing-Strategien stehen. Ein „Viewer" für ein bestimmtes Präsentationsgrafikprogramm ist meistens kostenlos erhältlich. Damit will der Software-Hersteller den Austausch von Dokumenten in „seinem" Format erleichtern und fördern, gleichzeitig aber auch Interesse an der kostenpflichtigen „Komplettlösung" wecken. Demo-Versionen werden ebenfalls kostenlos angeboten, haben aber Beschränkungen in der Funktionalität, der Kapazität bzw. haben eine festeingestellte Testperiode und werden danach unbrauchbar. Auch diese Software hat also Produktcharakter, ist Teil einer Produktfamilie und wird vom jeweiligen Produkt-Management gesteuert. Auch hier ist vorher zu planen, welche Teile, welche Funktionen und wie lange kostenfrei angeboten werden sollen, denn auch dies ist von der Entwicklung umzusetzen.

Alternativ kann ein Unternehmen natürlich auch dem Business-Modell eines Dienstleisters folgen. Das bedeutet, dass Software gegen Bezahlung entwickelt wird, also z.B. auf Aufwandsbasis oder gegen Festpreis. Im Mittelpunkt steht hier nicht das Software-Produkt, sondern die Mitarbeiter, die die Dienstleistung erbringen. Ziel ist dabei, eine Anwendung entsprechend den Vorgaben des Kunden zu realisieren. Sie wird also i.A. nicht für eine möglichst breite und flexible Einsatzfähigkeit designt. Dieser Sachverhalt in Verbindung mit den Unterschieden in den Unternehmenskulturen zwischen Dienstleister und Hersteller führt dazu, dass ein Dienstleister fast immer scheitert, wenn er versucht, aus einer auf Dienstleistungsbasis entwickelten Anwendung ein Standard-Software-Produkt zu machen. Ein gutes Beispiel dafür ist CSC Ploenzke mit dem Kernbanksystem Konto 3000, das für die damalige Landesgirokasse Stuttgart (heute Landesbank Baden-Württemberg) entwickelt wurde. Eines der wenigen Gegenbeispiele ist die für Dassault entwickelte CAD-Software CATIA, die zu einem sehr erfolgreichen Software-Produkt wurde.

4.8 Die Business-Aspekte auf der Anwenderseite

IT-Bereiche in Anwenderunternehmen hatten traditionell nicht das Selbstverständnis, Software-Produkte zu entwickeln und zu vermarkten. Sie sahen sich typischerweise als Hüter und Herrscher über ein IT-System, das aus Hardware und einer schlecht überschaubaren Anwendungslandschaft bestand, die üblicherweise wenig bis gar nicht dokumentiert war. Wo und wann eine neue Funktionalität implementiert wurde, war häufig eher eine Frage von mehr oder weniger willkürlichen organisatorischen Zuständigkeiten als von einer vorausschauenden Planung einzelner Anwendungen oder des Gesamtsystems. Damit einher gingen zumeist erhebliche Kommunikationsprobleme zwischen IT und Fachbereichen. Die zunehmende Unzufriedenheit der unternehmensinternen Auftraggeber mit dem Preis-/Leistungsverhältnis der IT, ob berechtigt oder nicht, führte in den letzten 15 Jahren zu Maßnahmen, mit denen die IT-Bereiche besser steuerbar gemacht werden sollten. Das betraf zum einen Controlling-Maßnahmen, die die vorherige unbefriedigende Umlagefinanzierung der IT durch eine stärker verursachungsgerechte Kostenbelastung ersetzen sollten, z.B. transaktionsbasiert. Zum anderen experimentierte man damit, die vorherige Monopolstellung des IT-Bereichs durch stärkeren Wettbewerb zu erschüttern. So wurde in manchen Unternehmen Fachbereichen gestattet, Hardware und Software ohne Einbeziehung des IT-Bereichs von außen zu beziehen bzw. in Auftrag zu geben. So erreichte man tatsächlich eine Schwächung des IT-Bereichs, aber dummerweise auch des Gesamtunternehmens, denn die in IT-Fragen unerfahrenen Fachbereiche wurden nicht nur regelmäßig von Herstellern und Dienstleistern über den Tisch gezogen, sondern es entstand auch eine unüberschaubare Ansammlung von wenig bis gar nicht integrierten Insellösungen mit zunehmender Datenredundanz und -verlustgefahr. Der Wettbewerbsgedanke war auch wesentliche Motivation für Ausgliederungen der IT-Bereiche in eigenständige Tochtergesellschaften, wie sie viele Großunternehmen vornahmen. Den unglücklichen neuen Geschäftsführern dieser Tochtergesellschaften wurde dann vielfach die Quadratur des Kreises abverlangt, d.h. stärkere Kundenorientierung bei niedrigeren Kosten und gleichzeitigem Neugeschäft als Dienstleister am freien Markt. Funktioniert hat das so gut wie nie. Die Kundenorientierung litt darunter, dass etablierte Kommunikationswege durch die neue Unternehmensgrenze und damit häufig verbundene größere räumliche Trennung unterbrochen oder erschwert wurden. Die Kostenstrukturen konnten bestenfalls langfristig etwas verbessert werden, da zunächst die Betriebsräte dafür sorgten, dass kein Mitarbeiter im Rahmen der Ausgliederung Schaden nahm. Und das Agieren am freien Markt war nicht nur kulturfremd, sondern auch unrealistisch, da jeder potentielle Kunde wusste, dass er gegenüber der Muttergesellschaft immer die schlechtere Priorität haben würde.

Der nächste aktuell zu beobachtende Trend besteht darin, nicht nur auszugliedern, sondern große Teile der IT-Aufgaben an externe Unternehmen outzusourcen, die typischerweise einen großen Teil der bisherigen Mitarbeiter übernehmen, aber unter ein eigenes Management und neue Prozesse stellen. Im Outsourcing eines Rechenzentrumsbetriebs liegt tatsächlich ein signifikantes Potential zur Kostenreduktion. Für den Bereich der Software-Entwicklung gilt das allerdings selten. Selbst wenn das aufnehmende Unternehmen den Software-Entwicklungsprozess effizienter und damit kostengünstiger gestalten kann, stehen dem die Gewinnerzielungsabsicht und der dadurch verständliche Wille entgegen, den Anforderungsmanagementprozess recht formal zu leben, was für Zusammenarbeit und Reaktionsgeschwindigkeit eher kontraproduktiv ist. Nur wenn es in dieser Konstellation gelingt, weitere Kunden für die Software zu gewinnen, sind signifikante Kostenvorteile realisierbar. Erfolgreiche Beispiele dafür sind die IT-Dienstleister der Sparkassen bzw. der genossenschaftlichen Banken, die jeweils eine große Zahl von Instituten betreuen.

Alle Versuche der Anwenderunternehmen, die IT besser in den Griff zu bekommen, haben bislang zu sehr gemischten Ergebnissen geführt. Doch ein Gutes hatte diese Entwicklung. Die Verantwortlichen der IT-Bereiche, ob ausgegliedert oder nicht, haben eine deutlicher ausgeprägte unternehmerische Sicht auf ihren IT-Bereich bekommen. Fachbereiche werden heute stärker als Kunden statt als Bittsteller betrachtet. Und die Bereitschaft, das eigene Angebot im Sinne von Produkten und Dienstleistungen zu verstehen und zu managen, hat deutlich zugenommen. Damit ist eine gewisse Annäherung an die Sicht von Herstellerunternehmen eingetreten, die u.a. dazu führt, dass in den letzten Jahren Software-Produkt-Management als nützlicher Ansatz in ersten Unternehmen auf der Anwenderseite Fuß gefasst hat. Dabei unterscheidet sich sicherlich die Schwerpunktsetzung, aber die Kernelemente sind für Hersteller und Anwender die gleichen. Wir werden deshalb das Thema in Kapitel 5 übergreifend behandeln und in Kapitel 6 auf die unterschiedliche Schwerpunktbildung eingehen.

5 Kernelemente des Software-Produkt-Managements

In diesem Kapitel werden wir die Aufgaben, die wir im Begriff „Software-Produkt-Management" zusammengefasst sehen, ausführlich erläutern. Diese Aufgaben existieren unabhängig davon, ob Software-Produkt-Management als eigenständige organisatorische Einheit im Unternehmen besteht (siehe dazu Kap. 6). Sie resultieren einfach daraus, dass ein Unternehmen oder ein Unternehmensbereich in der Verfolgung seines Geschäftszwecks Software-Produkte (im Sinne der Definition in Kap. 3) entwickeln und vertreiben will. Die Gewichtung, die die Aufgaben zueinander haben sollten, hängt von der Art des Unternehmens und seiner Software-Produkte ab (siehe dazu Kap. 6). Doch zunächst wollen wir uns den Zielen des Software-Produkt-Managements zuwenden.

5.1 Ziele

Auch wenn unser Wirtschaftssystem mancherlei besondere Ausprägungen des Unternehmensbegriffs hervorbringt, die von Abschreibungsgesellschaften bis zu Beschäftigungsgesellschaften reichen, zielen die meisten Unternehmen doch nach wie vor auf eine langfristige Existenz auf Basis von anhaltendem wirtschaftlichem Erfolg. Damit sollte Unternehmensführung auf Nachhaltigkeit ausgerichtet sein, auch wenn Investoren in den letzten 20 Jahren stark auf kurzfristige Erfolge gedrängt haben. Diese Nachhaltigkeit sollte ihren Niederschlag in Unternehmensvision und -strategie finden (siehe Kap. 6) und drückt sich typischerweise im Business-Modell aus, das man nicht wechseln kann wie sein Hemd. So kann etwa ein IT-Beratungshaus nicht schlagartig zu einem Software-Produkthaus werden und umgekehrt. Solche Veränderungen sind zwar prinzipiell möglich, brauchen aber mehrere Jahre. Ein Beispiel dafür ist die deutsche Firma Softlab, die sich in den letzten 10 Jahren vom Produkt- zum Beratungshaus gewandelt hat.

Erfolgreiche Produkte zeichnen sich nicht unbedingt in der gleichen Weise durch Nachhaltigkeit aus. In der Verlagsbranche oder der Musikbranche zum Beispiel ist ein Bestseller typischerweise ein Saisonartikel, dessen Verkaufszahlen sich nach einer Hochphase drastisch reduzieren.

Nachhaltig sind bei solchen Unternehmen das Business-Modell und die Produktfamilie Buch oder Musik-CD, nicht aber das Einzelprodukt. Darüber hinaus kann sich Nachhaltigkeit auch auf den Autor oder die Musikgruppe beziehen, die dann quasi als Markenname dienen.

Aus der inhärenten Ausrichtung des Unternehmens auf Nachhaltigkeit folgt also nicht zwangsläufig eine Nachhaltigkeit der Einzelprodukte des Unternehmens, aber doch der Produktfamilien und des Business-Modells. Das, was nachhaltig ist, sind die Assets des Unternehmens, die wahren Unternehmenswerte, die es zu schützen und weiterzuentwickeln gilt, weil sie die Nachhaltigkeit des Unternehmens bestimmen. Produkt-Management dient genau dazu, solche produktbezogenen Assets gezielt längerfristig und nachhaltig zu managen, seien es Einzelprodukte, Produktfamilien oder -plattformen.

Bei Software-Produkten liegt die Nachhaltigkeit meist im Einzelprodukt selbst. Ausnahmen sind niedrigpreisige Consumer-Produkte wie etwa Computer-Spiele, bei denen eher die Produktfamilie oder die Plattform nachhaltigen Charakter hat und dementsprechend gemanagt werden sollte. Software-Produkt-Management bedeutet also das Management eines Software-Produkts (oder Produktfamilie oder -plattform) über seinen Lebenszyklus im Sinne der Unternehmensziele. Damit ist Software-Produkt-Management nicht vorrangig auf ein einzelnes Entwicklungsprojekt oder eine einzelne Marketingaktion, etwa eine Produktankündigung, fokussiert, sondern dies sind „nur" Schritte in der Verfolgung längerfristiger nachhaltiger Ziele. Dementsprechend hat Software-Produkt-Management als Gesamtheit aller in diesem Kapitel beschriebenen Aufgaben keinen Projekt- oder Aktionscharakter, lässt sich aber auch nicht gesamthaft als Prozess verstehen. Nur Teilaufgaben kann man so interpretieren und organisieren. So stellt Anforderungsmanagement bezogen auf die einzelne Anforderung einen Prozess dar (siehe Abschnitt 5.11), die Entwicklung eines neuen Produkt-Release wird typischerweise als Projekt gefahren.

Korrespondierend mit der Nachhaltigkeit des Software-Produkts (oder Produktfamilie oder -plattform) ist Software-Produkt-Management als gesamthafte Aufgabenstellung eine Daueraufgabe. Dies ist eine unpopuläre Erkenntnis in einer Zeit, in der vielfach geglaubt wird, die Effizienz einer Organisation daran messen zu können, wie groß der Anteil der Projektarbeit ist. Hinter diesem Glauben steckt das diffuse Gefühl, unproduktive Mitarbeiter könnten sich hinter Daueraufgaben bequem verstecken, während straff organisierte Projektarbeit jeden zur Produktivität zwinge. Diese Überlegungen werden durch unsere mehr als zwanzigjährigen Erfahrungen in der Software-Branche in keiner Weise bestätigt. Wir haben mindestens so viele unproduktive Projekte erlebt wie hochproduktive Mitarbeiter in Daueraufgaben. Außerdem führt die Vernachlässigung von inhärent vorhandenen Daueraufgaben wie etwa Marktbeobachtung oder Mitarbeiterentwicklung mittelfristig regelmäßig zu massiven Problemen für das Gesamtunternehmen. Produktivität ist nach unserer Erfahrung eher durch gute Unternehmensführung mit Schaffung eines entsprechenden Betriebsklimas signifikant zu beeinflussen. Speziell Software-Produkt-Management ist ein gutes Beispiel für eine Daueraufgabe, die zu den anspruchsvollsten Tätigkeiten in einem Unternehmen gehört und ein sehr hohes Maß an Engagement und Einsatzbereitschaft verlangt, wenn der Produkt-Manager mittel- bis langfristig erfolgreich sein will.

Eine Unternehmensführung, die sich in starkem Maße vom Druck auf kurzfristige Erfolge leiten lässt, also regelmäßig dem Dringlichen höhere Priorität als dem Wichtigen einräumt, etabliert typischerweise Kümmerer, die ständig dafür sorgen, dass die Vielzahl der akuten kleinen Dringlichkeiten im Unternehmen verfolgt und bewältigt werden. Eine solche Kümmerer-Aufgabe sollte aus unserer Sicht in einer Stabsfunktion wie z.B. „Assistenz der Unternehmensführung" angesiedelt werden, von wo aus die Aufgabe organisationsübergreifend verfolgt werden kann. Lässt sich eine Unternehmensführung hingegen mehr von dem Konzept der Nachhaltigkeit leiten, so braucht sie Führungspersönlichkeiten, die die Assets des Unternehmens auf Basis der von der Unternehmensführung formulierten Strategien und Ziele managen. Für Software-Produkte (oder Produktfamilien oder -plattformen) als solche Assets ist dies die Aufgabe der Software-Produkt-Manager.

Natürlich ist die Realität eines Unternehmens nie so schwarz-weiß, wie im letzten Abschnitt dargestellt. Und natürlich kann die Betonung von Nachhaltigkeit nicht bedeuten, dass sich ein Unternehmen zum Beispiel um akute Kundenprobleme nicht schnell und mit Nachdruck kümmert. Trotzdem halten wir diese überspitzte Gegenüberstellung für hilfreich im Hinblick auf die Formulierung von Zielen und Aufgabenabgrenzungen für das Software-Produkt-Management. Wenn eine Unternehmensführung ein Software-Produkt-Management mit dem Ziel etabliert, die Nachhaltigkeit der Software-Produkte als Assets des Unternehmens besser zu managen, dann aber die Ausführenden nicht davor schützt, von den alltäglichen Dringlichkeiten ständig überrollt zu werden, wird sie keinen Erfolg haben. Sie schafft dann nur eine Kümmerer-Funktion unter anderem Namen. Auch das kann für das Unternehmen nützlich und sinnvoll sein, ist aber kein Software-Produkt-Management im Sinne dieses Buches.

Als vorrangiges Ziel von Software-Produkt-Management sehen wir den nachhaltigen Erfolg des Software-Produkts (oder Produktfamilie oder -plattform) über den Lebenszyklus. Typischerweise ist damit wirtschaftlicher Erfolg gemeint, der sich letztlich in Gewinn ausdrückt. Da aber Gewinn zeitversetzt entsteht, d.h. nach einer Investitionsphase mit entsprechenden periodenbezogenen Verlusten folgt eine längere hochprofitable Phase, betrachtet man häufig Kundenzufriedenheit als wichtige Messgröße für das Software-Produkt-Management. Dahinter steht der Glaube, dass es eine starke Korrelation zwischen Kundenzufriedenheit und Bindung des Kunden an Produkt und Hersteller gibt. Das stimmt nach jüngeren Veröffentlichungen wie auch nach unseren Erfahrungen nur bedingt (siehe [Reichh96]). Zwar ist typischerweise eine starke Unzufriedenheit ein Auslöser, Produkt und Hersteller zu wechseln. Umgekehrt schützt aber hohe Zufriedenheit keineswegs davor, dass der Kunde zu einem anderen Produkt bzw. Hersteller wechselt. Trotzdem macht es natürlich Sinn, Kundenzufriedenheit als Maß zu betrachten. Allerdings ist sie schwer zu messen. Im Allgemeinen wird Kundenzufriedenheit nicht als ein einzelnes Maß erfasst, sondern als eine Gruppe von bis zu 20 Messgrößen zu unterschiedlichen Themenbereichen wie etwa Zuverlässigkeit, Code-Qualität, Dokumentation, Benutzbarkeit, Service-Qualität, Vertriebsbetreuung etc. (siehe dazu auch Abschnitt 5.11). Die Firma IBM versuchte zunächst, die dazu notwendigen Befragungen direkt vorzunehmen, was zur Folge hatte, dass nicht selten der jeweilige Vertriebsmitarbeiter dem Kundenmitarbeiter die Hand beim Ausfüllen des Fragebogens führte. So kamen wunderbare Ergebnisse zustande, die nur nicht das widerspiegelten, was man eigentlich erfassen wollte. Deshalb ging man zu Befragungen durch Drittfirmen über, die zum Teil anonym, zum Teil unter Nennung des Auftraggebers IBM durchgeführt wurden. Hier ließen die Antwortquoten – vor allem bei anonymen Befragungen – meist zu wünschen übrig. Außerdem wurden die Ergebnisse häufig übertrieben schlecht, weil derjenige, der sich geärgert hat, eher antwortet, um seinem Ärger Luft zu machen, als der, der zufrieden ist. Bei regelmäßigen Befragungen über längere Zeiträume stellte man Schwankungen über alle Zufriedenheitskennzahlen fest, die eher kurz vor der Befragung liegende Ereignisse reflektierten als tatsächliche Veränderungen im Produkt. So beeinflusste eine kurz vor der Befragung vorgenommene Preiserhöhung zum Beispiel auch die Zufriedenheit mit der Code-Qualität negativ, während eine kurz zuvor stattgefundene Kundenveranstaltung in angenehmem Ambiente alle Zufriedenheitskennzahlen in die Höhe gehen ließ. Als Korrekturfaktor wurde eingeführt, auch die Erwartungshaltung des Kunden abzufragen, was sowohl zu besser durchdachten Antworten als auch zu besserer Auswertbarkeit führte. Aus diesen Erfahrungen muss man insgesamt nicht den Schluss ziehen, dass Kundenzufriedenheit generell nicht gemessen werden sollte. Die Betrachtung macht über längere Zeiträume durchaus Sinn, wenn man genügend Messpunkte hat, so dass sich der Einfluss von Einzelereignissen als statistische Ausreißer erkennen lässt. Sie ist aber keine geeignete periodenbezogene Ziel- oder Messgröße für Software-Produkt-Management. Zum Thema Kundenzufriedenheitsmessung gibt es branchenübergreifend viel Literatur, hilfreich sind z.B. [JohGus00] und [Myers00].

Es gibt aber auch Situationen bzw. Produkte, bei denen Software-Produkt-Management nicht primär auf Gewinn zielt, der dem einzelnen Produkt zurechenbar ist. So kann es zum Beispiel im Interesse eines Unternehmens sein, einen möglichst hohen Verbreitungsgrad für eine Produktplattform zu erreichen, weil diese die Voraussetzung für den Verkauf anderer profitabler Produkte ist. Ein Beispiel dafür ist die Vorinstallierung des Betriebssystems Microsoft Windows auf neuen PCs, für die die PC-Hersteller nur relativ geringe Lizenzgebühren an Microsoft abführen müssen. Dadurch sichert Microsoft die Dominanz von Windows als PC-Betriebssystem und damit als Plattform für eine Vielzahl von profitablen Software-Produkten, die Microsoft und andere Hersteller anbieten. In solchen Fällen ist also Marktanteil eine bessere Messgröße als Gewinn.

Diese Diskussion macht zweierlei deutlich. Zum einen besteht ein Konflikt zwischen der per Definition längerfristig orientierten Ausrichtung des Software-Produkt-Managements und dem Wunsch, Ziele und Messgrößen zu definieren, die periodenbezogen, also zumeist jährlich verfolgt werden können, damit man prüfen kann, ob das Produkt-Management auf dem richtigen Weg ist, und ggf. korrigierend eingreifen kann. Außerdem will man ja auch einmal im Jahr mit den betroffenen Mitarbeitern über die Gehaltsanpassung reden. Leider wird dieser Konflikt in der Praxis zumeist zugunsten von kürzerfristigen Zielen und Messgrößen entschieden. Zum zweiten gilt der Satz, den ein hochrangiger amerikanischer Manager als Plakat in seinem Büro hängen hatte: „Measurement Systems Do Work!" Wenn ein Unternehmen also Messgrößensysteme zur Leistungsbewertung von Mitarbeitern verwendet und womöglich auch Prämien daran knüpft, muss es davon ausgehen, dass die Mitarbeiter dann auch auf diese Messgrößen optimieren. Wenn es also nicht gelingt, dass das Messgrößensystem genau das misst, was eigentlich erreicht werden soll, optimieren die Mitarbeiter auf das Falsche. Da Messgrößensysteme andererseits einfach sein sollen, um keine unverhältnismäßigen Erfassungsaufwände zu generieren, ist es nach unserer Erfahrung geradezu der Normalfall, dass auf das Falsche optimiert wird, häufig mit absurden Konsequenzen. Da werden unnötig Software-Lizenzen verschenkt, um gewisse Zielzahlen für installierte Lizenzen zu erreichen, da wird mehr Aufwand in die Manipulation von Zahlen als in das eigentliche Geschäft gesteckt.

Auch wir haben kein Patentrezept für das Thema „Ziele und Messgrößen" anzubieten. Letztlich kann eine Lösung nur darin liegen, dass Software-Produkt-Manager und ihre Vorgesetzten bewusst mit der geschilderten Problematik umgehen und gemeinsam zu Vereinbarungen kommen, die sinnvolle periodenbezogene Ziele beinhalten, die typischerweise Bezug auf konkrete Einzelaufgaben des Mitarbeiters nehmen, und trotzdem sicherstellen, dass der Produkt-Manager nicht davon abgehalten wird, die Zielsetzung des nachhaltigen Produkterfolgs zu verfolgen.

5.2 Die Rolle des Software-Produkt-Managers

Wird Software-Produkt-Management in der Aufbauorganisation als Position verankert (siehe dazu Kapitel 6), muss die Unternehmensführung nicht nur Zweck und Zielsetzung dieser Maßnahme definieren und unternehmensweit kommunizieren, sondern dabei auch dafür sorgen, dass Aufgabenabgrenzungen Akzeptanz bei allen Betroffenen finden. Wie auch immer ein Unternehmen organisiert ist, Zuständigkeiten sind immer unvollständig definiert, d.h. es gibt immer Themen und Probleme, die unter den Tisch fallen, weil sich niemand für zuständig hält. Produkt-Management wird daher gern missverstanden als universeller Kümmerer, bei dem all solche Themen und Probleme abgeladen werden können. Dem muss die Unternehmensführung durch entsprechende Aufgabendefinition und -abgrenzung entgegenwirken, wenn sie mit der Etablierung einer Software-Produkt-Management-Funktion tatsächlich die Nachhaltigkeit im Fokus hat.

Idealerweise sollte der Software-Produkt-Manager die zentrale Führungsrolle für alle relevanten Aspekte haben, die sein Produkt betreffen. Führungsfähigkeit ist primär eine Frage der individuellen persönlichen Eigenschaften, kann aber organisatorisch gestützt werden. So ist die Wahrnehmung der Führungsrolle tendenziell einfacher, wenn damit Weisungsbefugnis verbunden ist. In vielen Fällen ist das aber bei Produkt-Managern nicht der Fall (siehe Kap. 6). In den folgenden Abschnitten dieses Kapitels wird das breite Spektrum von Themen und Aufgaben ausgebreitet, die in die Verantwortung eines Software-Produkt-Managers fallen. Unabhängig vom Ausmaß der Weisungsbefugnis ist Software-Produkt-Management damit eine Querschnittsfunktion im Unternehmen, die in hohem Maße zwischen den funktionalen Organisationseinheiten vermitteln und moderieren muss. Diese Herausforderung ist ausführlich in [Condon02] dargestellt.

Eine Fokussierung auf die wichtigen (statt dringlichen) Themen fällt dem Software-Produkt-Management leichter, wenn es in der Aufbauorganisation des Unternehmens eine hauptamtliche „Kümmerer"-Funktion gibt, etwa als „Assistenz der Unternehmensführung". Alternativ kann auch die Software-Produkt-Management-Funktion personell so ausgestattet sein, dass eine Dedizierung der Mitarbeiter zu Einzelaufgaben möglich ist, so dass es dedizierte Kümmerer neben Branding- oder Anforderungsmanagement-Spezialisten gibt. Diese Möglichkeiten der organisatorischen Ausgestaltung werden ausführlich in Kapitel 6 behandelt. In jedem Fall ist eine enge Zusammenarbeit zwischen Software-Produkt-Managern im eigentlichen Sinne und den Kümmerern notwendig.

Zu einer Rollenbeschreibung gehört auch die Darstellung der Skill-Anforderungen, also der Anforderungen hinsichtlich Kenntnissen und Erfahrungen, die benötigt werden, um die Rolle ausfüllen zu können. Darin spiegelt sich für den Software-Produkt-Manager das Aufgabenspektrum wider, das in diesem Kapitel ausgebreitet wird. Dieser Ansatz ist für die Rolle des Software-Produkt-Managers sehr problematisch, weil die Breite des Aufgabenspektrums in einem so breiten Anforderungsprofil resultiert, dass es kaum Mitarbeiter gibt, die dies auch nur annähernd erfüllen können. Daraus muss aber nicht der Schluss gezogen werden, dass eine Stelle „Software-Produkt-Manager" gar nicht erst geschaffen und besetzt werden sollte. Vielmehr sollte eine solche Stelle in dem Bewusstsein geschaffen werden, dass ein Stelleninhaber nicht in allen Aspekten des Aufgabenspektrums gleichermaßen erfahren und bewandert sein kann. Es handelt sich um eine Management-Aufgabe, bei der es mehr darauf ankommt, mit den Fachleuten aller relevanten Bereiche zusammenzuarbeiten, die richtigen Fragen stellen und Schlüsse ziehen zu können. Wenn der Stelleninhaber allgemeine Management-Fähigkeiten hat, in zwei der relevanten Themengebiete tiefergehende Kenntnisse und Erfahrungen mitbringt und ansonsten in der Lage ist, über seinen Tellerrand hinauszuschauen, sind das im Allgemeinen hinreichend gute Voraussetzungen. Dies gilt umso mehr, wenn eine Software-Produkt-Management-Funktion personell so ausgestattet wird, dass eine gewisse Spezialisierung der Mitarbeiter entsprechend ihrer Skills möglich ist. Ein Muster für eine allgemeine Stellenbeschreibung eines Software-Produkt-Managers befindet sich in Anhang A. In der Industrie sind die verschiedensten Bezeichnungen für die Position des Software-Produkt-Managers zu finden: Produkt-Manager, Produkt-Marketing-Manager, Program Manager, Brand Manager und so weiter. Im

Kern meinen diese Bezeichnungen zumeist das, was in diesem Buch unter Software-Produkt-Manager verstanden wird, auch wenn es im Detail häufig Unterschiede gibt.

5.3 Produktpositionierung im Markt

Eine zentrale Frage des Software-Produkt-Managements ist die Positionierung des jeweiligen Produkts im Markt. Dies beinhaltet die Beantwortung einer Reihe von Fragen:

- Was ist der relevante Markt heute? Wie entwickelt er sich weiter?
  (Definition, Volumen, Wettbewerber und ihre Marktanteile, Segmentierung nach Kunden, Geografie und/oder Funktionalität)
- Wo spielt das Produkt? Wo soll es spielen?
  (Scope, Segmente, Marktanteil)

Die Bestimmung des relevanten Marktes ist absolut nicht trivial für Software. Die umfassendste Marktdefinition ist die des Software-Marktes insgesamt, in dem man als Software-Produkt-Manager immer richtig angesiedelt ist. Allerdings ist dieser Gesamtmarkt so riesig und uneinheitlich, dass man zur Produktpositionierung nicht viel damit anfangen kann. Der kleinste denkbare Markt besteht nur aus dem eigenen Produkt. Diese Definition ist dann nicht absurd, wenn das Produkt einen neuen Markt kreiert, in dem es noch keine Wettbewerber gibt. Zwischen diesen beiden Extremen gibt es nahezu unendlich viele Möglichkeiten der Marktdefinition, mit denen in der Praxis trefflich gespielt wird. Will jemand zum Beispiel demonstrieren, welch riesiges Umsatzpotential in einem geplanten Produkt steckt, wählt er einen breit definierten Markt mit einem entsprechend großen Volumen. Will jemand zeigen, welch hohen Marktanteil sein Produkt hat, wählt er eine enge Marktdefinition. Leider gibt es keine festen Regeln, nach denen entscheidbar wäre, was die optimale Marktdefinition zu einem Produkt ist. Marktforschungsunternehmen, die sich mit der Analyse des Software-Marktes beschäftigen, segmentieren den Gesamtmarkt häufig mehrstufig in Teilmärkte und orientieren sich dabei vorrangig an funktionalen Abgrenzungen, geografischen Einordnungen und Kundengruppen.

Aussagen über den Markt und seine Entwicklung macht ein Software-Produkt-Manager typischerweise auf der Basis von Input, den er von externen Marktforschungsinstituten bezieht. Weltweit bekannt und genutzt sind IDC (www.idc.com), Gartner Group (www.gartner.com), Meta Group (www.metagroup.com) und Forrester Research (www.forrester.com), zu denen seit kurzem auch die Giga Information Group (www.gigaweb.com) gehört, für qualitative und quantitative Analysen. Dabei hat IDC einen

Schwerpunkt auf quantitativen Marktanalysen und Forrester auf neuen Technologien. Allen gemeinsam ist, dass die Nutzung ihrer Research-Ergebnisse recht kostspielig ist. Alle legen großen Wert darauf, ihre Unabhängigkeit zu betonen. Tatsächlich sind sie aber auf die Zusammenarbeit mit den Herstellern angewiesen, um an entsprechende Informationen zu kommen. Außerdem haben die Analyse-Unternehmen ihre Business-Modelle im Laufe der Zeit erweitert und bieten auch Consulting an, das regelmäßig von Herstellern genutzt wird. Ähnlichkeiten mit den Business-Modellen der großen Wirtschaftsprüfungs- oder Finanzanalysegesellschaften bis 2001 sind natürlich rein zufällig.

Die Ergebnisse der Marktforschungsunternehmen sind trotz allem eine nützliche Informationsquelle, auch wenn man sich nicht blind auf sie verlassen darf. Insbesondere muss immer berücksichtigt werden, dass die Marktforschungsunternehmen ihre Aufgabe nicht nur darin sehen, den Marketing-Hype der Hersteller zu durchdringen und zu nüchternen Analysen zu kommen, sondern sie produzieren auch gern ihren eigenen Hype, um ihr Business anzuheizen. Letztlich muss ein Produkt-Manager sein eigenes Urteilsvermögen zum Einsatz bringen und in Abstimmung mit seinen Kollegen und Vorgesetzten zu einer unternehmerischen Einschätzung und Entscheidung kommen. Eine unternehmensinterne kompetente Marktforschung, wie sie in einigen Großunternehmen vorhanden ist, kann dabei sehr helfen. Insbesondere kann sie eine zielgerichtete Analyse von Konkurrenzprodukten durchführen, deren Ergebnisse sowohl für das Produkt-Management und das Marketing als auch die Entwicklung von Interesse sein können.

Dass Marktforschungsergebnisse nicht nur Input fürs Produkt-Management sind, sondern auch im Marketing genutzt werden können, bewies der CRM-Software-Hersteller Siebel im Frühjahr 2003, als er Ergebnisse einer CRM-Marktanalyse der Gartner Group in großformatigen Anzeigen weltweit darstellte. Auch für das kontinuierliche Anforderungsmanagement können Marktforschungsergebnisse als Quelle dienen (siehe Abschnitt 5.11).

Die Anzeige zeigt unter anderem den „Magic Quadrant", eine Darstellung der Gartner Group, in der Unternehmen und ihre Produkte in einem Koordinatensystem eingetragen werden, das die Achsen „Completeness of Vision" und „Ability to Execute" bilden. Für einen Hersteller ist es die beste Werbung, wenn er im Leader-Quadranten angesiedelt wird wie Siebel im obigen Beispiel in der Mehrzahl der untersuchten CRM-Segmente.

Abbildung 5.1 zeigt am Beispiel Enterprise Firewalls einen Gartner Magic Quadrant (Stand Juni 2003). Dabei versteht Gartner die Quadranten so:

- Führer (leaders): performen aktuell gut, haben eine klare Vision über die Marktentwicklung und bauen aktiv Kompetenzen auf, um ihre Führungsposition zu halten.
- Visionäre (visionaries): haben eine klare Vision der Marktentwicklung und sind darauf fokussiert, sich darauf vorzubereiten, aber können sich in ihrer Leistungserbringung noch verbessern.

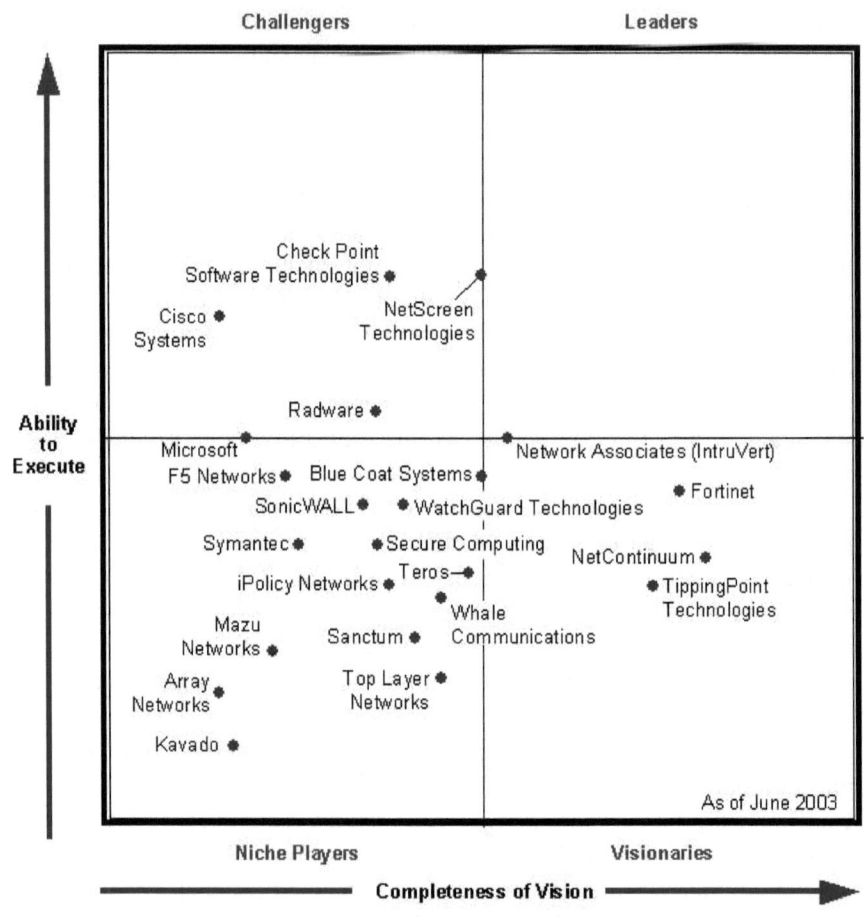

Abb. 5.1: Gartner Group Magic Quadrant. Beispiel: Enterprise Firewalls
(© Gartner Group 2003)

- Herausforderer (challengers): performen aktuell gut, aber haben keine so klare Sicht auf die Marktentwicklung und können sich daher nicht so konsequent darauf vorbereiten.
- Nischenanbieter (niche players): fokussieren auf ein bestimmtes Kundensegment, das durch Eigenschaften wie Unternehmensgröße, Branche oder Projektkomplexität bestimmt ist; dieser enge Fokus kann ihre Entwicklungsfähigkeit einschränken.

Der Gartner Hype Cycle beschreibt die Rezeption neuer Technologie. Dabei versteht Gartner die verwendeten Begriffe so (siehe [LinFen03]):

- Technologie-Trigger (technology trigger): ein Durchbruch, eine öffentliche Demonstration, eine Produkteinführung oder ein anderes Ereignis generiert signifikantes Presse- und Industrieinteresse.
- Gipfel der aufgeblähten Erwartungen (peak of inflated expectations): Während dieser Phase des übertriebenen Enthusiasmus und der unrealistischen Projektionen bringt eine Flut von wohlverbreiteten Aktivitäten dem Technologieführer einige Erfolge, aber mehr Fehlschläge, da die Technologie bis an ihr Limit belastet wird. Die einzigen Unternehmen, die Geld daran verdienen, sind Konferenzveranstalter und Magazinherausgeber.

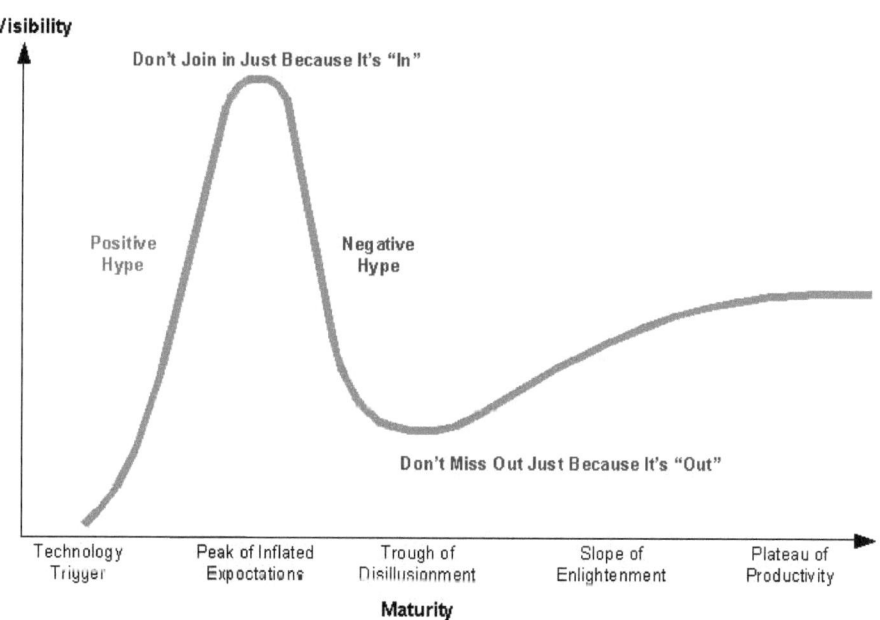

Abb. 5.2: Gartner Hype Cycle (© Gartner Group 2003)

- Tiefes Tal der Desillusionierung (trough of disillusionment): Da die Technologie nicht die aufgeblähten Erwartungen erfüllt, gilt sie schnell als „out". Das Interesse der Medien schwindet, abgesehen von einigen warnenden Erwähnungen.
- Anstieg des Verständnisses (slope of enlightenment): Fokussiertes Probieren und solide harte Arbeit zunehmend unterschiedlicher Organisationen führen zu einem wirklichen Verständnis der Anwendbarkeit, Risiken und Vorteile der Technologie. Kommerzielle standardisierte Methodiken und Werkzeuge erleichtern den Entwicklungsprozess.
- Plateau der Produktivität (plateau of productivity): Die realen Vorteile der Technologie werden demonstriert und anerkannt. Werkzeuge und Methodiken sind mit der zweiten und dritten Generation zunehmend stabil. Die endgültige Höhe des Plateaus hängt davon ab, ob die Technologie breit anwendbar ist oder nur einem Nischenmarkt nützt. Etwa 30% der Zielkunden hat die Technologie zum Zeitpunkt der Plateauerreichung aufgegriffen.

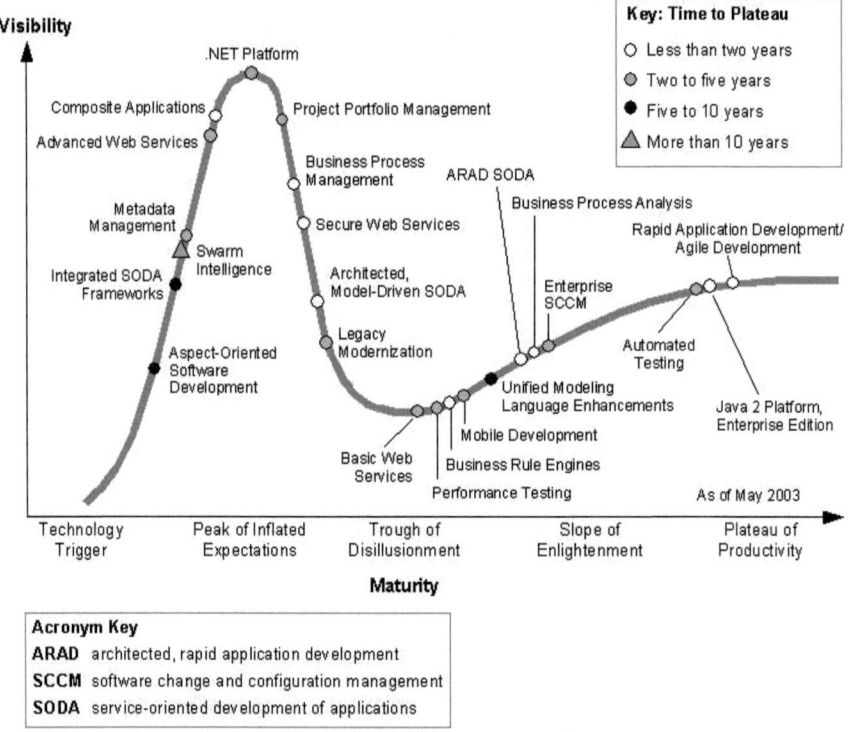

Abb. 5.3: Hype Cycle, Beispiel Anwendungsentwicklung (© Gartner Group 2003)

- Zeit zum Plateau/Einsatzgeschwindigkeit (time to plateau/adoption speed): Die Zeit, die die Technologie bis zur Erreichung des Plateaus braucht.

Abbildung 5.3 zeigt einen Hype Cycle am Beispiel Anwendungsentwicklung (Stand Mai 2003).

In Abbildung 5.4 ist ein typisches Zeitverhalten für die Marktdurchdringung neuer Technologie dargestellt. Solche Entwicklungen muss der Software-Produkt-Manager bei der Business-Planung abschätzen.

Deckt ein Produkt oder eine Produktfamilie ein immer größer werdendes funktionales Feld ab, wird die Marktdefinition besonders schwierig. So wurde für SAP der etwas schwammig bezeichnete Enterprise Resource Planning (ERP)-Markt erfunden. Inzwischen bietet SAP aber auch ein Data Warehouse, genannt Business Warehouse, und eine CRM-Lösung und beinhaltet Middleware, die über NetWeaver nach außen geöffnet werden soll. Für eine so umfangreiche hochintegrierte Produktfamilie versagt der klassische funktionale Segmentierungsansatz.

Zwischen Marktdefinition und Definition des Scopes des Produkts besteht ein enger Zusammenhang, der vom Produkt-Manager iterativ behandelt werden muss. Einerseits beeinflusst die Analyse von Markt, Marktentwicklung und Wettbewerbern die Definition des Produkt-Scopes, also des groben funktionalen Umfangs des Produkts. Andererseits bestimmt der Produkt-Scope, in welchem Marktsegment das Produkt anzusiedeln ist. Letztlich muss eine zeitpunktbezogene Einheit bestehen zwischen Produkt-Scope, Zielmarkt und Business-Erwartungen. Die Planung der Weiterent-

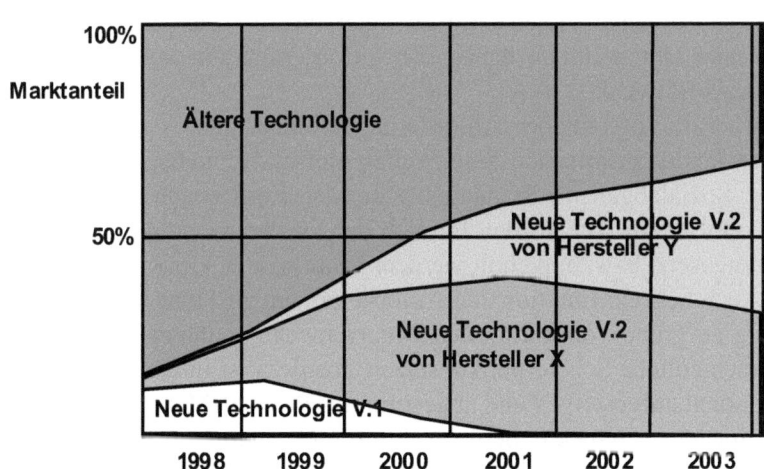

Abb. 5.4: Beispiel für eine quantitative Analyse für die Verbreitung von Technologiegenerationen (in Zahl der Installationen)

wicklung dieser Einheit über die Zeit muss abgestimmt sein mit Unternehmensvision und -strategie (siehe Kapitel 6) und ist ein wesentlicher Teil der Produktstrategie.

Der Umfang der Anforderungen, die aus der Definition des Zielmarkts resultieren, dürfen nicht unterschätzt werden. Wird als Zielmarkt der Consumer-Markt definiert, muss das Produkt hinsichtlich Benutzbarkeit, Packaging, Vertriebskanälen, Support-Struktur etc. andere Anforderungen erfüllen als ein B2B-Produkt (Business-to-Business). Soll das Produkt international verkauft werden, resultieren daraus ganz unterschiedliche Konsequenzen. Die Anforderung, ein Produkt in mehreren Sprachen auszuliefern, ist vielleicht die offensichtlichste, aber bei weitem nicht die einzige Unterscheidung im Vergleich zu einem rein nationalen Produkt. Falls ein Produkt erst nachträglich in eine andere Sprache übersetzt und für ein Land verfügbar gemacht wird, resultiert dies häufig in sehr hohem Aufwand, da bei den Anforderungen und beim Design nicht auf die gute Übersetzbarkeit („enabling for NLS (national language support)") geachtet wurde. Hierzu gehört z.B., dass sprachabhängige Teile des Produktes (Benutzungsoberfläche/Bildschirmmasken), aber auch Messages, Hilfe-Funktionen und Online-Dokumentation etc. separat vom logischen Code gehalten werden.

Auch die Möglichkeit, unterschiedliche Code Pages anzuziehen, sollte vorgesehen werden, insbesondere wenn das Produkt auch in Ländern wie Japan oder China vertrieben werden soll, da diese Sprachen (Kanji oder Mandarin) auf einem Double Byte Character Set (DBCS) basieren. In einigen Ländern wie z.B. der Schweiz gibt es darüber hinaus die Anforderung, mehrere Sprachen gleichzeitig zu unterstützen. Aber auch multinational agierende Unternehmen haben die Anforderung für weltweit einsetzbare Standard-Software.

Über die sprachlichen Anforderungen hinaus gibt es meistens eine Fülle von länderspezifischen gesetzlichen Vorschriften (Bsp. Steuergesetzgebung, Sozialabgaben), Standards oder auch Zertifikaten und Zulassungen (z.B. GoB-Zertifikat für den Bereich der Finanzanwendungen), die beachtet, umgesetzt bzw. eingeholt werden müssen.

Auch bei rein funktionalen Anforderungen wird man feststellen, dass – häufig aufgrund von kulturellen Unterschieden – unterschiedliche Länder unterschiedliche Schwerpunkte setzen. Insofern ist in diesen Fällen ein international aufgestelltes und abgestimmtes Produkt-Management, das diese verschiedenen Aspekte berücksichtigt und richtig priorisiert, besonders wichtig. Darüber hinaus sind Investitionen in die Vertriebs- und Support-Struktur notwendig. Den Kosten, die die Realisierung solcher Anforderungen verursacht, stehen höhere Umsatzerwartungen gegenüber. Der Zusammenhang ist ausführlich in [McGrat01], S. 235–255, dargestellt.

Eine prägnante, nachvollziehbare Positionierung ist ein wesentlicher Erfolgsfaktor für ein Produkt. Sie macht es Vertrieb und Marketing einfacher, die richtige Kundengruppe mit den richtigen Botschaften anzusprechen. Sie erleichtert aber auch die interne Zusammenarbeit, weil sie eine gute Grundlage für alle produktbezogenen Entscheidungen bietet.

5.4 Produktstrategie

Die Geschwindigkeit der technologischen Entwicklung ist seit einigen Jahrzehnten in keiner anderen Branche so hoch wie in der IT- und insbesondere in der Software-Branche. Dies erfordert immer wieder schwerwiegende Entscheidungen der beteiligten Unternehmen, d.h. auf Hersteller- und auf Anwenderseite, die erhebliche finanzielle oder gar existenzielle Auswirkungen haben. Bei aller Schnelllebigkeit fällt aber auf, dass gerade die Unternehmen langfristig erfolgreich sind, die sich durch besondere strategische Fähigkeiten auszeichnen. Herausragende Beispiele sind Microsoft und IBM. Das bedeutet nicht, dass in diesen Unternehmen alle Produktideen zu erfolgreichen Produkten werden oder dass jede Produktstrategie aufgeht. Es bedeutet aber, dass diese Unternehmen es schaffen, mittels durchaus aufwändiger iterativer Prozesse regelmäßig Konsens über und Konsistenz von Unternehmensvision, Unternehmensstrategie, Produktstrategien (bzw. Plattform- und Familienstrategien) und kürzerfristigen Umsetzungsplänen herzustellen.

Die Aufgabe des Software-Produkt-Managers ist dabei, die Strategie für sein Produkt (bzw. -plattform oder -familie) zu formulieren und in diesem Prozess zu vertreten und fortzuschreiben (siehe dazu auch Kap. 6). Was sind die Bestandteile einer solchen Strategie für ein Produkt (bzw. -plattform oder -familie)? Typischerweise betrachtet eine Strategie einen Zeitraum, der zwischen ein und fünf Jahren in der Zukunft liegt. Dementsprechend sind die folgenden Punkte alle in ihrer Entwicklung in dem gewählten strategischen Zeitraum darzustellen. Die Liste beginnt mit den schon in Abschnitt 5.3 diskutierten Punkten:

- Produkt-Scope, also der grobe funktionale Umfang des Produkts,
- Zielmarkt, eventuell Segmente,
- Business-Erwartungen, d.h. Entwicklung von Marktanteil, Umsatz etc.,
- Budget- und Ressourcenplanung,
- Zeitplanung.

Diese Punkte haben natürlich starke Abhängigkeiten untereinander. Wenn z.B. weniger Budget zur Verfügung steht als ursprünglich angenommen, wird der Produkt-Scope nur in geringerem Umfang oder langsamer erweitert werden können. Wenn der Zielmarkt im strategischen Zeitrahmen um neue Segmente erweitert werden soll, muss möglicherweise der Produkt-Scope entsprechend ausgeweitet werden. Auch Abhängigkeiten zu anderen Produkten können erhebliche Auswirkungen haben, z.B. wenn bestimmte Funktionalitäten in mehreren Produkten gleichzeitig verfügbar werden müssen. Außerdem muss die aggregierte Ressourcenplanung über alle Produkte mit der Ressourcenplanung des Gesamtunternehmens zusammenpassen. Je größer ein Unternehmen ist und je mehr Abhängigkeiten dieser Art in einem Unternehmen bestehen, desto schwieriger und aufwändiger wird typischerweise der gesamte Planungsprozess. Auf die Rolle des Software-Produkt-Managers im Planungsprozess kommen wir in Abschnitt 5.14 nochmals zurück.

Eine Produktplattform ist meist kein eigenständiges Produkt, sondern eine Kombination von Technologieelementen, die in mehreren Produkten zum Einsatz kommt. Häufig stellt eine solche Plattform ein besonders wertvolles Asset und einen Differenzierungsfaktor am Markt dar. Deshalb ist hier besonders sensibles Management gefordert, denn Fehler haben sofort gravierende Auswirkungen auf alle Produkte, die auf der Plattform basieren, und damit auf das Unternehmen insgesamt. Ein Beispiel dafür ist Wang Laboratories, das Ende der 70er Jahre mit seinen kombinierten Hardware/Software-Produkten eine dominierende Position im Textverarbeitungsmarkt hatte. Wang verstand die Hardware/Software-Kombination als definierendes Element seiner Produktplattform und hielt fatalerweise daran fest, als die Kunden mit der Entstehung des PC-Marktes keine dedizierte Hardware mehr für Textverarbeitung allein haben wollten. Hätte Wang damals erkannt, dass das definierende Element seiner Produktplattform die Software war, und diese Software auf die neuen PC-Plattformen portiert, wäre Wang möglicherweise noch heute der dominierende Anbieter von Textverarbeitungssoftware. Tatsächlich ist Wang vom Markt verschwunden, und Microsoft hat die Chance genutzt, diesen Markt zu übernehmen.

Ein positives Beispiel auf der Anwenderseite ist Amazon, das große Internet-Handelsunternehmen. Amazon hat als Produktplattform und definierende Technologie eine Software entwickelt, die heute nicht nur den Standard für E-Commerce setzt, sondern auch als Basis für eine geografische und produktbereichsbezogene Ausweitung des Handelsgeschäfts dient. Amazon ist ein viel diskutiertes Beispiel dafür, wie man durch Patentierung den Wettbewerbsvorteil, den die Produktplattform darstellt, schützen kann. So hat Amazon seine One-Click-Technologie patentieren lassen, die registrierten Kunden einen extrem einfachen Bestellvorgang ermöglicht. Wir kommen darauf im nächsten Abschnitt zurück.

Der Begriff der Produktfamilie ist eher ein Marketing-Begriff. Ein Unternehmen fasst verschiedene Produkte unter einem „Familiennamen" zusammen, der dann effizienter beworben werden kann als die Einzelprodukte. Dadurch wird im Markt eine Zusammengehörigkeit der Produkte signalisiert, die sich entweder in technologischer Ähnlichkeit ausdrückt oder darin, dass die Produkte zusammen eine Lösung für ein bestimmtes Problemfeld darstellen. Die technologische Ähnlichkeit kann in einer gemeinsamen Produktplattform liegen, wie z.B. bei SAP, oder in einer gemeinsamen Basistechnologie, wie z.B. bei IBMs DB2-Familie, die alle relationalen Datenbankprodukte der IBM umfasst, auch wenn diese keinen gemeinsamen Code haben (siehe auch Kap. 3). Microsoft Office ist ein Beispiel für eine Produktfamilie, bei der die Kombination der Produkte ein Problemfeld adressiert, in diesem Fall Büroaufgaben. Die Beispiele zeigen, dass die Begriffe „Produktplattform" und „Produktfamilie" schief zueinander liegen, d.h. die Produkte, die auf einer gemeinsamen Produktplattform basieren, können, aber müssen nicht als Produktfamilie vermarktet werden. Umgekehrt können Produkte, die als Familie vermarktet werden, eine gemeinsame Produktplattform haben, aber müssen nicht. Die Entscheidung, ob die Etablierung des Familienkonzepts Sinn macht, ist vorrangig eine Marketing-Entscheidung, die aber in Anforderungen an die beteiligten Produkte resultiert. Die Kunden erwarten von Produkten einer Familie dann auch ein erhöhtes Maß an Zusammengehörigkeit im Sinne von Integration bei Produktkombinationen oder im Sinne von Schnittstellenähnlichkeit bei technologischer Ähnlichkeit. Entsprechen die Produkte dieser Erwartung nicht hinreichend, kann die Wirkung des Familienkonzepts im Markt negativ ausfallen.

5.5 Wettbewerbsvorteile und ihre Sicherung

In Kapitel 6 wird der grundlegende Unterschied zwischen evolutionärer Weiterentwicklung und bahnbrechender Innovation noch behandelt. Der Software-Produkt-Manager beschäftigt sich im Normalfall mit Evolution. Nur im Ausnahmefall wird er die Aufgabe haben, Produkte auf Basis einer echten Innovation zur Marktreife zu bringen. Dabei kommt er aber typischerweise erst ins Spiel, wenn die Innovation bereits so weit gereift ist, dass sie in einen normalen Entwicklungsprozess eingehen kann. In beiden Fällen, also sowohl bei Evolution und erst recht bei Innovation, können die

Ergebnisse zu einer deutlichen Differenzierung im Markt und damit zu signifikanten Wettbewerbsvorteilen führen. Dann ist es eine Aufgabe des Software-Produkt-Managers, Wege zu finden, diese Wettbewerbsvorteile in Markterfolg umzusetzen und alles zu tun, um die Wettbewerbsvorteile möglichst lang zu erhalten.

Der Vorsprung kann dadurch erhalten werden, dass im Rahmen der Weiterentwicklung die differenzierenden Elemente kontinuierlich weiter ausgebaut werden. Ein Beispiel dafür ist SAP, die den Integrationsgrad der SAP-Komponenten immer weiter gesteigert hat. Eine andere Möglichkeit liegt in der Patentierung der differenzierenden Technologie, die dazu führt, dass andere Unternehmen diese Technologie nicht nachbauen dürfen oder aber hohe Lizenzgebühren an den Patenthalter zahlen müssen.

Patentierung von Software ist ein sehr umstrittenes Thema. Bis 1980 war das Patentrecht in den USA rein hardware-orientiert, d.h. Software konnte kaum patentiert werden. Das wurde dann auf Druck der Software-Hersteller so geändert, dass man seitdem nahezu alles patentieren kann. Dies hat zu einer zunehmenden Flut von Patentanmeldungen geführt, deren Sinnhaftigkeit teilweise zweifelhaft ist, obwohl solche Anmeldungen aufwändig und teuer sind. Eine Reihe von Technologieunternehmen nutzt heute die Zahl ihrer Patentanmeldungen als Marketing-Argument, um ihre Innovationskraft zu belegen. Dieser Zusammenhang ist natürlich nicht zwingend, da die Patentannahme nichts über den Nutzwert des Inhalts aussagt, aber das scheint die Öffentlichkeit bislang nicht erkannt zu haben.

Solange sich Software-Patente auf Implementierungsdetails beziehen, kann man sie zumeist dadurch aushebeln, dass man die Funktionalität auf andere Weise implementiert. Schwieriger wird es, wenn Elemente der Benutzungsschnittstelle patentiert werden, die implizit einen Geschäftsprozess beschreiben (siehe Amazon-Beispiel unten).

In jüngster Zeit kommen zunehmende Konflikte zwischen Open-Source-Software und Patentierungen auf, da Unternehmen patentierte Elemente in Open-Source-Prozesse einbringen und dann später Lizenzgebühren fordern. Dagegen wehren sich natürlich alle Open-Source-Gremien mit dem Argument, dass diese Art der Verwendung von Patenten den Fortschritt hemmt. Open-Source-Guru Richard Stallman sagte dazu im Jahr 2002, die Logik des US-Patentrechts hätte Beethoven gezwungen, Mozart für das Recht zu bezahlen, eine neue Symphonie zu kreieren.

Auch die Art und Weise, in der Patentämter Software-Patente prüfen, gerät zunehmend unter Kritik. Formal darf eine Anmeldung nicht als Patent akzeptiert werden, wenn ihr Inhalt bereits allgemeines Gut darstellt, sprich: man darf nichts patentieren, was ohnehin bereits überall genutzt wird. Leider gibt es gute Beispiele dafür, dass Patentämter zu einer solchen Beurteilung nicht fähig waren. Besaha schlägt in [Besaha03] Maßnahmen vor, wie dieser Patentprozess verbessert werden kann. Bis auf Weiteres werden zunächst die amerikanischen Gerichte intensiv mit dem Themengebiet beschäftigt sein.

Um die Frage der Patentierbarkeit dreht sich auch die Diskussion über das Amazon-Patent für seine One-Click-Technologie. Die Gegner argumentieren, dass seit Erfindung der Maus ein Klick immer schon genutzt wurde, um eine Transaktion auszulösen. Deshalb sei ein solcher Ansatz nicht patentierbar. Die Befürworter sagen, dass die spezielle Art der One-Click-Technologie in Verbindung mit dem dahinter liegenden Prozess für Online-Handelsgeschäfte, wie sie Amazon angemeldet hat, in dieser Form vorher nicht da gewesen sei und deshalb patentiert werden könne.

Auch in Europa wird das Thema heftig diskutiert. Nach dem derzeit gültigen europäischen Patentübereinkommen können ein Computer-Programm oder eine Geschäftsmethode als solche nicht patentiert werden. Da allerdings unklar ist, was ein Computer-Programm von einer Erfindung unterscheidet, die ein Computer-Programm als einen Bestandteil unter mehreren beinhaltet, hat das europäische Patentamt in den letzten Jahren sehr wohl Software-bezogene Patente zugelassen. Die Europäische Kommission hat jetzt einen Prozess gestartet, klarere EU-weit gültige Regelungen zu schaffen.

Es ist zu erwarten, dass die Rechtslage zur Gewährung von Software-Patenten angesichts der geschilderten Diskussionen in absehbarer Zeit sowohl in den USA als auch in Europa Änderungen erfahren wird. Aber wie auch immer die Rechtslage sich entwickelt, bleibt es Aufgabe des Software-Produkt-Managers, auch das Mittel der Patentierung in seine Betrachtung einzubeziehen, wenn es darum geht, Wettbewerbsvorteile zu schützen.

Daneben gibt es weitere Wege und Maßnahmen zur Sicherung von Wettbewerbsvorteilen. Ein wesentliches Element ist z.B. die Bindung der wichtigen technischen Mitarbeiter ans Unternehmen. Untersuchungen zeigen, dass der wesentliche produkt- oder technologiebezogene Skill typischerweise von weniger als 10 Prozent der Mitarbeiter eines Entwicklungsteams getragen wird. Dies sind die Mitarbeiter, die das Unternehmen unbedingt binden sollte. Dazu sind unternehmensweite Personalprogramme notwendig, die im Allgemeinen außerhalb der Zuständigkeit eines Produkt-Managers liegen. Der Software-Produkt-Manager sollte aber ein Auge darauf haben, dass die für sein Produkt relevanten Mitarbeiter auch von solch einem Programm erfasst werden.

5.6 Steuerung der Marketing-Instrumente

Letztlich ist es die Verantwortung des Software-Produkt-Managers, ein Produkt in seinem Zielmarkt zum richtigen Zeitpunkt und zum richtigen Preis verfügbar zu machen. Damit besteht eine der wichtigsten Aufgaben des Software-Produkt-Managers in der Definition der Marketing- und Vertriebsstrategie für ein Software-Produkt sowie in der Nutzung der Marketing-Instrumente und Einflussnahme auf die exekutive Steuerung der Marketing- und Vertriebskanäle. Hierbei muss man sich darüber im Klaren sein, dass die Marketing- und Vertriebsstrategie für ein Produkt natürlich Teil der gesamten Marketing- und Vertriebsstrategie des Unternehmens ist und mit dieser Gesamtstrategie im Einklang stehen muss.

Der Software-Produkt-Manager wird in der Regel die Marketing- und Vertriebsaktivitäten für sein Produkt nicht direkt steuern können. Selbst wenn es im Unternehmen eine dedizierte Marketing- oder Vertriebsorganisation für ein Produkt geben sollte, werden diese Aktivitäten von den dafür zuständigen Marketing- und Vertriebsabteilungen in der funktionalen Aufbauorganisation des Unternehmens geleistet (siehe Kapitel 6). Trotzdem wird der Software-Produkt-Manager im Rahmen einer Matrixorganisation Einfluss auf diese Aktivitäten nehmen, und er sollte wissen, nach welchen Regeln sie funktionieren und gesteuert werden.

In der Software-Industrie hat Marketing einen besonders hohen Stellenwert. Software ist zwar ein sehr technisches Produkt, der Erfolg eines Software-Produkts oder eines Software-Unternehmens hängt aber ganz wesentlich von Marketing und Vertrieb ab. Erfolgreiche Software-Unternehmen geben einen vergleichsweise hohen Prozentsatz ihres Umsatzes für Marketing und Vertrieb aus – durchschnittlich doppelt so viel wie für Forschung und Entwicklung neuer Produkte. Hierfür gibt es mehrere Gründe:

- Zum einen ist Software ein immaterielles Gut, das nicht oder nur schwer darstellbar ist. Umso wichtiger und aufwändiger ist es daher, dem Kunden durch Marketing-Maßnahmen ein „Bild" des Produktes zu machen.
- Auf Grund der geringen variablen Kosten sind die Bruttomargen im Software-Vertrieb sehr hoch. Aus diesen hohen Margen lassen sich aufwändige Marketing-Maßnahmen finanzieren mit dem Ziel, die Stückzahlen weiter zu steigern und damit selbst nach Abzug der Marketing-Kosten einen noch höheren Deckungsbeitrag zu erzielen.
- Das Gesetz des steigenden Grenznutzens in der Software-Industrie fordert jeden Hersteller, mit seinen Produkten die Marktführerschaft zu erreichen. Mindestens aber muss ein Software-Produkt eine bedeutende

Stellung auf den vorderen Plätzen in einem Markt erreichen, um nicht Gefahr zu laufen, als zu kleiner Wettbewerber vollständig vom Markt verdrängt zu werden. Stückzahlen und Marktanteile sind also von herausragender Bedeutung für jedes Software-Unternehmen.

Zielmarkt und Produktcharakteristik

Wesentliche Voraussetzung für die Festlegung der Marketing- und Vertriebsstrategie ist die Definition des Zielmarktes für ein Software-Produkt. Wie in Abschnitt 5.3 beschrieben ist diese Definition ganz entscheidend für den Markterfolg. Untrennbar mit der Definition des Zielmarktes verbunden ist die Festlegung des Funktionsumfangs – das eine beeinflusst das andere und umgekehrt. Hierbei gilt natürlich, dass in dem definierten Zielmarkt ein signifikanter Bedarf für ein bestimmtes Produkt mit dem jeweiligen Scope oder Funktionsumfang vorhanden sein muss, oder sich ein solcher Bedarf mit geeigneten Marketing-Maßnahmen erzeugen lässt.

Eine weitere wesentliche Komponente ist die Charakteristik eines Software-Produkts in Bezug auf Punkte wie Komplexität der Installation, Benutzerfreundlichkeit und Endbenutzerfunktionalität. Diese Charakteristik steht wiederum in engem Zusammenhang mit dem Zielmarkt. Hierbei gilt es zu beachten, dass das Produkt von seiner Charakteristik auch für den definierten Markt geeignet sein muss. Einige Beispiele:

- Ein Software-Produkt, das sich an Endbenutzer im PC-Consumer-Markt richtet, muss leicht vom Benutzer zu installieren sein und für ihn klar erkennbare und nutzbare Funktionalität liefern.
- Eine Branchenlösung für Industriekunden adressiert klare Geschäftsfunktionalität und kann von der IT-Fachabteilung oder von einem externen Dienstleister als Teil einer Gesamtlösung implementiert werden.
- Ein Middleware-Produkt wie eine Datenbank oder ein Application Server ist Bestandteil einer hochkomplexen IT-Infrastruktur und bietet als solches keinen direkten geschäftlichen Mehrwert für ein Unternehmen. Es liefert aber die wesentlichen Voraussetzungen für andere IT-Lösungen und ist daher mittelbar von großem Interesse für das Unternehmen, richtet sich aber primär an Lösungsanbieter oder die IT-Fachabteilung.

Alle diese Komponenten – Zielmarkt, Funktionalität und Produktcharakteristik – sind wesentliche Einflussfaktoren sowohl für die Marketing-Strategie als auch für die Vertriebsstrategie eines Unternehmens.

Festlegung der Marketing-Strategie

Über die Marketing-Strategie legt ein Unternehmen fest, wie es sich als Unternehmen insgesamt oder auch ein bestimmtes Produkt im Markt positionieren und darstellen will. Oberstes Ziel der Marketing-Strategie ist das Etablieren einer Marke mit hohem und positivem Wiedererkennungswert. Hierbei leitet sich die Marketing-Strategie für ein Produkt aus der Marketing-Strategie für das gesamte Unternehmen ab – die beiden dürfen nicht im Widerspruch zueinander stehen, sondern müssen sich ergänzen und verstärken. Aufgabe des Software-Produkt-Managers ist es, die Marketing-Strategie des Unternehmens in ihrer Aussage und ihren Auswirkungen zu verstehen, wenn nötig zu beeinflussen, und eine Produkt-Marketing-Strategie mitzudefinieren, die kongruent ist zur Marketing-Strategic des Unternehmens und gleichzeitig die gesteckten Produktziele optimal unterstützt.

Notwendige Voraussetzung für das erfolgreiche Etablieren einer Marke mit positivem Assoziationswert ist unternehmensspezifische Kompetenz. Diese Kompetenz besteht nicht nur aus technologischem Wissen im Unternehmen, sondern reicht von einem Wissen über die Wünsche der Kunden über eine gelebte Kundennähe bis hin zu einem besonderen Gespür für die richtige Kommunikation mit dem Kunden. In alle diese Kompetenzen muss permanent investiert werden, denn sie basieren auf Wissensvorsprüngen. So manifestiert sich die unternehmensspezifische Kompetenz nicht nur in den Produkten eines Unternehmens, sondern ebenso im Verhalten seiner Mitarbeiter und der Unternehmensführung. Eine Marketing-Strategie kann diese Kompetenz niemals ersetzen, die richtige Marketing-Strategie wird diese Kompetenz aber positiv verstärken und zum Etablieren einer Marke nutzen.

Eine Marketing- und Vertriebsstrategie muss zusätzlich zu den eigentlichen Kunden umso mehr auch auf Partner und andere unabhängige Akteure im Markt ausgerichtet sein, je gewichtiger deren Einfluss bei der Produktentscheidung ist. Kein Konsument oder Unternehmen kann sich heute bei einer Produktentscheidung dem Einfluss von Dritten entziehen, und viele Käufer wollen sich ganz bewusst nicht einzig auf ihren eigenen Sachverstand verlassen. Produkttests, Analystenmeinungen, Markttrends und Erfahrungen anderer Nutzer spielen eine wesentliche Rolle bei der Produktentscheidung und müssen bei der Marketing-Strategie unbedingt berücksichtigt werden.

Insbesondere bei der Kaufentscheidung für Middleware-Produkte spielt die Präferenz von Systemintegratoren oder Lösungsanbietern eine sehr große Rolle, weil das Produkt weniger direkt vom Kunden nachgefragte oder erfahrbare Funktionalität abdeckt. Aber auch bei der Auswahl einer Anwendungssoftware wird sich der Kunde oft auf die Empfehlung von „unabhängigen" Beratern verlassen. Dadurch verschiebt sich im Extremfall die Auswahl nicht nur der Technologie, sondern auch des Produkts vom Endkunden zum Berater oder Systemintegrator.

Brand Marketing vs. Produkt-Marketing

Eine Quelle ständiger Auseinandersetzung in jedem Mehr-Produkt-Unternehmen ist der Konflikt zwischen Brand- und Produkt-Marketing. Der Software-Produkt-Manager wird immer versucht sein, mehr produktspezifisches Marketing für sein Produkt zu fordern. Für zielgruppenorientierte und verkaufsfördernde Marketing-Maßnahmen kann das sicher Sinn machen. Für Marketing mit dem Ziel des Etablierens einer Marke muss man sich aber immer klarmachen, dass eine erfolgreiche Marke ein starkes Profil voraussetzt, und dass jedes Unternehmen nur eine bestimmte Menge Profil verträgt bzw. sich leisten kann.

Gerade im Software-Markt ist der Aufbau einer starken Marke wesentlich für die erfolgreiche Wahrnehmung im Markt, denn das Produkt an sich ist nur sehr schwer darstellbar. So hat denn auch das Marketing im Software-Markt den höchsten Stellenwert von allen Segmenten des IT-Marktes. Gemessen am Umsatz des gesamten IT-Marktes sind die Marketing-Ausgaben der Software-Industrie proportional höher. Als Daumenregel kann man sagen, dass ein Software-Unternehmen 5-6% seines Umsatzes für Marketing-Programme aufwendet, also für Marketing-Ausgaben nach außen. Darin sind die Personalkosten und sonstige interne Kosten noch nicht enthalten.

Eine Marke zählt vielfach zum wertvollsten Kapital eines Unternehmens und ein Produkt wird in der Regel erfolgreich unter der Flagge dieses Markennamens fahren. So betreibt z.B. die Firma Oracle ihr gesamtes Marketing konsequent unter der Marke des Unternehmens. Unter dieser Marke wird eine konsequente – wenn auch mäßig erfolgreiche – Diversifikationsstrategie durchgeführt und werden neben den Oracle-Datenbankprodukten die anderen Produkte wie Financial Applications oder Application Server vermarktet.

Eine Firma wie IBM andererseits tut sich auf Grund der Breite des Produkt- und Dienstleistungsspektrums schwer mit dem Anspruch, alle Produkte unter der Marke „IBM" zu vermarkten. Hier ist die Marke zwar extrem stark, es fehlt aber die Qualität der Differenzierung und Fokussierung. Gerade im Software-Markt, in dem IBM traditionell nicht als starker Player wahrgenommen wird, ist aber diese Differenzierung gegenüber anderen starken Marken notwendig. IBM hat daher sowohl „Lotus" als auch „Tivoli" nach der Akquisition dieser Unternehmen bewusst als Marken erhalten, um sich damit in den jeweiligen Teilmärkten besser zu profilieren und den Eigenwert dieser Marken nicht zu verlieren. Andererseits hat IBM sofort nach der Akquisition von Informix diese Marke mit der Marke IBM DB2 verschmolzen, die sich aber ihrerseits niemals als Marke so etablieren konnte wie Oracle. Wir erleben hier also das Spannungsfeld zwischen der Unternehmensmarke und einzelnen Marken für Produkte bzw. Produktfamilien als Ausdruck der Interessenskonflikte zwischen Corporate Marketing und Produkt-Marketing. Es ist IBM nicht gelungen, eine eigenständige Marke „IBM Software" zu etablieren, obwohl es solche Versuche durchaus gab, die aber nicht konsequent verfolgt und umgesetzt wurden.

Charakteristik erfolgreicher Marken

Es gibt eine Reihe von Qualitäten, die eine erfolgreiche Marke prägen und um die ein Software-Produkt-Manager wissen muss:

- Basis einer Marke ist die gewachsene Identität, die Corporate Identity, die aus der unternehmensspezifischen Kompetenz besteht, gepaart mit den Erfahrungen und der Kultur des Unternehmens.
- Die Kernwerte einer Marke sind idealerweise klar umrissen, einfach zu verstehen und auf einige wenige Dimensionen konzentriert. Fokussierung ist ein wesentlicher Bestandteil des Erfolgs.
- Eine starke Marke entwickelt ein eigenes „Öko-System", in dem sich Kunden und Partner bewegen und in dem sich symbiotische Geschäftsbeziehungen entwickeln. Ein gutes Beispiel hierfür ist die Java Developer Community um das Unternehmen BEA herum. Dieses Öko-System bestimmt aber auch wesentlich den Entwicklungspfad einer Marke und eines Unternehmens und engt ihn somit ein. Beliebige Diversifikationssprünge sind in diesem System nicht möglich, ohne dass die Marke Schaden nimmt.
- Profilierung ist wesentliche Voraussetzung für starke Marken. Sie kann besser abseits des Mainstreams aus einer technologischen Führungsposition heraus oder am Rande in Marktnischen Erfolg haben.
- Starke Marken leben in erster Linie von einer überzeugenden Substanz, eben der unternehmensspezifischen Kompetenz, aber auch als Gegenpol von einer faszinierenden Aura. Idealerweise gelingt hier die Ergänzung der Substanz um eine emotionale Begehrlichkeit. Im IT-Markt ist es der Firma SUN eine Zeitlang sehr gut gelungen, eine solche Aura aufzubauen, die besonders im Markt des Investment Banking sehr erfolgreich war.

- Gerade in schwierigen Zeiten oder in gesättigten Märkten mit Verdrängungswettbewerb haben starke Marken besondere Chancen und neigen dazu, ihre Position gegenüber schwächeren weiter auszubauen.

Positionierung gegenüber dem Wettbewerb

Neben der Marke ist für die Wahrnehmung im Markt die Positionierung gegenüber den direkten Wettbewerbern relevant. Ein Software-Unternehmen wird immer versuchen, sich selbst und seine Produkte als Technologieführer zu positionieren. Als Technologieführer wird zunächst einmal das Unternehmen wahrgenommen, das eine neue Technologie in den Markt gebracht hat oder ein neues geschäftlich relevantes Thema adressiert hat. Beispiele hierfür sind UNIX, Java, CRM oder die Benutzeroberfläche, auf der Symbole mit einer Maus aktiviert werden. Diese Beispiele zeigen aber auch, dass es schwierig ist, ein bestimmtes Unternehmen mit einer Technologie oder einem Thema zu assoziieren, und dass mehrere Unternehmen sich diese Position streitig machen. In all diesen Fällen haben Unternehmen eine Technologie, die im Markt neu entstanden ist, aufgegriffen und sich als Zweiter positioniert, der die neue Technologie erst zu Reife führt und in seinen Produkten besser nutzbar anbietet – eine Strategie des „Second Best". Eine Variante dieser Strategie ist die Positionierung der Technologie unter stärkerer Betonung eines spezifischen wirtschaftlichen Nutzens für den Kunden. Das kann wie beim Beispiel der über eine Maus gesteuerten Benutzeroberfläche dazu führen, dass die ursprüngliche Quelle – in diesem Fall die Firma Xerox – gar nicht mehr mit der Technologie assoziiert wird. Der Erfolg hat eben auch im Software-Marketing viele Väter. Der zunehmende Versuch von Software-Unternehmen, das Kopieren von Technologien über Patentanmeldungen zu verhindern, kann nur beschränkt zum Ziel führen (siehe auch Abschnitt 5.5). Eine Idee oder ein „Look and Feel" lassen sich nun einmal nicht patentieren, und bei Technologien wie Java oder Linux, deren Erfolg gerade auf offenen Standards und der allgemeinen Verfügbarkeit beruhen, geht dieser Versuch vollends ins Leere.

Ein weiteres starkes Marketing-Argument – idealerweise in Kombination mit Technologieführerschaft – ist Marktführerschaft. Auch die Kunden spüren und erfahren im Software-Markt das Gesetz des steigenden Grenznutzens, und daher ist Marktführerschaft in der Software-Industrie ein noch stärkeres Argument als in anderen Branchen. Software-Unternehmen bekommen ihre Marktanteile von Marktbeobachtern und Analysten wie Gartner, IDC etc. „berechnet", wobei natürlich jedes Unternehmen den beobachteten Markt so auszuwählen versucht, dass es besonders vorteilhaft dasteht (siehe auch Abschnitt 5.3). Zu beachten ist hierbei, dass der ausgewählte Teilmarkt, in dem eine führende Position dokumentiert werden soll, für den Kunden relevant sein und von ihm wiedererkannt werden muss.

Wenn die Positionierung als Technologie- oder Marktführer nicht erfolgreich ist, bleibt nur noch die Positionierung als Mitläufer, als „Me Too"-Anbieter. Diese Position ist in der Software-Industrie besonders problematisch und undankbar, denn auf Grund der niedrigen variablen Kosten und der hohen Preisflexibilität kann sich ein Anbieter nur sehr schwer als Preisführer positionieren, um auf diesem Weg die Dominanz des Technologieführers zu brechen. Beispiele hierfür sind die verschiedenen erfolglosen Diversifikationsversuche der Firma Oracle außerhalb des Datenbanksektors.

Natürlich dürfen Positionierung und Realität bzw. Wahrnehmung vom Kunden nicht zu weit auseinander klaffen. Aber durch geschicktes Marketing lässt sich die Wahrnehmung durchaus beeinflussen, und die Wahrnehmung eines Unternehmens im Markt ist im Marketing letztlich die Realität.

Ein weiterer interessanter Aspekt der Positionierung ist die Frage, ob ein Software-Unternehmen sich fokussiert zu einem bestimmten Thema oder als Anbieter eines breiten Spektrums von Produkten und Dienstleistungen präsentieren will. Während sich ein Unternehmen wie BEA klar mit dem Thema Application Server und Application Platform Suite positioniert, stellt ein Unternehmen wie IBM auf Grund des breiten Angebots verschiedenster Produkte vor allem den Vorteil einer „Lösung aus einer Hand" in den Vordergrund. Diese beiden Positionen eines „best of breed"-Ansatzes auf der einen Seite und des „Single Vendor" auf der anderen spiegeln auch unterschiedliche Präferenzen der Kunden wider. Ein Anbieter mit einem klar definierten Thema wird typischerweise eher als Technologieführer wahrgenommen. Die Wahrnehmung als „best of breed"-Anbieter hängt auch ganz stark mit der Aura zusammen, die die Marke dieses Software-Unternehmens im Markt hat. Der Spagat zwischen „best of breed" und Komplettanbieter gelingt üblicherweise nicht.

Ganz besonders schwierig ist es für ein Software-Unternehmen, sich als Single Vendor neu zu positionieren, weil man sich breiter aufstellen will und neue Themen adressiert werden sollen, in denen typischerweise bisher andere als „best of breed" wahrgenommen werden. Ein interessantes Beispiel ist die Äußerung von Larry Ellison (CEO von Oracle) als Anbieter der „best of breed"-Datenbank: „Best of breed is dead except for dog races !"

In diesem Zusammenhang muss man sich auch sehr gut überlegen, ob man ein Software-Produkt mehr über seine Technologie vermarkten will, also mit Zielgruppe Software-Entwickler und IT-Spezialisten, oder über seinen wirtschaftlichen Nutzen, also mit Zielgruppe Fachbereichsleiter und Geschäftsverantwortliche. Abhängig davon ergeben sich vollkommen verschiedene Marketing-Botschaften und -Kanäle.

Marketing-Strategie und Partner

Im Zusammenhang mit Partnern hat das Thema Marketing zwei Aspekte: Einmal sind Partnerunternehmen genauso eine Zielgruppe für Marketing wie Endkunden. Es gilt auch hier wie bei Endkunden, Interesse für das Unternehmen und bestimmte Produkte zu wecken. Allerdings besteht für Partner die „Value Proposition" des Software-Herstellers darin aufzuzeigen, woraus sich der Mehrwert für den Partner im Sinne von „Mehr Umsatz" oder „Mehr Gewinn" aus der Zusammenarbeit mit dem Software-Unternehmen ergibt.

Außerdem ist aber gemeinsames Marketing ein ganz wichtiges Element der Zusammenarbeit mit Partnern. Durch gemeinsame Marketing-Aktivitäten kann ein Unternehmen von der Marktmacht und vom Markt-Image des jeweils anderen profitieren. Mit Co-Marketing können Unternehmen Ressourcen bündeln, eine größere Zielgruppe erreichen und eine komplexere, umfassendere und mehr lösungsorientierte Marketing-Aussage platzieren. Allerdings muss man sich auch darüber klar sein, dass die Botschaft dadurch weniger fokussiert und pointiert sein wird.

Ein wichtiger Aspekt bei Co-Marketing-Aktivitäten ist die in vielen Fällen gewünschte Unabhängigkeit der Partner. Gerade Consulting-Unternehmen und Systemintegratoren müssen ihren Kunden gegenüber zunächst einmal als unabhängig und neutral auftreten, obwohl ihre Kunden doch über kurz oder lang eine eindeutige Empfehlung für eine Technologie oder ein bestimmtes Produkt erwarten und gerade in dieser Beratung ein wesentlicher Wert für den Kunden liegt. Diese Partner wollen sich daher nicht mit einem bestimmten Software-Produkt oder -Hersteller assoziieren. Hier sind gemeinsame Marketingaktivitäten eher die Ausnahme.

Lösungsanbieter und Technologiepartner dagegen nutzen gerne wechselseitig das Brand Image des Partners, um die eigene Marktwahrnehmung damit zu multiplizieren. Zu beachten ist hierbei, dass dies nur den gewünschten positiven Effekt haben kann, wenn der Multiplikationsfaktor des Partners groß genug (im Sinne der mathematischen Analogie also > 1) ist, ansonsten ist der Effekt eher gegenteilig.

Eine wesentliche Komponente jeder Marketing-Strategie für Software-Unternehmen ist die Positionierung des Produktes oder des Unternehmens im informellen Netzwerk und Ökosystem um führende Software-Themen. Für Initiatoren eines Themas geht es darum, dieses Thema zu artikulieren und entsprechend zu positionieren, um es möglichst schnell im Markt zu etablieren. Adaptoren dagegen sind darum bemüht, ihre führende Teilnahme an einem Thema zu dokumentieren und dadurch vom Erfolg des Themas zu profitieren. Wer nicht als führender Teilnehmer an einem wichtigen Thema wahrgenommen wird, verpasst den Anschluss und wird abgedrängt.

Alle Marketing-Maßnahmen zur Positionierung im Themennetzwerk – Werbung, Public Relations, Technologiekonferenzen – dienen dazu, „Mind Share" im Markt zu schaffen, was eine notwendige, wenn auch nicht hinreichende Voraussetzung zur Erreichung von signifikanten Marktanteilen darstellt.

Bedeutung einer Marketing-Strategie für Anwender

Auch auf der Anwenderseite ist es durchaus angebracht, eine geeignete Marketing-Strategie zu entwickeln. Ziel einer solchen Strategie ist hierbei nicht das Etablieren einer Marke, sondern die Positionierung der Software-Produkte und Dienstleistungen im eigenen Unternehmen. Der Zielmarkt sind die internen Kunden im Unternehmen und die Zielsetzung für den internen IT-Dienstleister lautet, sich als „preferred supplier" zu etablieren. Dieser Status ist wesentliche Voraussetzung für den geschäftlichen Erfolg eines internen IT-Dienstleisters, er ist aber absolut nicht selbstverständlich, denn in vielen großen Konzernen kämpfen die IT-Organisationen mit ihren Produkten und Dienstleistungen nach wie vor gegen ein schlechtes Image. Dieses ist zwar häufig nicht gerechtfertigt, hat aber in jedem Fall neben einer Reihe unterschiedlichster möglicher Gründe wie mangelnde Kundenorientierung und schlechte Produktqualität, die jeden Dienstleister oder Hersteller treffen können, zwei ganz spezifische Ursachen für mangelnde Akzeptanz interner IT-Dienstleister:

- Eine mangelhafte oder mangelhaft umgesetzte IT-Strategie des Unternehmens. Kosteneffizienz als ein Ziel jeder IT-Strategie ist nur möglich durch Standardisierung in der IT-Infrastruktur, durch die Kostenvorteile im Einkauf, in der Entwicklung und im Betrieb erreicht werden. Die Umsetzung der IT-Strategie muss letztlich von der Unternehmensführung vorgegeben und vorgelebt werden.
- Die Tatsache, dass auch in der Informationstechnologie der Prophet im eigenen Land oft auf taube Ohren stößt, und dass den Kunden bzw. Be-

nutzern typischerweise das Gras auf der anderen Seite des Flusses grüner erscheint. Hier gilt, dass vor allem die wirtschaftlichen Vorteile einer kohärenten IT-Strategie den Betroffenen transparent gemacht und diese Vorteile an die Benutzer weitergegeben werden müssen.

Beide Probleme stehen in engem Zusammenhang und lassen sich oft nur mit der Methode des Odysseus lösen: Der CIO muss der Mannschaft die Ohren mit Wachs verstopfen und sich selber am Mast anbinden lassen, um dem Klang der Sirenen angeblich besserer Alternativen nicht zu erliegen. Erschwerend kommt hinzu, dass der interne IT-Dienstleister niemals über Marketing-Mittel verfügen kann, die mit denen der Software-Hersteller und Dienstleister vergleichbar sind.

Natürlich kann die beste Marketing-Strategie Mängel in der IT-Strategie eines Unternehmens nicht beheben und einen starken CIO nicht ersetzen, aber sie kann helfen, eine gute IT-Strategie noch erfolgreicher zu machen. Dabei wird die Marketing-Strategie nicht nur die eigenen Software-Produkte und Dienstleistungen zum Inhalt haben, sondern auch die ausgewählten Hersteller-Produkte. Dadurch bekommen die Marketing-Strategie eines Anwenders und die eines Herstellers teilweise die gleiche Zielsetzung und können sich durchaus ergänzen.

Marketing Communication (MarCom) Plan

Der Marketing Communication Plan für ein Produkt entwickelt sich aus der Marketing-Strategie und legt die Zielsetzungen der einzelnen Marketing-Maßnahmen fest. Neben der Werbung sind für Software wesentliche Marketing-Maßnahmen: Public Relations, Telemarketing und Vertriebsunterstützung. Durch Kombination dieser verschiedenen Komponenten wird in der Software-Industrie typischerweise integriertes Marketing betrieben. Für Werbung und Public Relations beschreibt der MarCom Plan die Medienplanung sowie die Kreativstrategie der Kampagne. Die Marketing Communication entscheidet, ob ein Unternehmen positive oder negative, starke oder schwache Marketing-Nachrichten in den Markt sendet, und ob diese Nachrichten konsistent oder inkonsistent sind.

Public Relations hat in der Marketing-Kommunikation für Software-Unternehmen einen besonders hohen Stellenwert. Führer von erfolgreichen Software-Unternehmen verbringen einen überdurchschnittlichen Teil ihrer Zeit damit, mit den Medien – sowohl Fachpresse als auch Business-Presse – und mit den Analysten über Markttrends, Visionen und Unternehmensstrategien zu diskutieren.

Ein weiteres wichtiges Forum für Software-Unternehmen sind Benutzer-Konferenzen. Das sind zum einen Konferenzen, die das Unternehmen selber für seine Produkte organisiert (SAPhire von SAP oder BEAs eworld), oder Konferenzen zu bestimmten Themen oder für bestimmte Branchen (z.B. das European Banking & Insurance Forum EBIF, JAVA-World etc.). Neben seiner Unternehmensführung wird ein Software-Unternehmen typischerweise Chefarchitekten und andere führende Mitglieder der technologischen Gemeinschaft als Evangelisten für solche Konferenzen und Zielgruppen aufbauen.

Steuerung der Marketing-Aktivitäten

In der Umsetzung der Marketing-Strategie und der Ausführung des Marketing Communication Plan sind eine Vielzahl von Aktivitäten zu steuern:

- Werbung (Druck, Radio, TV, Internet),
- Veranstaltungen und Messen,
- Public Relations (Presse und Analysten),
- Gezielte Anschreiben von Kunden (Direct Mail),
- Kundenspezifisches Marketing,
- Database Marketing,
- Mitgliedschaften in Verbänden.

Bei all diesen Marketing-Aktivitäten muss man sich schon bei der Planung darüber klar sein, welche Ziele mit jeder einzelnen Aktion verfolgt werden, und den Erfolg entsprechend messen. Dabei gilt es, realistisch zu sein, was man mit einer Aktion erreichen kann:

- Steigerung der Marke oder des Image,
- Erzeugung von neuen Kundenkontakten für Geschäftsmöglichkeiten,
- Vertriebsunterstützung.

Eine weitere wichtige Marketing-Aktivität neben der Marketing-Kommunikation ist die Marktforschung, also die Untersuchung der eigenen Position im Markt, der Position des Wettbewerbs, der frühzeitigen Erkennung und Bewertung aller Maßnahmen des Wettbewerbs sowie der Untersuchung und frühzeitigen Erkennung von Trends im Kundenverhalten (siehe auch Abschnitt 5.3).

Für Anwender sind sogenannte Haus-Messen oder IT-Tage ein besonders effektives Instrument, um die eigenen Leistungen im Zusammenhang mit den ausgewählten Herstellern den internen Kunden zu präsentieren. Über diesen Co-Marketing-Ansatz übernehmen die Hersteller üblicherweise einen Großteil der Kosten für die Veranstaltung und nutzen gerne die Möglichkeit, sich als ausgewählter Partner in der internen IT-Strategie des Unternehmens zu positionieren.

Bestandteil einer erfolgreichen Steuerung des Marketing ist immer die Messung der Effektivität der einzelnen Marketing-Aktivitäten. Dies ist bei Marketing schwieriger als beim Vertrieb, wo letztlich der Umsatz als objektiver Maßstab dasteht. Dennoch gibt es auch für Marketing mögliche und sinnvolle messbare Parameter für einzelne Aktivitäten:

- Anzahl neuer Kundenkontakte,
- Anzahl neuer Geschäftschancen,
- Zufriedenheit der Teilnehmer an einer Veranstaltung,
- Anzahl der gesamten und positiven Erwähnungen in den Medien,
- Assoziation eines Vertriebsabschlusses mit einer Marketing-Aktivität.

Bei all diesen verschiedenen Aktivitäten und dem Bemühen, den Erfolg direkt zu messen, darf man aber nicht vergessen, dass Marketing sehr viel mehr ist und sehr viel weiter reicht als bloße Vertriebsunterstützung.

5.7 Distribution und Vertrieb

Die Auswahl der geeigneten Distributionskanäle und Vertriebswege ergibt sich abhängig von der Zielmarktdefinition und den Produktcharakteristika. Für die ausgewählten Vertriebskanäle gilt es dann, eine Vertriebsstrategie zu entwickeln. Diese Vertriebsstrategie kann natürlich nicht für ein Produkt isoliert betrachtet werden, sondern muss sich ähnlich wie die Marketing-Strategie in die Gesamtstrategie des Unternehmens einordnen. Aufgabe des Software-Produkt-Managers ist es, die Vertriebsstrategie sowie die Strukturen der Vertriebsorganisation eines Unternehmens zu verstehen, um dann gemeinsam mit der Vertriebsführung die geeignete Vertriebsstrategie für das Produkt zu erarbeiten. Eine wesentliche Frage hierbei wird sein, inwieweit es sinnvoll und möglich ist, für ein Produkt oder eine Produktgruppe dedizierte Vertriebsstrukturen und Steuerungssysteme aufzubauen.

Ähnlich wie Marketing spielt auch der Vertrieb im Software-Markt eine besonders wichtige Rolle. Im Vergleich zu anderen Produktbereichen der Informationstechnologie hat die Software-Industrie die mit Abstand höchsten Vertriebskosten gemessen am Umsatz. Gründe hierfür sind teilweise die gleichen wie für die hohen Marketing-Ausgaben:

- Hohe Deckungsbeiträge durch niedrige variable Kosten
- Gesetz des steigenden Grenznutzens bei steigendem Marktanteil

Beide Punkte sind hohe Anreize für verstärkte Vertriebsaktivitäten und führen auch zu extrem lukrativen Anreizsystemen im Software-Vertrieb. Außerdem ist natürlich aus den gleichen Gründen der Wettbewerb mindestens ebenso aktiv. Die Grenze, bei der ein höherer Aufwand für Marketing und Vertrieb über Steigerung des Umsatzvolumens bzw. der Stückzahlen keinen insgesamt höheren Deckungsbeitrag mehr generiert, liegt auf Grund der Ökonomie des Software-Marktes deutlich höher als bei anderen Produkten.

Eine wichtige grundsätzliche Frage bei der Festlegung der Vertriebsstrategie ist auch, ob das Ziel die Maximierung des Umsatzes und des nach Umsatz gemessenen Marktanteils ist, oder ob die Anzahl der im Markt platzierten Lizenzen maximiert werden soll. Das ist letztlich abhängig von der strategischen Entscheidung, ob Wachstum oder Profitabilität das oberste Ziel ist, wobei sich hier kurzfristige und längerfristige Ziele durchaus unterscheiden können.

Während über die geeigneten Marketing-Maßnahmen der nötige „Pull" im Markt erzeugt wird, die Nachfrage stimuliert wird, sorgen die Vertriebsaktivitäten für den ergänzenden „Push", damit die Produkte tatsächlich gekauft werden, Verträge abgeschlossen werden und das Unternehmen Umsätze buchen kann. Der Vertriebserfolg entscheidet über „Top Line", also Umsatz und Marktwachstum eines Unternehmens. Die Struktur der Distributionskanäle ist abhängig von der Vertriebsstrategie. Die typische Vertriebsorganisation eines Software-Unternehmens besteht aus

- Direktvertrieb,
- Partnervertrieb,
- und in zunehmendem Maße auch Telesales.

Direktvertrieb

Die klassische Vertriebsform für IT-Produkte und damit auch Software-Produkte an Großkunden ist der Direktvertrieb. Diese Form der vertrieblichen Ansprache und Betreuung erwarten große Unternehmen auch nach wie vor von ihren Lieferanten. Hierbei betreuen Key Account Manager die wichtigen Bestandskunden, sorgen für den möglichst reibungslosen Einsatz der vom Kunden gekauften Produkte und Lizenzen, helfen beim Lizenzmanagement und pflegen die Kundenbeziehung. Gleichzeitig wird der Key Account Manager versuchen, durch „cross-selling" ergänzende Produkte im Unternehmen zu platzieren, oder durch „up-selling" den Einsatz von bereits verkauften Produkten in anderen Bereichen des Unternehmens zu erreichen, und damit zusätzliche Lizenzen und Umsätze zu realisieren.

Außerdem werden Vertriebsmitarbeiter im Direktvertrieb gezielt eingesetzt, um zusätzlich Neukunden zu gewinnen. Natürlich müssen die Kunden aus dem für das Produkt definierten Zielmarkt kommen. Ansonsten kann die Auswahl dieser Kunden opportunistisch geschehen, wird aber in der Regel erfolgreicher sein, wenn sie auf einer gewissen Vorqualifizierung beruht. Diese kann zum Beispiel über die Resultate gezielter Marketing-Maßnahmen erfolgen oder durch Einsatz von Telemarketing-Ressourcen. Ein wesentliches Kriterium für die Auswahl neuer Kunden ist die Unternehmensgröße (gemessen an der Anzahl der Mitarbeiter oder am Umsatz), denn davon ist die Höhe des IT-Budgets je nach Branche direkt abhängig, was wiederum eine Aussage über den potentiell erzielbaren Umsatz bei einem Kunden zulässt. Anstatt also einem Vertriebsmitarbeiter die Verantwortung für ein großes Gebiet mit einer großen Anzahl Neukunden zu geben, wird man eher versuchen, die Kunden vorzuselektieren und damit den Direktvertrieb auf die großen Kunden zu fokussieren, bei denen noch dazu das größte Potential für die jeweiligen Produkte erkennbar ist.

Die Pflege der Bestandskunden ist extrem wichtig, weil gerade in der Software-Industrie zufriedene Kunden eine sichere Quelle sind für zukünftigen Umsatz. Das Gewinnen von neuen Kunden ist im Vergleich dazu um ein Vielfaches aufwändiger, ist aber ein notwendiger Prozess für das weitere Wachstum. In dem Maße, wie Produkte und Märkte reifen und sich im Produktlebenszyklus weiterentwickeln, müssen sich Software-Unternehmen auf neue Zielmärkte für ihre Produkte einstellen und dort neue Kunden gewinnen – für Business Software zum Beispiel der Markt der kleinen und mittleren Unternehmen (KMU) nach den großen Unternehmenskunden in der Anfangsphase einer neuen Technologie. Am schwierigsten und aufwändigsten ist das Akquirieren von Wettbewerbskunden, die bereits ein Wettbewerbsprodukt im Einsatz haben.

Die Vertriebsverantwortung und die Aktivitäten eines Account Managers für Bestandskunden unterscheiden sich wesentlich von denen bei der Neukundengewinnung. Man kann hier unterscheiden zwischen dem Typ des Farmers und des Hunters. Je nach Unternehmensgröße und Produkt kann es sinnvoll sein, für diese unterschiedlichen Aufgaben auch jeweils dediziert andere Mitarbeiter einzusetzen oder sogar spezielle Vertriebsabteilungen für Neukunden zu etablieren.

Sowohl in der Betreuung existierender Kunden als auch in der Gewinnung neuer Kunden hat sich eine Vertikalisierung der Vertriebsstruktur nach Branchen immer mehr durchgesetzt und bewährt. Eine solche vertikale Struktur findet sich heute praktisch bei jedem Hersteller von IT-Produkten, sofern die Unternehmensgröße und kritische Masse der Vertriebsorganisation eine solche Struktur erlaubt, aber auch bei den meisten größeren Consulting- und Dienstleistungsunternehmen. Der Grund hierfür liegt in den Erwartungen des Marktes: Die Kunden suchen nicht mehr nach Informationstechnologie per se, sondern sie suchen durch den Einsatz von IT nach Lösungen zur Verbesserung ihrer Geschäftsprozesse. Deswegen müssen die Anbieter von IT in der Lage sein, den Nutzen der IT in ihren positiven Auswirkungen auf Geschäftsprozesse einer Branche oder eines individuellen Kunden darzustellen.

Hierbei erwarten die Kunden nicht einen Experten ihrer Branche, sondern nach wie vor einen IT-Spezialisten für die Produkte des Herstellers, der aber zusätzlich durch Branchenkompetenz die Transformation von IT-Nutzen in Geschäftsnutzen darstellen kann. Und im Markt wird der Anbieter gewinnen, der diese Transformation über seine Vertriebsstrukturen und -prozesse am erfolgreichsten darstellen kann.

Der Nachteil einer solchen vertikalen Struktur ist, dass damit keine durchgängige regionale Betreuung der Kunden mehr möglich ist oder zumindest als Organisationsprinzip gegenüber einer Branchenorientierung zurücktreten muss. In zunehmend spezialisierten IT-Märkten überwiegen die Vorteile einer Branchenfokussierung eindeutig die Nachteile mangelnder regionaler Betreuung. In einigen Unternehmen hat die vertikale Vertriebsorganisation sogar Vorrang und eine stärkere organisatorische Bindung als die einzelne Landes- oder territoriale Organisation.

In einer immer stärker globalisierten Welt ist es ohnehin nicht mehr möglich, große Kunden regional zu betreuen. Vielmehr wird es zu einem immer wichtigeren Wettbewerbsvorteil, global agierende Kunden auch mit einer global zusammenarbeitenden Vertriebsorganisation zu betreuen. Viele große IT-Anbieter haben deshalb Konzepte wie „Global Account Management" implementiert, um globale Kunden „aus einer Hand" zu betreuen, und interne Zielkonflikte einzelner Vertriebseinheiten für den Kunden nicht sichtbar werden zu lassen.

Vertriebsstruktur in Unternehmen mit unterschiedlichen Produkten

Für Hersteller, die sehr unterschiedliche Produkte anbieten, stellt sich außerdem die Frage, ob man zusätzlich zu einer Branchenspezialisierung auch noch einen dedizierten Produktvertrieb nach Produktgruppen einführen will. Vorteil und Notwendigkeit einer solchen Vertriebsorganisation liegen darin, dass komplexe und spezialisierte Produkte nur so gegen fokussierte Wettbewerber erfolgreich beim Kunden positioniert werden können. Ein solcher dedizierter Produktvertrieb zusätzlich zu einer Vertikalisierung nach Branchen führt zu einer zweistufigen überlappenden Vertriebsstruktur und Matrixorganisation mit Problemen wie Doppelquotierung und Zielkonflikten. Die Firma IBM hat letztlich auf Grund der breiten Diversifikation ihres Angebotes an IT-Produkten und Dienstleistungen eine 3-dimensionale Matrix im Direktvertrieb von Software gewählt:

- Die Kundenbeziehung wird von branchenorientierten Account Managern gepflegt, die für das gesamte Geschäft der IBM mit dem Kunden verantwortlich sind.
- Ein Software Account Manager ist für das gesamte Software-Geschäft der IBM Software Group mit diesem Kunden zuständig.
- Für jede der vier Software-Produktgruppen (Datenbank, Middleware, Collaboration und System Management) gibt es einen dedizierten Direktvertrieb.

Zusätzlich gibt es natürlich noch Vertriebsmitarbeiter für Hardware-Server, Dienstleistungen und andere Produktbereiche. Es ist leicht vorstellbar, wie schwierig diese Vielzahl von Vertriebsressourcen zu koordinieren ist und mit wie vielen Ansprechpartnern der Kunde sich auseinandersetzen muss.

Die Erfahrung zeigt trotzdem, dass mehr Fokussierung auch mehr Vertriebserfolg bringt. Der Software-Vertrieb arbeitet stets mit der Polarisierung von Argumenten und der Erfolg der Software-Industrie lebt vom intensiven Wettbewerb ihrer Produkte.

Wichtiger Bestandteil jeder Direktvertriebsorganisation sind die sogenannten Pre-Sales SEs (System Engineers). Sie leisten Vertriebsunterstützung, kennen die Produkte sehr viel besser und führen technische Vorträge und Demonstrationen durch. Obwohl auch Vertriebsmitarbeiter, haben sie keine direkte Umsatzverantwortung und werden deshalb vom Kunden oft als „objektiverer" und glaubwürdigerer Gesprächspartner geschätzt.

Direktvertrieb als die klassische Vertriebsform für Großkunden ist nur geeignet ab einer bestimmten Umsatzgröße pro Kunde, da die Betreuungskapazität eines Vertriebsmitarbeiters begrenzt ist.

Partnerstrategie als Teil der Vertriebsstrategie

Ebenso wie bei der Festlegung der Marketing-Strategie ist die Rolle von Partnerunternehmen ein wesentlicher Aspekt für die Auswahl der Distributionskanäle und die Definition der Vertriebsstrategie. Dabei können Partner sehr unterschiedliche Rollen einnehmen. Zum einen treten Partner in unterschiedlichen Formen als Wiederverkäufer bzw. Zwischenhändler eines Produktes auf. Eine andere wichtige Rolle nehmen die Partner ein, die Kaufentscheidungen des Kunden im Rahmen ihrer eigenen Aktivitäten direkt beeinflussen.

Wichtig ist hierbei zu erkennen, dass in der Software-Industrie Produkte und Technologien extrem komplex vernetzt sind und dass diese Partnerschaften daher niemals exklusiv und ausschließlich sein können. Ein Vertriebspartner kann in einer Kundensituation das Produkt des einen Herstellers vermarkten, in einer Kundensituation mit anderen Anforderungen das Produkt eines anderen Herstellers. Ein Technologiepartner kann in einer Situation das Produkt eines Herstellers empfehlen und gleichzeitig in anderen Technologie-Themen mit diesem Hersteller im Wettbewerb stehen. Dieses unterschiedliche Verhalten ist kein Zeichen von Illoyalität, sondern hat seine Ursache in der Vielschichtigkeit und Komplexität der Software-Infrastruktur. Die Software-Industrie hat dafür den Begriff „Coopetition" geprägt: Die jeweiligen Partner sind selbstständige, nach wirtschaftlichen Interessen handelnde Unternehmen, die sowohl kooperieren als auch im Wettbewerb stehen.

Vertrieb über Wiederverkäufer

Je geringer der zu erzielende Umsatz pro Kunde ist, desto größer ist die Bedeutung von Partnern als Vertriebskanal:

- Für den Markt der kleinen und mittleren Unternehmen sind Value Added Resellers (VARs) von besonderer Bedeutung; Partner, die zusammen mit dem Produkt eigene Lösungen und Installationsdienstleistungen anbieten.
- Im Massenmarkt und für Consumer-Produkte spielen Distributoren eine entscheidende Rolle. Distributoren kommen auch zum Einsatz, um kleinere Vertriebspartner zu betreuen, die der Hersteller auf Grund der komplexen logistischen Anforderungen nicht mehr selber betreuen will.
- Independent Software Vendors (ISVs) sind Unternehmen, die ihre Hardware- oder Software-Produkte auf Basis oder mit Hilfe der Produkte eines anderen Herstellers entwickeln und damit für diesen zum ISV-Partner werden. ISVs nehmen insofern eine Sonderstellung als Vertriebskanal ein, weil sie häufig die Software des anderen Herstellers in ihre Produkte einbinden und die Schnittstellen kapseln. Damit wird die Software unsichtbar und nicht mehr unabhängig nutzbar, oder die Nutzungsrechte sind für den Endkunden vertraglich auf die Lösung des ISVs eingeschränkt.
- Ein weiterer interessanter Vertriebskanal sind Hardware-Hersteller – insbesondere von PCs –, die Software-Produkte auf ihrer Hardware vorinstallieren und vorkonfigurieren. Der Vorteil für den Hardware-Hersteller liegt darin, dass sein Produkt mit den zusätzlichen Software-Produkten attraktiver wird. Der Vorteil für den Software-Hersteller liegt darin, dass er mit diesem Kanal sehr leicht viele Endkunden erreicht, die er sonst vertrieblich gar nicht ansprechen könnte. Er wird daher auf Grund der hohen Volumen, einer Abnahmeverpflichtung, des geringen Vertriebsaufwands und der evtl. sogar entfallenden Kosten für Medien und Dokumentation die Software zu besonders interessanten Konditionen anbieten.

Aus struktureller Sicht handelt es sich beim Vertrieb über Partner gewissermaßen um ein Vertriebs-Outsourcing, das durch eine dedizierte Partnervertriebsorganisation gesteuert wird. Mit einem guten Partnervertrieb wird ein quadratischer Multiplikator der Vertriebsleistung der eigenen eingesetzten Ressourcen, gemessen an der Zahl der möglichen Kundenkontakte erreicht: Während ein Account Manager n Kunden betreut, betreut ein Partner Account Manager n strategische Partner, die wiederum m Key Account Manager einsetzen, die wiederum k Kunden betreuen, was eine Anzahl n*m*k von möglichen angesprochenen Kunden ergibt, gegenüber n betreuten Kunden im Direktvertrieb. Natürlich steigt die Vertriebsleistung gemessen am Umsatz nicht quadratisch, weil die über Direktvertrieb betreuten Kunden größere Unternehmen mit größerem Umsatzpotential sind und weil die Partner auch andere Produkte vertreiben. Aber darin liegt ja gerade ein wesentlicher positiver Effekt eines Partnernetzwerks: dass die Partner durch die Zusammenfassung der Produkte und Dienstleistungen mehrerer Hersteller genügend Umsatzpotential bündeln, um damit auch kleinere Kunden effizient ansprechen zu können.

Telesales

Mit Telesales oder Inside Sales bezeichnet man ein Team, das Vertriebsaufgaben oder vertriebsunterstützende Aufgaben ausschließlich über das Telefon wahrnimmt. Diese Aktivitäten können Annahme von Kundenanfragen und Entgegennahme von Aufträgen sein, aber auch aktive Kundenbetreuung bis hin zu Kalt-Akquise bei Neukunden und Qualifizierung neuer Märkte. Man muss sich darüber klar sein, dass Telesales mit seinen vertrieblichen Möglichkeiten gerade bei erklärungsbedürftigen Software-Produkten oder bei Business Software sehr schnell an seine Grenzen stößt. Es ist aber ein hervorragendes und effizientes Instrument, um sehr schnell sehr viele Kunden individuell anzusprechen oder um große Kundenorganisationen mit vielen Ansprechpartnern zu betreuen. Ähnliches gilt auch für die Nutzung des Internet als Vertriebskanal.

Channel Mix

Von diesen drei unterschiedlichen Vertriebskanälen – Direktvertrieb, Reseller und Telesales – ist der eigene Direktvertrieb der mit den höchsten Vertriebskosten, aber auch mit dem intensivsten Kundenkontakt. Vertriebspartner können ein deutlich effizienterer Kanal sein, lassen sich als unabhängige Unternehmen allerdings niemals so gut kontrollieren wie eigene Vertriebsressourcen, und können auch Wettbewerbsprodukte anbieten. Außerdem verliert der Hersteller beim Vertrieb über Partner den direkten Kundenkontakt, der gerade bei komplexen Produkten und großen Investitionen wesentlich ist für den Erfolg. Telesales hat als Vertriebskanal die mit Abstand niedrigsten Kosten, eignet sich aber nur für einfache Transaktionen.

Jedes Software-Unternehmen muss für sich und für jedes Produkt die ideale Kombination dieser unterschiedlichen Vertriebskanäle, den Channel Mix, herausfinden und konsequent praktizieren. Die erfolgreichen Software-Unternehmen lassen die verschiedenen Vertriebskanäle integriert zusammenarbeiten, so dass sie sich synergetisch ergänzen, und vermeiden weitestgehend Kanalkonflikte.

Problematisch wird es, wenn ein Unternehmen versucht, bestimmte Kunden oder Kundengruppen oder sogar einzelne Transaktionen abhängig von Umsatzvolumen oder Wertigkeit ausschließlich einem Vertriebskanal zuzuordnen. Die einzelnen Vertriebskanäle, vor allem Partner, werden eine solche Einschränkung nicht hinnehmen und jeder Vertriebskanal wird versuchen, die Transaktionen mit dem größten Umsatzvolumen abzuwickeln, was zu massiven Kanalkonflikten führt.

In der Partnerlandschaft parallel zu den Vertriebskanälen, aber mindestens ebenso wichtig für ein Software-Unternehmen stehen die sogenannten Influencer. Das sind Partner, die zwar nicht oder nicht vorrangig weiterverkaufen, die aber die Kaufentscheidungen des Kunden in hohem Maße mit beeinflussen. Dazu gehören wiederum ISVs, außerdem System-Integratoren und Technologische Allianzen.

Consulting als Vertriebsunterstützung

Ein Software-Unternehmen muss sich grundsätzlich entscheiden, in welchem Umfang es eigenes Consulting anbieten will, um seine Kunden bei der Realisierung der Projekte und bei der Implementierung der Software zu unterstützen. Das ist deshalb wesentlich, weil ein Software-Produkt nur sehr schwer und mit erheblichem Aufwand durch ein Wettbewerbsprodukt ersetzt werden kann, wenn es erst einmal erfolgreich im Unternehmen eingesetzt wird.

Projektbegleitendes und produktspezifisches Consulting des Herstellers erhöht erfahrungsgemäß die Erfolgschancen eines Projektes signifikant und beschleunigt oft den Projektfortschritt. Allerdings tritt der Hersteller mit einem solchen Angebot in Wettbewerb zu seinen wichtigsten Partnern, den System-Integratoren und Value Added Resellern. Und so muss sich ein Unternehmen in diesem Zusammenhang eben auch grundsätzlich entscheiden, ob es ein reines Software-Produkt-Unternehmen sein will oder auch ein Software-Service-Unternehmen.

Ein reines Software-Produkt-Unternehmen wird in der Größenordnung 10% seines Lizenzumsatzes an projektbegleitendem Consulting-Umsatz anstreben, und zwar mit dem ausschließlichen Ziel, dadurch sein Lizenzgeschäft zu stärken durch schnellere und bessere Implementierung seiner Produkte. In dieser Größenordnung wird ein Software-Unternehmen von seinen Partnern auch nicht als Wettbewerber empfunden, sondern diese sind im Gegenteil gerne bereit, diese Leistungen als Mehrwert ebenfalls in ihre Angebote mit aufzunehmen.

Steuerung der Vertriebskanäle und Incentive-Systeme

Die Steuerungs- und Anreizsysteme für den Vertrieb müssen im Einklang stehen mit den wesentlichen Elementen der Vertriebsstrategie und diese unterstützen. Für ein Software-Unternehmen ist die Gewinnung von zusätzlichem Lizenzgeschäft die Triebfeder für mehr Marktanteil, Umsatzwachstum und Profitabilität. Der Verkauf und die Installation neuer Lizenzen generiert dann über den Lizenzumsatz hinaus auch wiederkehrende Umsätze. Daher wird Lizenzumsatz immer die primäre Vorgabe für den Vertrieb sein. Abhängig von der Marktsituation wird sich entscheiden, ob und mit welcher Gewichtung auch Consulting oder Maintenance und Support Bestandteil der Vorgabe sind.

Eine grundsätzliche Entscheidung zur Steuerung seines Vertriebs muss ein Software-Unternehmen treffen: Sollen sich die unterschiedlichen Vertriebskanäle (Direktvertrieb, Partner, Telesales) überlappend ergänzen oder haben sie klar voneinander abgegrenzte Zielmärkte und Vorgaben oder sollen sie sogar bewusst im Wettbewerb zueinander auftreten? Vertriebskanäle, die sich ergänzen sollen, wird man an gemeinsamen Vorgaben messen und damit Kanalkonflikte weitestgehend vermeiden. Allerdings muss man sich darüber klar sein, dass in diesem Fall die individuellen Umsatzvorgaben deutlich größer werden, weil der erzielte Umsatz ja auch mehreren Vertriebskanälen zugerechnet wird. Die verschiedenen Vertriebskanäle nach unterschiedlichen Anteilen am Gesamtumsatz zu messen, erzeugt zwangsläufig Kanalkonflikte, wenn ein Vertriebskanal Umsätze nicht zugerechnet bekommt, an denen er theoretisch partizipieren könnte. Oft steht hinter solchen Ansätzen das durchaus sinnvolle Bestreben, den Vertrieb stärker zu fokussieren und unnötige Überlappungen zu vermeiden. In der Praxis sind aber solche Kanalkonflikte eher kontraproduktiv.

5.8 Pricing von Software-Produkten

Eine weitere wichtige Komponente der Marketing-Verantwortung eines Software-Produkt-Managers ist die Festlegung des Preises für ein Produkt und seine Komponenten. Über den Preis steuert der Produkt-Manager Profitabilität, Marktanteil und auch Kundenzufriedenheit. Der Produkt-Manager muss über die gesamte Kostenstruktur des Produktes und des Unternehmens Bescheid wissen, muss die variablen Kosten sowie die fixen Kosten kennen. Pricing ist der Zielsetzung nach letztlich sehr einfach, aber in der erfolgreichen Durchführung umso komplexer und diffiziler. Der Preis eines Produktes hat im wesentlichen zwei Funktionen:

- Er beeinflusst direkt Umsatz und Gewinn bei gegebener Stückzahl
- Er steuert die Nachfrage und damit indirekt wieder Umsatz und Gewinn abhängig von der über den Preis veränderten Stückzahl

Die Zielsetzung ist hierbei letztlich die Maximierung des kommerziellen Unternehmenserfolgs, also des erzielten Gewinns bzw. des absoluten Beitrags, den ein Produkt zum Unternehmensgewinn leistet. Dieses Ziel muss auf einen definierten Zeithorizont bezogen werden, innerhalb dessen diese Maximierung erreicht werden soll. Somit ergibt sich für viele Produkte eine zweite Zielsetzung, die kurzfristig sogar das primäre Ziel sein kann: Maximierung des Marktanteils. Nach dem Gesetz des steigenden Grenznutzens (siehe Kap. 4) wird mit der richtigen Preisstrategie über eine Steigerung des Marktanteils längerfristig auch der finanzielle Erfolg maximiert.

Rolle des Preises im Kontext der Unternehmensstrategie

Die Preisstrategie für ein Software-Produkt muss mit der Unternehmensstrategie und der Produktpositionierung im Einklang stehen. Das Unternehmen kann sich zum Beispiel als Technologieführer oder als Nachahmer, als Nischenanbieter oder als Anbieter eines breiten Technologiespektrums positionieren. Abhängig vom Produktlebenszyklus und der Marktreife kann das Produkt ein Instrument sein, um neue Märkte aufzubauen, oder den Status einer Cash Cow haben. Alle diese Parameter haben direkte Auswirkungen auf den Preis.

Wenn das Unternehmen oder das Produkt Marktführer ist, lässt sich daraus ein höherer Preis ableiten. Die Kunden sind dann bereit, einen höheren Preis zu zahlen für ein empfundenes höheres Maß an Sicherheit, und der Preis wird damit selber zu einem Qualitätssignal. Der Marktführer setzt den oberen Referenzpunkt für die Produkte einer bestimmten Funktionalität im Markt.

Wesentliches Element der Preisstrategie ist die Positionierung zum Wettbewerb. Dabei ist es entscheidend, mit welchem Wettbewerber man sich vergleicht. Indem man sein Produkt im Vergleich zu einem Wettbewerbsprodukt mit höherer Funktionalität positioniert, kann man den Referenzpunkt nach oben verschieben und damit einen höheren akzeptablen Preis erreichen.

Kosten und Deckungsbeitrag als bestimmende Faktoren für den Preis

Wie produzierte Investitions- oder Konsumgüter haben auch Software-Produkte fixe und variable Kosten. Fixe Kosten sind unabhängig von der Stückzahl oder Anzahl Lizenzen, die verkauft werden, und entstehen unabhängig davon, ob ein Produkt überhaupt produziert oder verkauft wird. Variable Kosten dagegen verändern sich in direkter Abhängigkeit von der verkauften Stückzahl oder Anzahl Lizenzen.

In Software-Unternehmen sind fixe Kosten die Entwicklungskosten für ein Produkt (die als fixe Kosten direkt einem Produkt zuzuordnen sind) und Vertriebs- und Verwaltungskosten. Variable Kosten für Software-Produkte sind strenggenommen nur die Kosten, die bei Produktion des verkauften Produktes entstehen, also Produktmedien und Dokumentation. Diese Kosten sind gerade bei Business Software typischerweise vernachlässigbar.

Damit ergibt sich für den Software-Produkt-Manager folgende vereinfachte Gewinn- und Verlustrechnung:

Bruttoergebnis = Umsatz – variable Kosten

Nettoergebnis = Bruttoergebnis – fixe Kosten

Hierbei sind die variablen Kosten für Software-Produkte deutlich niedriger als für produzierte Güter, weil nennenswerte Materialkosten und aufwändige Produktionskosten entfallen. Insbesondere für Business Software liegt daher die Bruttomarge (Bruttoergebnis/Umsatz) (engl. Gross Profit [GP]) für Software in der Regel über 90%.

Mit dieser Betrachtungsweise wird klar, warum Software-Produkte auf Grund ihrer vergleichsweise geringen variablen Kosten eine enorme Preisflexibilität haben. Bei einem industriellen Massenprodukt mit einer Bruttomarge von 20% muss bei einem Preisnachlass von 10% die Stückzahl verdoppelt werden, um das gleiche Bruttoergebnis zu erzielen. Bei einem Software-Produkt mit einer Bruttomarge von 80% genügt dagegen eine Steigerung der Stückzahlen um 14,3%, um diesen Preisnachlass im Ergebnis auszugleichen. Allgemein ergibt sich die notwendige Veränderung der

Stückzahl in Abhängigkeit von Preisveränderung und Bruttomarge zur Erzielung des gleichen Ergebnisses als

Δ Stück % = – Δ Preis % / (GP% + Δ Preis %) * 100

Umgekehrt zeigt diese Sicht auch, dass Preisveränderungen bei Software-Produkten einen deutlich geringeren Effekt auf das Ergebnis haben als bei produzierten Gütern. Eine Preiserhöhung von 10% bei angenommen gleicher Stückzahl führt bei einer Bruttomarge von nur 20% zu einer Steigerung des Ergebnisses um 50%. Bei einer Bruttomarge von 80% führt diese Preiserhöhung bei gleicher Stückzahl nur zu einer Steigerung des Ergebnisses um 12,5%. Allgemein ergibt sich die prozentuale Ergebnisveränderung bei angenommen gleicher Stückzahl in Abhängigkeit von Preisveränderung und Bruttomarge als

Δ Brutto % = Δ Preis % / GP % * 100

Neben der Betrachtung der Bruttomarge ist natürlich auch die Gesamtprofitabilität eines Produktes von Bedeutung. Hierfür ist in erster Näherung der „Break-Even"-Punkt relevant, also die Anzahl verkaufter Produkte, ab der die Gesamtkosten gedeckt sind. Der Break Even ergibt sich sehr einfach als

Mindeststückzahl = Fixe Kosten / (Preis – variable Kosten)

Diese Sicht lässt sich weiter verfeinern, indem man auch die einem Produkt direkt zuzuordnenden variablen Vertriebskosten in die variablen Produktkosten aufnimmt und bei den fixen Kosten zwischen direkt zuzuordnenden Fixkosten und Allgemeinkosten unterscheidet. Dies führt dann zu einer produktbezogenen Deckungsbeitragsbetrachtung, die es dem Produkt-Manager erleichtert, den Mindestpreis für ein Produkt zu bestimmen und daraus den pro Einheit erwirtschafteten Deckungsbeitrag zu ermitteln.

Bruttoergebnis = Umsatz – variable Kosten

Operatives Produktergebnis = Bruttoergebnis – fixe Produktkosten

Nettoergebnis = Operatives Produktergebnis – andere fixe Kosten

Der Software-Produkt-Manager muss genau verstehen, welche Auswirkungen Preisveränderungen auf das operative Ergebnis haben. Basierend auf diesen Informationen gilt es dann zu überlegen, wie der Markt – also Kunden und Wettbewerb – auf mögliche Preisveränderungen reagieren. Wie sensibel reagieren Kunden auf Preisveränderungen? Wird der Wettbewerb sich auf einen Preiskampf einlassen? Hat der Markt genug Potential, um die evtl. erforderlichen höheren Stückzahlen zu verkaufen?

Preissensitivität des Marktes

Neben dem direkten Zusammenhang zwischen Preis und Profitabilität stellt sich für den Software-Produkt-Manager die Frage, wie sehr sich die Stückzahl eines Produktes erhöhen lässt über eine Reduktion des Preises, bzw. was der maximal vermarktbare Preis eines Produktes ist bei einer geforderten Menge. Die Antwort ist im Wesentlichen abhängig von

- Zusatznutzen des Produktes für den Kunden,
- Preis etwaiger Wettbewerbsprodukte.

Die Marktforschung liefert hier zwar einige hilfreiche Ansätze, dennoch stellt sich die Ermittlung der Preiselastizität in der Praxis als äußerst schwierig dar und geschieht letztlich durch heuristische Ansätze.

Einige grundsätzliche Fragen spielen bei der Bestimmung der Preissensitivität eine wesentliche Rolle:

- Wie stark ist das Produkt gegenüber dem Wettbewerb positioniert, wie stark ist die Differenzierung aus Sicht des Kunden? Die Differenzierung muss auf wichtigen, für den Kunden relevanten Charakteristika beruhen. Je stärker diese Differenzierung ist und je relevanter sie vom Kunden wahrgenommen wird, umso weniger wird er auf Preisveränderungen reagieren.
- Wie stark ist der Wettbewerb, wie viel Wettbewerb gibt es und ist der Kunde sich des Wettbewerbs bewusst? Kann der Kunde die Produktfunktionalität auf anderem Wege substituieren, ohne ein Produkt zu kaufen? Je weniger Optionen der Kunde hat, den vom Produkt gebotenen Zusatznutzen auf anderem Wege zu erreichen, umso weniger wird er auf Preisveränderungen reagieren.
- Wie hat der Markt in der Vergangenheit auf Preisveränderungen reagiert? Hierbei muss man allerdings berücksichtigen, dass die Preissensitivität in der Regel bei zunehmender Marktreife ansteigt. Je reifer ein Markt für ein bestimmtes Produkt ist, desto mehr Wettbewerb gibt es und die verschiedenen Produkte gleichen sich immer mehr in ihrer Funktionalität. Damit findet der Wettbewerb immer mehr über den Preis statt.
- Wie relevant ist der Produktpreis für den Kunden? Ist das Produkt vielleicht Teil eines größeren Projektes, und sein Preis tritt gegenüber den Gesamt-Projektkosten in den Hintergrund?
- Welche Rolle spielt bei der Beurteilung des angebotenen Preises der eingeräumte prozentuale Rabatt vom Listenpreis? Einkäufer vergleichen bei konkurrierenden Angeboten häufig nicht nur den Endpreis, sondern

auch den Ausgangspreis und den über Verhandlungen erzielten Nachlass.

Die abgesetzte Menge eines Produktes erhöht sich durch Preisreduktion im Allgemeinen über zwei Faktoren:

- durch Verdrängung des Wettbewerbs mit Hilfe eines attraktiveren Preises,
- durch Erhöhung der Gesamtnachfrage im Markt auf Grund eines niedrigeren Preises.

Je nach Produktstrategie ist die Zielsetzung die Maximierung der Stückzahl (u.U. bei Einhaltung eines geforderten Deckungsbeitrags) oder Maximierung des Deckungsbeitrags.

Wenn ein bestimmter Mindest-Deckungsbeitrag des Produktes für eine bestimmte Periode gefordert wird, so ist als weiterer Parameter bei dieser Überlegung zu beachten, dass dieser Betrag, also

Stückzahl * (Preis – variable Kosten)

mit dem reduzierten Preis nicht unterschritten wird.

Wenn es zum Beispiel bei einem Cash-Cow-Produkt das Ziel ist, den Deckungsbeitrag zu maximieren, so findet der Preis seine untere Grenze dort, wo die Funktion von preisabhängiger Stückzahl und Deckungsbeitrag pro Stück ihr Maximum erreicht. Bei der Ermittlung dieses Optimums helfen mathematische Modelle wie Preis/Absatzfunktionen, mit denen sich Stückzahl und damit auch Gesamt-Deckungsbeitrag als Funktion des Preises abbilden lassen, um dann lokale Maxima dieser Funktion zu bestimmen.

Idealerweise wird man versuchen, mit einem attraktiveren Preis zusätzliche Kunden zu gewinnen, und gleichzeitig bei den Kunden, die einen größeren Zusatznutzen empfinden, auch einen höheren Preis zu erzielen. Dies ist möglich mit zielgruppen-spezifischem oder sogar kundenindividuellem oder projektspezifischem Pricing, über eingeschränkte Produktversionen für neue Zielgruppen oder über vertraglichen Ausschluss der Nutzung bestimmter Produktfunktionalität.

Die Preisflexibilität des Marktes für ein Produkt ist immer begrenzt und abhängig vom subjektiv empfundenen Zusatznutzen. Die abgesetzte Menge lässt sich über einen theoretischen Wert hinaus nicht mehr steigern, selbst wenn das Produkt verschenkt wird. Umgekehrt wird selbst ein Produkt mit den überzeugendsten Alleinstellungsmerkmalen keinen Käufer mehr finden, wenn der maximale Zusatznutzen den Preis und die mit dem Produkt verbundenen Betriebskosten nicht übersteigt.

So wird sich üblicherweise jede größere Investition für ein Software-Produkt über eine ROI (Return on Investment)-Betrachtung rechtfertigen müssen. Je nach Produkt kann dieser Return in einer messbaren Steigerung der Effizienz mit entsprechenden Kosteneinsparungen liegen (z.B. bei Einsatz von System-Management-Software), oder in einer Steigerung oder Erweiterung der Geschäftstätigkeit (z.B. durch Einsatz einer E-Commerce-Plattform). Eine solche ROI-Betrachtung kann auch ein sehr effektives Marketing-Instrument für Business-Software-Produkte sein.

Bei Consumer-Software-Produkten ist der Zusatznutzen oft sehr viel mehr subjektiv empfunden als objektiv messbar. Für viele Produkte entsteht durch gezieltes Marketing ein gewisser „Hype" im Markt, der dazu führt, dass „man" ein bestimmtes Produkt oder eine neue Version haben muss, ohne dass wirklicher Zusatznutzen entsteht. Wir beobachten hier in der Software-Industrie eine ähnliche Bedeutung von Marken und Produkten wie in der Bekleidungs- oder Freizeitindustrie. Analog zu diesen Märkten ist für Consumer Software auch ein mindestens so bedeutender Markt für Plagiate und Raubkopien entstanden.

Bewertung der Wettbewerbssituation bei Preisentscheidungen

Der Preis eines Wettbewerbsproduktes ist ein wesentlicher Parameter bei der Preisfestlegung. Wenn man den Wettbewerbspreis als Referenzpunkt nimmt, ergibt sich der vermarktbare Preis aus dem Wettbewerbspreis zuzüglich der vom Markt wahrgenommenen Wertigkeit zusätzlicher Funktionen des Produktes abzüglich der Wertigkeit fehlender Funktionen. Die unterschiedlichen Funktionen von Produkten werden in ihrer Wertigkeit von Kunden individuell sehr unterschiedlich empfunden und so ergibt sich der vermarktbare Preis nicht als allgemeingültiger Wert, sondern ist von der Kundensituation abhängig. Daher wird jeder Software-Hersteller vor allem im Direktvertrieb zu großen Unternehmen wann immer möglich versuchen, einen kunden- oder sogar projektspezifischen Preis zu verhandeln. Je mehr Alleinstellungsmerkmale ein Produkt aufweisen kann, die auch vom Kunden tatsächlich als Zusatznutzen wahrgenommen werden, desto weniger ist dieser Preis abhängig vom Preis des Wettbewerbs.

Wenn es allerdings darum geht, ein bereits installiertes Wettbewerbsprodukt zu ersetzen, wird die Situation gerade bei Software-Produkten deutlich schwieriger. Obwohl Investitionen in Software wie bei anderen Investitionsgütern über einen Zeitraum von üblicherweise 5 Jahren abgeschrieben werden, sind für Software normalerweise keine Ersatzinvestitionen zu tätigen, da sie sich nicht verbraucht, sondern durch regelmäßige Aktualisierung immer voll funktionsfähig bleibt. Daher ist nur bei Erweiterungsinvestitionen ein Wettbewerbspreis anzusetzen. Außerdem müssen vom vermarktbaren Preis noch die Migrationskosten oder Zusatzkosten des Betriebs von zwei verschiedenen Produkten abgezogen werden. Gerade bei Software-Produkten können aber die Kosten, zu einem anderen Produkt zu wechseln, prohibitiv hoch sein. Aus allen diesen Punkten ergibt sich, dass es nur bei massiver Kundenunzufriedenheit oder signifikanter und auch für den Kunden wesentlicher zusätzlicher Funktionalität möglich sein wird, ein bereits installiertes Produkt des Wettbewerbs zu ersetzen. Allein über den Preis wird ein Software-Hersteller dieses Ziel kaum erreichen können – einmal installierte Software hat eine hohe Haftfähigkeit.

Preismodelle für Software-Produkte

In den Anfängen der Software-Industrie hatten Software-Produkte keinen eigenen Preis und wurden auch nicht als eigenständige Produkte, sondern nur zusammen mit der Hardware verkauft (siehe auch Kap. 4). Der Software-Preis war also Bestandteil des Systempreises. In den 60er Jahren des 20. Jahrhunderts entstanden die ersten Software-Unternehmen, die nicht mehr nur individuelle Lösungen, sondern Produkte entwickelten und sie an eine größere Anzahl Kunden lizenzierten. Sie waren durch das Hardware-Software-Bundling der damaligen Mainframe-Anbieter, insbesondere IBM, einem unfairen Wettbewerb ausgesetzt. Die separate Bepreisung von Hardware und Software durch die IBM ab 1969 kennzeichnete dann die eigentliche Geburtsstunde der Software-Industrie.

Kunden kaufen ein Software-Produkt, indem sie eine Lizenz zur Nutzung dieser Software erwerben. Was genau dieses Nutzungsrecht umfasst (Übertragbarkeit, Beschränkung z.B. auf Server oder Benutzer etc.), ist in den Lizenzbedingungen festgehalten. Es gibt zwei grundsätzlich verschiedene Ansätze, die Lizenzgebühren zu berechnen und entsprechend den Preis festzulegen:

- Einmalzahlung wie beim Kauf eines Produktes.
- Regelmäßig wiederkehrende Zahlungen vergleichbar einer Miete.

In der Praxis werden außerdem unterschiedliche Kombinationen dieser beiden Ansätze angewandt. Natürlich kann der Kunde den Kauf von Software-Lizenzen über einen Finanzdienstleister oder den Hersteller finanzieren und damit die Einmalzahlung über mehrere Jahre verteilen. Neben den unterschiedlichen Zahlungsströmen ist ein weiterer Aspekt für den Kunden, dass bei Kauf das Software-Produkt ein in der Bilanz zu aktivierendes Wirtschaftsgut ist.

In den Anfängen der Software-Industrie wurden für Software analog zu den Mietgebühren für die Großrechner monatliche Lizenzgebühren berechnet. Noch heute sind monatliche Lizenzgebühren das übliche Lizenzmodell von IBM und anderen Software-Herstellern für die Software-Produkte auf Mainframes (IBM z-series).

Mit der Verbreitung der PCs wurde zunehmend der Benutzer nicht nur zum Betreiber, sondern auch zum Käufer der Software – entweder beim Kauf des PCs mit vorinstallierten Software-Produkten, oder durch gezielten Kauf von zusätzlichen Software-Produkten im Fachhandel, Versandhandel oder direkt beim Hersteller.

Die Software-Lizenz wird in all diesen Fällen durch eine Einmalzahlung erworben – entweder als Teil des Kaufpreises für den PC oder eben beim Kauf des Software-Produkts. Wie andere Produkte des täglichen Gebrauchs wird die Software „so wie sie ist" gekauft; Produktunterstützung ist nicht kundenindividuell und erfolgt – wenn überhaupt – kostenfrei über Internet oder Hotline, evtl. auch über Fix-Packs oder Service-Packs, die aus dem Internet heruntergeladen werden können. Produkterweiterungen oder neue Versionen müssen wiederum gekauft werden, oft werden diese für bestehende und registrierte Kunden zu günstigeren Upgrade-Preisen verkauft. Dieses Lizenzmodell für Endkunden wird auch als „Shrink-Wrapped"-Software bezeichnet.

Als sich nach der Verbreitung der PCs zunehmend eine vernetzte System-Infrastruktur verteilter UNIX-, AS/400- und anderer Systeme entwickelte, wählten die Hersteller auch für diese verteilten Systeme das Prinzip, Software durch Zahlung einer Einmalgebühr zu verkaufen. Allerdings haben Unternehmen im Gegensatz zu Privatkunden für Software, die in unternehmenskritischen Anwendungen eingesetzt wird, deutlich höhere Anforderungen an die Produktwartung und Unterstützung vom Hersteller bei eventuell auftretenden Problemen. Die Hersteller bieten daher ihren Unternehmenskunden entsprechend umfangreichere und kundenindividuelle Unterstützung gegen entsprechende Bezahlung an.

Heute ist für Unternehmenskunden eine Mischung aus Einmalzahlung für die Lizenz und regelmäßigen Zahlungen für Produktwartung und -unterstützung die Regel. Dieses Modell wird bei Unternehmenskunden sowohl für Software auf Servern als auch für Software auf Endbenutzer-PCs angewandt.

Ermittlung des Lizenzpreises

Ergebnis der Preisstrategie ist ein Listenpreis für ein Produkt. Dies kann ein Preis für eine Einzelplatzlizenz sein, ein Preis pro Benutzer (concurrent oder Gesamtpopulation) oder ein Preis pro Server oder CPU. Serverbasierte Preise sind üblicherweise nach Server-Produktgruppen unterschiedlicher CPU-Leistung gestaffelt. Mit diesem Listenpreis positioniert er das Produkt im Markt und gegenüber dem Wettbewerb.

Typischerweise wird zusammen mit dem Listenpreis eine Rabattstaffel definiert, über die der Hersteller stufenweise bestimmte Preisnachlässe ab einer Anzahl Lizenzen gewährt.

In der Praxis finden Listenpreise für Software-Produkte tatsächlich nur Anwendung bei kleinen Stückzahlen und bei Privatkunden. Insbesondere bei großen Lizenzverträgen mit Unternehmen ist der Preis Gegenstand individueller Verhandlungen und zum einen abhängig vom Volumen, aber auch von Faktoren wie Zusatznutzen für das Unternehmen oder einem vertraglich festgelegten Nutzungsumfang. Bei bestehenden Kunden wird unter Umständen die Anzahl der bereits gekauften Lizenzen mit in Anrechnung gebracht oder die Wartung für die bereits genutzten Lizenzen wird in einem neuen Vertrag zu günstigeren Konditionen integriert. Zur Gewinnung von Neukunden wird ein Hersteller möglicherweise nicht nur das Lizenzvolumen, sondern auch das zukünftige Potential dieses Kunden bei der Preisfindung berücksichtigen. Von der Kostenseite sind dem Software-Unternehmen bei der Festlegung des Lizenzpreises praktisch keine Grenzen gesetzt, und so können Kunden im Extremfall für einen entsprechenden Preis auch eine Unternehmenslizenz für ein Software-Produkt erwerben, mit der dieses Produkt dann im ganzen Unternehmen unbegrenzt eingesetzt werden kann.

Der Preis für ein bestimmtes Lizenzvolumen oder eine Unternehmenslizenz definiert sich im Spannungsfeld zwischen dem Ziel der Umsatzmaximierung des Herstellers einerseits und dem Ziel der Nutzenmaximierung und Risikominimierung des Kunden andererseits. Je mehr Lizenzen ein Kunde bereit ist abzunehmen, desto mehr wird der Hersteller bereit sein, ihm beim Lizenzpreis entgegenzukommen, um den Umsatz zu maximieren. Hierbei muss der Hersteller abwägen zwischen kurzfristiger Umsatzmaximierung und Gesamt-Umsatzpotential bei diesem Kunden. Der Kunde muss abwägen, wie viele Lizenzen er mit welcher Wahrscheinlichkeit und zu welchem Zeitpunkt benötigt. Er muss berücksichtigen, dass für eine größere Investition zu einem früheren Zeitpunkt Budget bereitgestellt werden muss, dadurch mehr Kapital gebunden wird und die gekauften Lizenzen vom Zeitpunkt der Investition an abgeschrieben werden müssen. Außerdem wird der Hersteller in der Regel für alle gekauften Lizenzen vom ersten Tag an Wartung berechnen oder mit dem Kunden vorab vereinbaren, in welchem Prozentsatz die Lizenzen schrittweise über die Jahre zum Einsatz kommen, und die Wartungszahlungen dementsprechend festlegen.

Der Kunde kann für Software-Produkte bei Abnahme einer größeren Anzahl Lizenzen einen erheblich günstigeren Preis erzielen, allerdings trägt er damit auch das Risiko, dass nicht alle diese Lizenzen zum Einsatz kommen („Shelfware"). Er kann in seinen Überlegungen eine Anzahl tatsächlich genutzter Lizenzen als „Break-Even"-Punkt definieren, ab der ein Angebot für ein bestimmtes Lizenzvolumen günstiger ist als ein Vergleichsangebot mit einem anderen Lizenzpreis.

Häufig schließen Software-Hersteller mit Unternehmenskunden auch Rahmenverträge ab, in denen allein auf Grund des Potentials bei diesem Kunden Konditionen vereinbart werden, die günstiger sind als die allgemein veröffentlichten Standardkonditionen.

Oft macht es auch Sinn, von einem Produkt verschiedene Varianten zu entwickeln und so eine ganze Produkt-Familie anzubieten. Die Varianten können sich in der Funktionalität unterscheiden und in der Ausstattung und Paketierung. So bietet zum Beispiel Microsoft sein Office-Produkt Outlook in der Express-Version für Privatkunden an, häufig vorinstalliert auf PCs, und in der Vollversion mit zusätzlichen Funktionen für Unternehmenskunden. Andere PC-Produkte werden in einer günstigeren OEM-Version ohne aufwändige Verpackung und gedruckte Dokumentation und in einer Vollversion angeboten. Für die so definierte Produkt-Familie werden dann Preis-Punkte festgelegt. Damit kann man zusätzliche Kunden ansprechen, die bereit sind, das Produkt zu einem niedrigeren Preis zu kaufen, ohne dass dadurch der Marktpreis im oberen Preissegment erodiert.

Hersteller mit verschiedenen Produkte im Angebot bieten oft eine Kombination dieser Produkte zu einem günstigeren Preis an als die Summe der Einzelpreise. Ein Beispiel hierfür sind die Office-Suite-Produkte für den PC von Lotus oder Microsoft. Eine ähnlich simple aber effektive Methode des cross-selling wie die Kombination „Hemd & Krawatte" beim Herrenausstatter.

Um ihre Produkte in der Gemeinschaft der Anwendungsentwickler möglichst schnell populär zu machen, vergeben Software-Unternehmen häufig Entwicklungs- und Testlizenzen für einen beschränkten Zeitraum umsonst oder zu besonders günstigen Konditionen. Oft werden auch Schulen und Universitäten besondere Konditionen eingeräumt, um zukünftige Entwickler frühzeitig mit den Produkten vertraut zu machen.

Lizenzpreis/Preis für Maintenance und Support

Die Software-Hersteller bieten ihren Unternehmenskunden die Produktunterstützung in der Regel über Wartungs- oder Supportverträge an. Der Preis ist dabei meistens abhängig vom gezahlten Lizenzpreis. Bei der Produktunterstützung muss man unterscheiden zwischen der reinen Fehlerbehebung und der Weiterentwicklung des Produktes. Entsprechend können sich auch die Wartungspreise unterscheiden. Fehlerbehebung beinhaltet in dringenden Fällen die Lieferung von Patches oder Umgehungen an den Kunden, die regelmäßige Bereitstellung von Service Packs sowie neuer Releases. Der Upgrade auf neue Versionen eines Produktes kann Bestandteil des Wartungsvertrags sein. Andere Hersteller vertreiben neue Versionen separat als neue Lizenzen zu Upgrade-Preisen.

Außerdem gibt es Unterschiede, zu welchen Antwortzeiten sich ein Hersteller verpflichtet, ob der Kunde 24 Stunden am Tag und 7 Tage die Woche einen Ansprechpartner findet, und in anderen Qualitätsmerkmalen der Produktunterstützung.

Wartungsgebühren bewegen sich in der Größenordnung von 20% des Lizenzpreises pro Jahr. Die Firma Oracle berechnet ihren Kunden standardmäßig 22%, BEA 21% und IBM 20% des Lizenzpreises für Produktwartung inkl. Versions-Upgrades.

Discount-Strukturen für den Vertriebskanal

Zusätzlich zu den Listenpreisen und anderen Standardkonditionen wie Rabattstaffeln legt ein Software-Unternehmen üblicherweise im Rahmen seiner Partnerverträge fest, welche Rabatte bzw. Margen es seinen Vertriebspartnern gewährt. Standardmäßig erhalten Reseller üblicherweise um die 30% Rabatt vom Listenpreis, Distributoren in einer zweistufigen Kanalstruktur bis zu 50%.

Höhere Nachlässe können für einzelne Kundensituationen verhandelt werden, allerdings wird ein Hersteller ab einem gewissen Lizenz- und Umsatzvolumen mit entsprechendem Nachlass für den Endkunden nur noch in sehr engen Grenzen bereit sein, einem Vertriebspartner über den Endkundenpreis hinaus zusätzliche Nachlässe zu gewähren. Häufig werden größere Verträge dann zwischen dem Hersteller und dem Kunden direkt geschlossen, auch weil der Kunde darauf größeren Wert legt, und der Partner erhält für seine Vermittlung eine „Finder's Fee".

Ausblick

Besonders in der starken Wachstumsphase der Software-Industrie in den 90er Jahren war das Bestreben vieler Software-Unternehmen groß, möglichst viel Umsatz über den Verkauf von Lizenzen zu realisieren und damit Wachstum von Lizenzumsatz und Marktanteilen zu zeigen. Dabei wurden über große Lizenzverträge mit entsprechend attraktiven Konditionen Lizenzvolumen gebündelt und letztlich Umsätze nach vorne gezogen. Ein weiterer Vorteil für den Hersteller liegt bei diesem Vorgehen darin, dass der Vertriebsaufwand nur einmal entsteht. Im Grunde erkauft sich mit solchen großen Lizenzverträgen der Kunde sehr günstige Konditionen über das Risiko, dass die Lizenzen nicht genutzt werden bzw. der erhoffte wirtschaftliche Zusatznutzen nicht eintritt. Gleichzeitig besteht natürlich die Chance, bei geplantem Einsatz der Lizenzen den prognostizierten wirtschaftlichen Nutzen und Return on Investment auf Grund der günstigeren Lizenzpreise zu vergrößern.

In der Wachstumsphase des E-business-Hype waren mehr Unternehmen bereit, solche kalkulierten Risiken einzugehen. Mittlerweile wollen die Kunden solche Risiken eher vermeiden und suchen mehr Sicherheit. Das vermiedene Risiko des Kunden wird damit zum Risiko des Umsatzausfalls des Herstellers, was dazu führt, dass der Lizenzpreis bei kleineren Aufträgen höher ist und sich eher an den Standardkonditionen orientiert. Aber auch in diesem Modell liegen nicht nur Risiken, sondern auch Chancen für den Hersteller, denn wenn der Kunde über einen Zeitraum die gleiche Anzahl Lizenzen einsetzt, sie aber immer nur nach Bedarf zu höheren Preisen beschafft, realisiert der Hersteller insgesamt einen größeren Umsatz.

Außerdem haben viele Software-Unternehmen leidvoll erfahren müssen, dass man Umsätze, die man durch Bündelung von Lizenzvolumen und noch dazu zu niedrigeren Preisen nach vorne zieht, natürlich bei diesem Kunden in der Zukunft nicht mehr realisieren kann. Es wird mit dieser Vorgehensweise also eine Hypothek auf die Zukunft aufgenommen, und es wird zunehmend schwieriger, das so erzielte Wachstum nachhaltig fortzusetzen.

Natürlich sind große Lizenzverträge nach wie vor ein wichtiges Element zur Preisfindung und für die Platzierung großer Lizenzvolumen, aber generell hat bei Kunden der Wunsch und bei Herstellern die Bereitschaft zugenommen, wieder mehr über Lizenzmodelle nachzudenken, die den tatsächlichen Bedarf des Kunden zeitnaher abbilden. In der einfachsten Form ist das die Beschaffung der Lizenzen durch den Kunden bei tatsächlichem Bedarf zu den jeweils gültigen Standardkonditionen. Ein Leasing- oder Mietmodell mit monatlichen Nutzungsgebühren bildet die tatsächliche Nutzung der Software noch zeitnaher ab. Die extremste Form einer nutzungsabhängigen Software-Lizenzierung ist die Berechnung einer Nutzungsgebühr pro Transaktion nur bei tatsächlicher Nutzung des Produktes. Diese vier Lizenzmodelle

- Bündelung von Lizenzvolumen,
- Kauf von Lizenzen bei Bedarf,

- Monatliche Nutzungsgebühren,
- Nutzungsgebühr pro Transaktion

beschreiben eine Skala von großer Investition und hohem Risiko für den Kunden bis hin zu minimalem Risiko und möglichst zeitnaher Berechnung der Nutzungsgebühren für ein Software-Produkt abhängig von der tatsächlichen Nutzung.

Je stärker ein Lizenzmodell nutzungsabhängig gestaltet ist, desto mehr verlagert sich das Risiko vom Kunden zurück zum Hersteller, der gewissermaßen die Versicherung für dieses Risiko und außerdem die Finanzierungskosten in Form von entgangenem Umsatz übernimmt. Daher wird bei Berücksichtigung aller Faktoren wie Finanzierung, Abzinsung des gebundenen Kapitals, Wartungskosten bei gleicher Anzahl eingesetzter Lizenzen eine nutzungsorientierte Lizenzierung ab einem bestimmten Zeitpunkt teurer sein als der Kauf von Lizenzen.

5.9 Die vertragliche Gestaltung

Der besondere Charakter des Produkts „Software", den wir schon in Kapitel 3 beleuchtet haben, drückt sich insbesondere in der juristischen Gestaltung der Verträge zwischen Hersteller und Kunde aus, den sogenannten Lizenzbedingungen. Auf die juristische Ausgestaltung des Verhältnisses zwischen IT-Bereich und Fachabteilung gehen wir am Ende des Abschnitts ein.

Zwischen Hersteller und Kunde

Die juristische Problematik zwischen Hersteller und Kunde resultiert im Kern daraus, dass der Kauf von Software typischerweise nicht die Übertragung des Besitz- oder gar Eigentumsrechts bedeutet, wie das bei materiellen Produkten zumeist der Fall ist, sondern nur ein Nutzungsrecht gewährt wird, das zudem noch diversen Einschränkungen unterliegt und dessen Preis häufig vom Nutzungsumfang abhängig ist. Aus diesem Sachverhalt entsteht eine juristische Komplexität, die zu entsprechend komplexen Lizenzbedingungen führt, die sich im Detail häufig landesspezifisch unterscheiden, da die jeweilige Rechtslage berücksichtigt werden muss. Die Kreativität in der Formulierung von Lizenzbedingungen ist inzwischen so groß geworden, dass es in einigen amerikanischen Bundesstaaten, z.B. Kalifornien, ganz aktuell Initiativen gibt, Standardlizenzverträge für Software gesetzlich vorzuschreiben, da die heute von Herstellern vorgegebenen Lizenzbedingungen vielfach weder für Privat- noch für Firmenkunden mehr verständlich sind.

Ein Software-Produkt-Manager ist bei diesem Thema auf die Hilfe spezialisierter Juristen angewiesen. Trotzdem sollte er zumindest mit den grundsätzlichen Gestaltungsmöglichkeiten vertraut sein, die wir im Folgenden darstellen wollen. In einem konkreten Lizenzvertrag müssen Punkte, in denen kein Regelungsbedarf besteht, natürlich nicht enthalten sein. Entgegen weitverbreiteter Auffassung ist das Thema auch bei Open Source Software relevant. Dafür gibt es die sogenannte General Public License (GPL), die Fragen zum Urheberrecht regelt.

Umfang

Es ist zu definieren, was der Inhalt der Lizenzvereinbarung ist, d.h. Software-Umfang, Dokumentation, evtl. zugehörige Hardware (z.B. Nutzungssicherungen). Dienstleistungen des Herstellers (z.B. für kundenspezifische Änderungen, initiale Migrationsarbeiten und für Schulung der Nutzer) und Zusatzleistungen wie etwa zusätzliche Exemplare der Dokumentation werden zumeist in einem separaten Vertrag geregelt. Bei kundenspezifischen Änderungen sollte explizit festgelegt werden, wer die Rechte daran bekommt. Ggf. ist zu definieren, wie die Abnahme erfolgt.

Übertragbarkeit

Der Lizenzvertrag kommt zustande durch rechtsverbindliche Unterschrift bzw. bei Shrink-wrapped-Software je nach Rechtslage durch Aufreißen des Pakets oder durch erstmalige Installation der Software. Bei Download aus dem Internet ist typischerweise eine explizite Zustimmung zu den Lizenzbedingungen notwendig. Es ist u.a. zu regeln,

- ob der Lizenznehmer die Lizenz auf einen Dritten übertragen darf,
- ob der Lizenznehmer die Lizenz auf einen anderen physischen Computer übertragen darf,
- wie innerhalb eines Local Area Networks zu verfahren ist,
- wie mit Kopien des Codes zu verfahren ist.

Will ein größeres Unternehmen ein oder mehrere Workstation-Software-Produkte eines Herstellers in größerer Stückzahl verwenden, wird häufig ein Unternehmenslizenzvertrag für einen definierten Zeitrahmen abgeschlossen, der die Wartung beinhaltet. Damit kann das Unternehmen die inkludierten Produkte in beliebiger Stückzahl oder bis zu einer vereinbarten Stückzahl installieren bzw. verwenden, d.h. das Software License Management wird deutlich vereinfacht. Derartige Unternehmenslizenzen werden immer individuell verhandelt. Bei unternehmensweiter Lizensierung ist neben dem Preis u.a. zu regeln,

- ob auch Tochterunternehmen einbezogen sind, und wenn ja, bis zu welchem Anteilssatz,
- ob auch bei signifikantem Wachstum des Unternehmens (z.B. durch Fusionen) die Zahl der Installationen unbegrenzt ist,
- wie im Falle des Verkaufs von Unternehmensteilen verfahren wird,
- ob das Unternehmen die Software auch als ASP (Application Service Provider) oder für Hosting nutzen darf,
- ob Heimarbeitsplätze der Mitarbeiter einbezogen sind.

Nutzungsbezug des Preises

Der Kreativität in der Preisgestaltung für Software sind kaum Grenzen gesetzt (siehe Abschnitt 5.8). Während im Consumer-Markt Einzelplatzlizenzen mit festen vorgegebenen Preisen vorherrschen, ging der Trend im Business-Markt über die letzten Jahrzehnte dahin, Unternehmenslizenzen abzuschließen (für Workstation-Software) oder (für Mainframe-Software) mit immer ausgeklügelteren Preiskonzepten den Preis am Nutzen festzumachen, den die jeweilige Software für das Kundenunternehmen über die Zeit hat. Da der Nutzen im betriebswirtschaftlichen Sinne aber nicht in einer Weise messbar ist, die für den Hersteller nachvollziehbar wäre, werden Ersatzannahmen in Form eines Nutzungsbezugs gemacht. Diese reichen von der Prozessorkapazität über die Zahl der internen und/oder externen (Internet-) Nutzer (gleichzeitig oder kumuliert) bis zu Transaktionszahlen oder Kombinationen daraus, was eine entsprechend aufwändige Erfassung verlangt, die heute häufig in den Software-Produkten bereits implementiert ist (siehe dazu Abschnitt 5.8). Damit eine solch komplexe Preisgestaltung juristisch abgesichert ist, muss sie im Lizenzvertrag abgebildet werden.

Abgrenzung Garantie vs. kostenpflichtige Wartung vs. Service Level Agreement

Eine der Besonderheiten von Software liegt darin, dass Hersteller und Kunde bereits zum Zeitpunkt des Vertragsabschlusses davon ausgehen, dass Fehler in ihr enthalten sind. Deshalb ist der Umgang mit solchen Fehlern bzw. notwendigen Änderungen in den Lizenzbedingungen zu regeln:

- Garantie: Die Garantiezeit beträgt typischerweise ein Jahr, sofern nicht andere gesetzliche Vorgaben bestehen. Während der Garantiezeit ist die Fehlerbehebung kostenlos, d.h. im Lizenzpreis enthalten.
- Kostenpflichtige Wartung: Will der Kunde nach Ende der Garantiezeit weiterhin in den Genuss von Fehlerbehebungen bzw. notwendigen Änderungen, z.B. Hardware-Anpassungen, kommen, braucht er einen War-

tungsvertrag. Dafür ist i.A. zwischen 15 und 20 % des Kaufpreises pro Jahr zu zahlen. Bei monatlichen Lizenzkosten ist die Wartung meist bereits einkalkuliert. Im Wartungsvertrag sagt der Hersteller in Abhängigkeit vom Schweregrad des Fehlers bestimmte Maximalzeiten zu, innerhalb derer der Fehler behoben wird. Bei einzelnen Herstellern ist in der Wartung auch ein Upgrade auf neue Produktversionen enthalten, was den Preis etwas erhöht. Außerdem gibt es Unterschiede in der Ausgestaltung der Wartungsdienstleistung.
- Service Level Agreement: Wird die Software nicht vom Kunden in eigener Regie betrieben, sondern der Betrieb vom Anbieter als Dienst geleistet, wird das Verhältnis zwischen Kunde und Anbieter vertraglich über ein sogenanntes Service Level Agreement (SLA) geregelt. In diesem Fall schließt der Kunde üblicherweise weder Lizenz- noch Wartungsvertrag ab. Wir gehen auf SLAs weiter unten ein.

Die Definition von „Fehler" ist dabei immer ein kritischer Punkt. Sowohl über die Zuordnung eines Schweregrades als auch über die Frage, ob etwas ein Fehler oder eine Anforderung zur Produkterweiterung ist, lässt sich trefflich streiten. Eine absolut wasserdichte juristische Definition erscheint nicht erreichbar.

Beendigung der Wartung

Ein Hersteller behält sich in den Lizenzbedingungen im Allgemeinen vor, die Wartung für ein Software-Produkt bzw. eine Produktversion beenden zu können, wobei eine Ankündigung mit einer Vorlaufzeit üblich ist. Der Hersteller verbindet damit den Wunsch, seine Wartungskosten zu reduzieren und die Kunden, die noch auf einer alten Produktversion verblieben sind, zu motivieren, auf eine neuere zu migrieren. Bei den betroffenen Kunden kommt eine solche Aufkündigung der Wartung zumeist nicht gut an und führt regelmäßig zu geharnischten Protesten, die dann mittels Kompromiss geschlichtet werden.

Verfügbarkeit von Code und Änderungsrechte

Bei den meisten Software-Produkten wird nur Object Code ausgeliefert, verbunden mit der Bestimmung in den Lizenzbedingungen, dass ein Reverse Engineering, also eine Rekreierung des Source Codes untersagt ist. Damit will der Hersteller sein geistiges Eigentum schützen, wobei die rechtliche Durchsetzung solcher Bestimmungen umstritten ist (siehe [Samuel03] für die USA). Es gibt Produkte, die in einer Mischform ausgeliefert werden (Executables, Prozeduren für die Installation, Online-Dokumentation, Samples, also Source Code), wobei Source-Code-Teile im Rahmen der Einbindung in die Kundenumgebung rekompiliert werden müssen. Viele Anwendungslösungen haben auch einen „unveränderlichen" Kernel (wird nur als Object Code ausgeliefert) und eine Shell (hier wird auch der Source Code mitgeliefert), an der kundenspezifische Anpassungen durchgeführt werden können. Bei Open-Source-Produkten ist hingegen der komplette Source Code verfügbar und änderbar. Obwohl Open-Source-Produkte per Definition ohne Lizenzkosten frei verfügbar sind, haben auch diese Produkte Lizenzbedingungen, in denen zumindest die Urheberrechte festgeschrieben sind.

Es ist auch festzulegen, wer neben den Mitarbeitern des Kundenunternehmens Zugriff auf den Code haben darf, z.B. externe Berater für Änderungen und Anpassungen oder ein Outsourcing-Unternehmen, das den Rechenzentrumsbetrieb leistet.

Sonstige juristische Festlegungen

Der beidseitige Umgang mit vertraulichen Informationen ist ebenso festzulegen wie die Rechte und Pflichten bei Beendigung des Lizenzvertrags, Rechtsmittel sowie Schadenersatz- und Haftungsfragen. Ein Kundenunternehmen, das Zweifel an der Solidität eines Herstellers hat, besteht möglicherweise auf einer Source-Code-Hinterlegung (Escrow Service). Diese erlaubt dem Kundenunternehmen im Falle der Insolvenz des Herstellers den Zugriff auf den Source Code, so dass eine fortgesetzte Wartung sichergestellt werden kann.

Zwischen IT-Bereich und Fachabteilungen auf der Anwenderseite

Der IT-Bereich eines Anwenderunternehmens tritt gegenüber den Fachabteilungen des Unternehmens als Dienstleister auf, dessen Leistungen in der Weiterentwicklung und dem Betrieb der Software und Hardware liegen, die die Geschäftsprozesse der Fachabteilungen unterstützen. Während die Beziehung zwischen hausinternem IT-Bereich und Fachabteilungen in der Vergangenheit häufig informell geregelt waren, sind inzwischen zunehmend formale Verträge in Form von Service Level Agreements (SLAs) üblich, insbesondere wenn der IT-Bereich in ein juristisch eigenständiges Unternehmen ausgelagert wurde.

Interessanterweise besteht auch an dieser Stelle eine zunehmende Angleichung der Verhältnisse zwischen Hersteller und Kunde bzw. zwischen IT-Bereich und Fachabteilung. Auch wenn man nicht die These der Marketing-Professoren Rust und Kannon [RusKan03] teilt, dass das gesamte

Software-Produkt-Geschäft sich zu „E-Service" entwickelt, ist doch unverkennbar, dass viele namhafte Software-Anbieter wie z.B. SAP oder IBM sich als Application Service Provider (ASP) aufstellen. Auch dafür sind SLAs die probate Vertragsform (siehe oben). Die internationalen IT-Standardisierungsbemühungen konzentrieren sich zunehmend auf das Thema Web Services, also auf die Schnittstelle für elektronische Dienste. Die Architektur für Web Services beinhaltet ebenfalls SLAs (siehe [Kreger03]). Allerdings hat der Standardisierungsprozess für diese Komponente noch nicht begonnen.

SLAs regeln die Leistungen, die ein Kunde von einem Anbieter erwarten kann. Dazu gehören insbesondere:

- Funktionaler Umfang,
- Verfügbarkeit als Durchschnittswert sowie die maximale Dauer von Ausfallzeiten,
- Qualität im Sinne von absoluten Fehlerzahlen pro Zeitperiode nach Schweregrad und maximaler Dauer der Fehlerbehebung nach Schweregrad,
- Performance-Zusagen wie z.B. Antwortzeitverhalten oder Lastwerte,
- Umfang und Qualität der Nutzerbetreuung, z.B. Hotline, und maximale Reaktionszeiten auf operative Anforderungen, z.B. Sonderauswertungen von Datenbeständen,
- Reaktionszeit auf neue funktionale Anforderungen,
- Testmöglichkeiten für neue Releases und Versionen mit Betreuungsumfang und maximaler Dauer der Fehlerbehebung nach Schweregrad,
- Backup-Frequenz und Restore-Maximalzeiten,
- Desaster-Recovery-Maßnahmen.

Dazu wird nicht nur ein Preis bzw. eine Preisstruktur festgelegt, sondern typischerweise auch Strafen, die der Anbieter bei Nichteinhaltung der zugesagten Leistungswerte zahlen muss. Dies dient der Motivation des Anbieters und der Kompensation von Schäden, die der Kunde z.B. bei Systemausfällen erfährt.

5.10 Die Support-Struktur

Eine eher ungeliebte Aufgabe des Software-Produkt-Managers, die aber eminente Bedeutung für Kundenzufriedenheit und -bindung hat, liegt in der Etablierung und kontinuierlichen Aufrechterhaltung und Verbesserung der Support-Struktur. Darunter sind alle Elemente zu verstehen, die ein Hersteller oder IT-Bereich zur Unterstützung von Vertrieb und Nutzung seiner Produkte einrichtet und betreibt.

Ein wichtiges Element der Support-Struktur stellt die produktspezifische Schulung dar. Diese umfasst sowohl die Schulung der eigenen Mitarbeiter des Unternehmens in den Bereichen Vertrieb, technische Unterstützung und Wartung und Schulung als auch die Schulung von Kundenmitarbeitern. Bei größeren Unternehmen ist dazu ein Multiplikatoransatz notwendig, d.h. die initialen Schulungen werden von Entwicklung und Produkt-Management für Schulungsmitarbeiter durchgeführt („Teach the Teachers"), die dann das weitere Schulungsangebot ausarbeiten und durchführen. Diese Maßnahmen erfordern einen erheblichen zeitlichen Vorlauf. Der verantwortliche Software-Produkt-Manager muss dafür sorgen, dass die relevanten Organisationseinheiten die notwendigen personellen und finanziellen Kapazitäten rechtzeitig einplanen und zeitgerecht bereitstellen.

Kaum noch ein Software-Produkt lässt sich ohne zusätzliche Dienstleistungen verkaufen. Software ist generell ein sehr beratungsintensives Produkt. Diese Dienstleistungen können sehr einfache, aber auch höherwertige und sehr komplexe Angebote sein, die gemeinsam mit dem Software-Produkt als Muss- oder Kann-Option vertrieben werden. Alle bedeuten für den Anbieter (und dies muss nicht notwendigerweise der Software-Hersteller selbst sein) den Aufbau spezieller Infrastrukturen, das Vorhalten von zusätzlichem Personal und teilweise auch die Übernahme hoher Verantwortung und entsprechender Risiken.

Die Wartung wird bei Produkten mit vielen Kunden bzw. Nutzern üblicherweise in einer dreistufigen Organisationsstruktur betrieben. Auf Level 1 nimmt ein Call Center die Anrufe oder Eingaben von Nutzern entgegen. Die Call-Center-Mitarbeiter brauchen i.A. keine tiefgehenden technischen Produktkenntnisse, sollten aber in der Lage sein, allgemeine Fragen zu beantworten und Produktfehler von Bedienungsfehlern zu separieren. Auf Level 2 kümmern sich dedizierte Produktspezialisten um die weitere Fehleranalyse und -behandlung. Level 3 ist zumeist entwicklungsnah für die wirklich schwierigen Probleme. Eine Faustregel besagt, dass auf den Levels 1 und 2 jeweils 90 % der eingehenden Probleme abgehandelt werden sollten, so dass auf Level 3 nur etwa 1 % der an Level 1 gerichteten Problemmeldungen ankommen. Deutliche Abweichungen von dieser Faustregel, d.h. ein höherer Prozentsatz bei Level 3, erfordern eine gründliche Analyse, da dies ein Kostenproblem bedeutet. Darin kann sich ein Qualitätsproblem des Produkts ausdrücken oder eine mangelhafte Qualifikation der Mitarbeiter auf den Levels 1 und 2, die durch Schulungsmaßnahmen adressiert werden kann.

Für Leistungen, die vor Ort beim Kunden erbracht werden müssen, unterhalten viele Software-Hersteller eine eigene Professional-Services-Organisation, oder diese Leistungen werden von Partnerunternehmen bzw. freien Beratungshäusern durchgeführt. Dies können sein:

- Installationsunterstützung,
- Customizing, d.h. Durchführung von kundenspezifischen Anpassungen,
- Implementierung von zusätzlichen Funktionen,
- Systemintegration, d.h. die Integration eines oder mehrerer Produkte, meistens kombiniert mit Individualentwicklung und ggf. kundeneigener Software (Beistellung) zu einer Gesamtlösung.
- Letzteres enthält meistens auch das Projektmanagement und wird häufig als Generalunternehmervertrag mit einem festen Preis zu einem festen Termin angeboten.
- Schulung für das Produkt für verschiedene Benutzerzielgruppen,
- Betriebsvorbereitung, Betriebseinführung und Betriebsunterstützung (Operational Support).

Weitergehende Dienstleistungen, die über den Bereich einzelner Produkte hinausgehen, sind:

- Outsourcing, d.h. teilweise oder komplette Übernahme der Verantwortung für die Entwicklung und/oder den Betrieb der Systeme eines Kunden. Dies kann bis zur Gründung einer gemeinsamen Betreibergesellschaft und der Übernahme von Kundenpersonal gehen.
- Neueste Entwicklungen ergänzen diese Leistungen um ein flexibles Angebot und ein flexibles Pricing der tatsächlich in Anspruch genommenen „Kapazitäten" unter Berücksichtigung eines schwankenden Bedarfs (Capacity on Demand).

Auch alle diese Dienstleistungen müssen geplant und entwickelt werden und sollten deshalb auch in das Produkt-Management integriert werden. Insbesondere das Erstellen von Generalunternehmer-Angeboten und Verträgen für die Systemintegration und das Outsourcing erfordern einen hohen Aufwand und die Verfügbarkeit und Einbindung erfahrener Spezialisten. Das Anbieten dieser Dienstleistungen ist deshalb mit einem hohen Risiko behaftet und kann i.d.R. nur von größeren Firmen bewältigt werden.

5.11 Anforderungsmanagement

Das Management von Anforderungen (engl. Requirements) ist eine zentrale Aufgabe jedes Produkt-Managers. Wegen der besonderen Wichtigkeit werden wir dieses Thema besonders ausführlich behandeln. Das aus unserer Sicht beste und umfassendste Buch zum Thema Anforderungsmanagement stammt von Bruno Schienmann [Schien02]. Wir übernehmen deshalb auch seinen Ansatz, das Anforderungsmanagement in die drei Sichten Kunden-, Produkt- und Projekt-Anforderungsmanagement aufzuteilen und beschreiben die daraus resultierenden Prozesse. Eine weitere gute Quelle für das Thema Anforderungsmanagement ist das Buch von Suzanne und James Robertson [RobRob99].

Ein Software-Produkt-Manager hat seinen Fokus auf der Produktsicht. Dabei nutzt er Kundenanforderungen als Input für das Produkt-Anforderungsmanagement. Die Umsetzung der Produktanforderungen erfolgt typischerweise im Rahmen von Projekten, d.h. sie gehen in ein Projekt-Anforderungsmanagement ein.

Studien über die Gründe von Erfolg und Misserfolg von Produkten und Projekten ([BITplan02], [Standish03]) bestätigen immer wieder, dass die häufigsten Ursachen für das Scheitern von Projekten in einem nicht vorhandenen oder unzureichenden Anforderungsmanagement liegen – sei es in der Erhebung, der genauen Spezifikation und Dokumentation von Anforderungen oder vor allem auch im Umgang mit Änderungen bei den Anforderungen während der Produktentwicklung. Fragt man umgekehrt bei erfolgreichen Projekten nach dem wichtigsten Erfolgsfaktor, so liegt dieser in der Regel in einem rigorosen Anforderungsmanagement. Die Untersuchungen der Standish Group bei mittlerweile ca. 40.000 Projekten zeigen, dass von den 10 häufigsten Gründen für das Scheitern eines Projektes alleine 4 (die fett gedruckten in der Tabelle) in direktem Zusammenhang mit dem Anforderungsmanagement stehen.

Rang	Grund	%
1	**Unvollständige Anforderungen**	13,1
2	**Mangelnde Nutzerbeteiligung**	12,4
3	Ressourcenknappheit	10,6
4	**Unrealistische Erwartungen**	9.9
5	Mangelnde Managementunterstützung	9,3
6	**Wechselnde Anforderungen**	8,7
7	Mangelnde Planung	8,1
8	Produkt obsolet	7,5
9	Unzureichendes IT-Management	4,3
10	Technologische Probleme	4,3

Der Produkt-Manager kann sich – abhängig von der Art des Produktes, der eingesetzten Vertriebskanäle und der vorhandenen Infrastruktur – unterschiedlicher Quellen für Anforderungen bedienen. Diese werden in diesem Kapitel ebenfalls ausführlich dargestellt und bewertet. Anschließend wird diskutiert, wie man Anforderungen nach verschiedenen Kriterien kategorisieren und bewerten kann. Auf dieser Grundlage kann dann eine Priorisierung und Bündelung bzw. Paketierung der Anforderung zu Releases erfolgen. Dies alles setzt voraus, dass jedes einzelne Requirement dokumentiert, vom Produkt-Manager in ein Lastenheft konsolidiert und von Entwicklung und Software-Produkt-Management zu einem „Vertrag" über die Entwicklung in Form eines Pflichtenheftes dokumentiert wurde. Abschließend werden als Beispiele Inhaltsverzeichnisse für solche Dokumente zitiert.

Dass während der Produktentwicklung Änderungen von bestehenden bzw. völlig neue Anforderungen auftreten, gehört zur Realität jedes Projektes. Diese Änderungen stellen in den meisten Projekten ein hohes Risiko dar und beinhalten naturgemäß auch ein hohes Konfliktpotential zwischen Vertrieb, Entwicklung und Produkt-Management, dem insbesondere der Produkt-Manager standhalten muss. Hierbei ist es wichtig, die Verzahnung von Anforderungsmanagement und Entwicklungsprozess (beispielsweise Wasserfall-Modell, agile und iterative Methoden etc.) zu verstehen, da verschiedene Entwicklungsmethoden auch unterschiedlich „robust" auf Änderungen von Anforderungen und die Frequenz dieser Änderungen reagieren.

Abschließend wird eingegangen auf die Frage, wie man das Anforderungsmanagement für einzelne Produkte einbetten kann in das Produkt-Management von Produktfamilien bzw. -plattformen, und welche Abhängigkeiten, aber auch welche Möglichkeiten für Synergien sich hier ergeben.

Quellen für Anforderungen

Der Projekt-Manager kann und sollte unterschiedliche Quellen konsultieren, um Anforderungen für sein neu zu entwickelndes Produkt zu erheben. Diese Quellen können sowohl externer (d.h. außerhalb der eigenen Firma und Organisation) als auch interner Natur sein. Was an Quellen verfügbar ist, hängt u.a. von folgenden Faktoren ab:

- Handelt es sich um eine komplette Neuentwicklung oder gibt es bereits ein „Vorgängerprodukt" oder ein ähnliches Produkt aus gleichem Hause?
- Ist es eine Entwicklung/ein Produkt für einen Kunden, für eine überschaubare Gruppe von Kunden oder für einen anonymen Massenmarkt?
- Von der Größe und Organisation der eigenen Firma (gibt es beispielsweise eine eigene Research- oder Competitive-Analysis-Funktion?).

- Vom Budget und den Aktivitäten, die z.B. das Produkt-Management selbst entfaltet, um qualifizierte Informationen über die eigenen Produkte und deren Stärken und Schwächen zu bekommen. Hierzu gehört etwa das regelmäßige Durchführen von Kundenumfragen.

Jede der im Folgenden aufgeführten Gruppen oder Quellen hat seine eigene Sicht auf das zu entwickelnde Produkt und seine Anforderungen. Je größer die Möglichkeiten des Produkt-Managers sind, viele unterschiedliche Quellen „anzuzapfen", um so sicherer kann er sein, einen ausgewogenen Mix von Anforderungen als Grundlage seiner eigenen Priorisierung zu haben, keine Gruppe komplett vergessen oder vernachlässigt zu haben und so das Risiko zu minimieren, am Markt vorbei zu planen und zu entwickeln.

Marktforschung/Marktstudien

In der Regel haben nur große Unternehmen eigene Marktforschungsabteilungen. Es gibt jedoch eine ganze Reihe von Consulting-Unternehmen, die Marktforschung betreiben und entsprechende Studien veröffentlichen, deren man sich als Produkt-Manager bedienen kann. Am bekanntesten sind Gartner Group, Meta Group, IDC und Forrester (siehe Abschnitt 5.3). Die Studien evaluieren in der Regel den Trend für eine bestimmte Branche und können somit Anstöße geben und Ideen liefern für neue Produktentwicklungen. Hier geht es generell darum herauszufinden, welche Themen sich in den nächsten Jahren wie entwickeln werden und wo ein besonders starkes Wachstum erwartet wird. Für den Produkt-Manager ist dies also eine wertvolle Quelle, neue Geschäftsfelder zu erschließen und auch den Einfluss der technologischen und Markt-Entwicklung für seinen Bereich einzuschätzen. Anforderungen für bestehende Produkte bzw. ein neues Produkt-Release wird man selten in dieser Art von Studien finden, da diese sehr spezifisch sein müssen und die Kenntnis des Basisproduktes voraus setzen.

Benutzergruppen oder -vereinigungen

Benutzergruppen (User Groups) sind Zusammenschlüsse von Anwendern (meist Firmenkunden) von Standard-Software. Gegenstand dieser Vereinigungen ist zum einen der Informationsaustausch untereinander, aber vor allem auch mit dem Hersteller, insbesondere natürlich mit dem Ziel der direkten Einflussnahme auf die Entwicklung der Produkte des Herstellers.

Für den Produkt-Manager ist dies ein hervorragendes Instrument, aus erster Hand von vielen Kunden gebündeltes Feedback über die Stärken und Schwächen seiner Produkte zu bekommen. Anforderungen an zukünftige Produkte/zukünftige Releases werden i.d.R. sehr detailliert und fachlich kompetent gestellt und können vom Produkt-Manager hinterfragt und bewertet werden. Natürlich erhoffen sich die Mitglieder von Benutzervereinigungen, einen größeren Einfluss oder sogar Druck auf den Hersteller ausüben zu können, als wenn jeder einzelne Kunde direkt beim Hersteller vorsprechen würde. Insgesamt profitieren aber beide Seiten, da es für den Produkt-Manager kaum einen effizienteren Weg gibt, den direkten Kontakt zu den Kunden seiner Produkte zu halten und entsprechend ungefilterte Informationen zu bekommen.

Beispiele für große, international organisierte Benutzervereinigungen sind die GSE (GUIDE/SHARE Europe) für IBM-Software. Informationsaustausch ist keine Einbahnstraße und so sollte auch der Hersteller – namentlich der Produkt-Manager – die Gelegenheit nutzen, bei Tagungen der Benutzervereinigungen aufzutreten und seinerseits die Kunden über neue Entwicklungen seiner Produkte, aber auch über langfristige Strategien zu informieren. So werden z.B. auf GUIDE/SHARE-Konferenzen häufig erstmalig Neuentwicklungen offengelegt und es wird auch detailliert darauf eingegangen, welche der aus dem Gremium kommenden Anforderungen wann verfügbar werden und wie sie im Einzelnen umgesetzt wurden. Dies erzeugt gegenseitiges Vertrauen, deshalb sollte der Produkt-Manager die Gründung von Benutzervereinigungen anregen und unterstützen und zu bestehenden Verbänden einen möglichst direkten Draht halten. Außerdem sind Anwender, die sich in solchen Gremien engagieren, meist hervorragende Kandidaten für Pilotinstallationen, in denen es darum geht, Neuentwicklungen erstmalig in realen Kundenumgebungen zu implementieren und zu testen.

Bei Software-Produkten für den Consumer-Markt sind einschlägige Weblogs, sogenannte Blogs, eine gute Quelle für Kunden-Feedback, sowohl zum eigenen wie auch zu Wettbewerberprodukten.

Trotzdem muss der Produkt-Manager den Input der Kunden immer im Gesamtzusammenhang sehen. Er muss wissen, wie repräsentativ die Anforderungen aus einem selektiven Kreis für alle Kunden sind. Nicht immer sind die mit besonders großer Vehemenz vorgetragenen Anforderungen auch die wichtigsten bzw. diejenigen, die das Produkt und dessen Position am Markt mittel- und langfristig weiterbringen oder sichern.

Kundeninterviews/Workshops

Veranstaltungen mit einzelnen Kunden, sei es in der Form eines strukturierten Interviews oder eines Workshops, sind ebenfalls ein geeignetes Instrument, um Produktanforderungen zu generieren bzw. genauer zu hinterfragen und zu detaillieren. Sie bieten sich an

- bei Produkten/Projekten, die für einzelne oder wenige Kunden entwickelt werden,
- bei kommerziellen Produkten, die viele Kunden haben, um einige davon als repräsentativen Querschnitt stellvertretend zu befragen,
- um gezielt detailliertes Feedback zu speziellen Aspekten des Produktes einzuholen,
- um technische Details, ggf. auch Lösungsvorschläge, die auch vom Kunden kommen können, zu diskutieren.

Interviews sollten auf der einen Seite gut vorbereitet sein und strukturiert ablaufen (Fragebogen), um bei mehreren Veranstaltungen vergleichbare Ergebnisse zu haben, auf der anderen Seite aber dem Kunden genügend Spielraum für Diskussionen und Anregungen geben. Außerdem sollte man verschiedene Zielgruppen beim Kunden ansprechen und die Fragen zielgruppengerecht aufbereiten. Ansprechpartner beim Kunden können sein:

- IT-Vorstand/IT-Management,
- Anwendungsentwicklung,
- Betrieb/Operations,
- Endanwender,
- Benutzer-Helpdesk.

Abhängig von den Ansprechpartnern beim Kunden macht es für den Produkt-Manager Sinn, den Vertrieb (Vertriebsleiter, Account Manager) mit einzubinden und evtl. den Termin gemeinsam wahrzunehmen.

Workshops eignen sich zur detaillierten technischen Diskussion einzelner Anforderungen und Probleme, zur Präsentation von Prototypen oder ersten Lösungsansätzen durch den Hersteller. Es kann natürlich auch sein, dass der Kunde selbst zu einer Anforderung ein „Add-on" zum Produkt entwickelt hat, für das sich der Hersteller interessiert, um dies in das Standardprodukt zu integrieren. In diesen Fällen empfiehlt es sich für den Produkt-Manager, gemeinsam mit dem Entwicklungsmanager oder einem Systemarchitekten aus der Entwicklung beim Kunden aufzutreten.

Customer Satisfaction Surveys

Umfragen, die die Kundenzufriedenheit mit einem Produkt, einer Produktfamilie oder mit Service-Leistungen des Herstellers betreffen, können ebenfalls ein sehr wichtiges Instrument für den Produkt-Manager sein (siehe auch Abschnitt 5.3). Um eine möglichst hohe Objektivität zu erreichen, sollten sie nicht vom Software-Hersteller selbst, sondern – auch wenn sie von diesem in Auftrag gegeben und bezahlt werden – von einer unabhängigen Agentur durchgeführt und regelmäßig wiederholt werden.

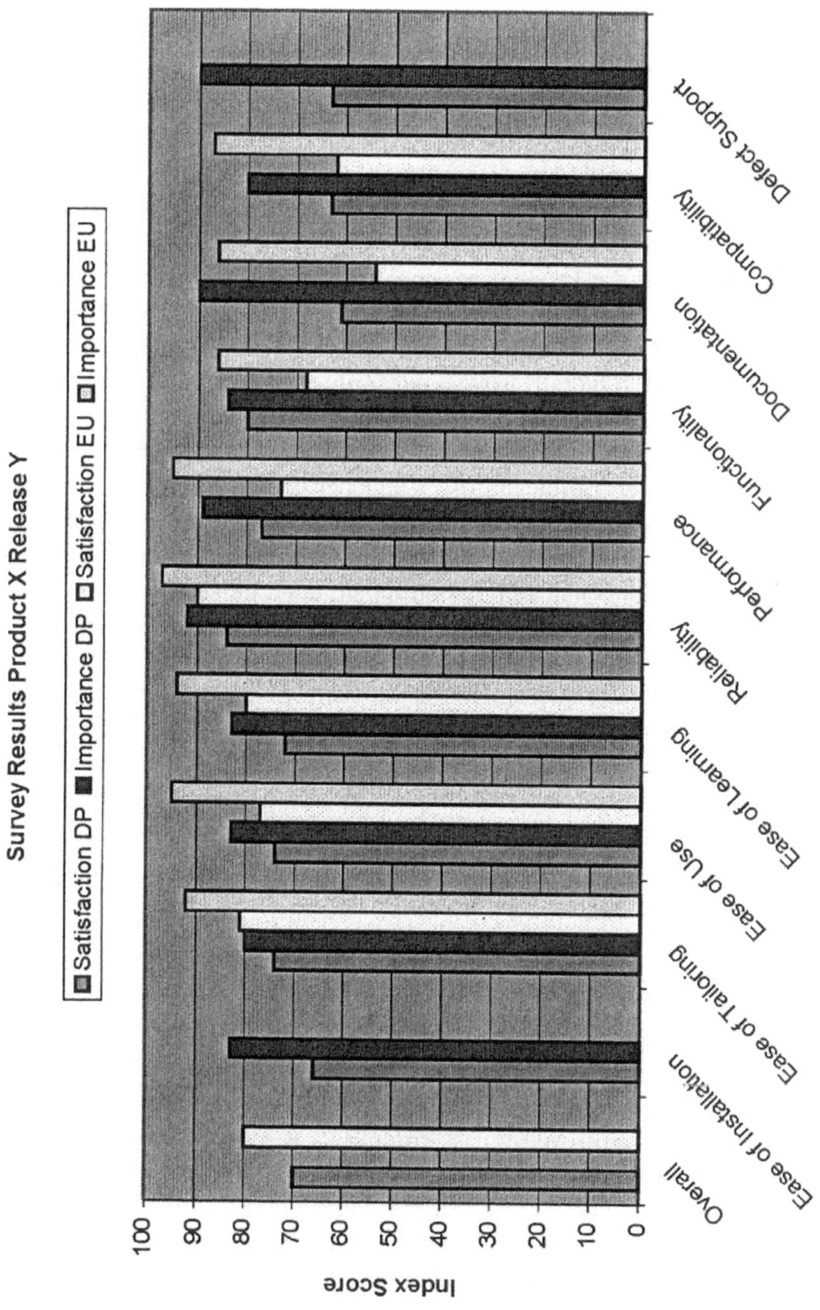

5.11 Anforderungsmanagement 101

Abb. 5.5: Ergebnisse eines Customer Satisfaction Survey

Surveys eignen sich sowohl bei Business- als auch bei Consumer-Software dazu, die Kundenzufriedenheit in Form eines Index zu bestimmen, bei regelmäßigen Wiederholungen Trends zu erkennen und auch Vergleiche mit Mitbewerberprodukten durchzuführen. Je nachdem wie detailliert und wie offen die Fragen gestellt werden, lassen sich sehr gut Bereiche oder Qualitätskriterien ermitteln, mit denen die Kunden nicht oder weniger zufrieden sind. Auf dieser Basis lassen sich dann Verbesserungsmaßnahmen planen, die die Kundenzufriedenheit beim Folgeprodukt oder Folge-Release verbessern.

Abb. 5.5 zeigt die Ergebnisse eines Customer Satisfaction Survey für ein Produkt, allerdings für zwei verschiedene Benutzergruppen: Data Processing (DP) und End User (EU). Ermittelt wurde die Gesamtzufriedenheit mit dem Produkt (Overall) sowie der Zufriedenheitsindex bzgl. ciniger Qualitätsfaktoren. Weiterhin wurde für jeden Faktor die Bedeutung ermittelt, die der Kunde (ob DP oder EU) diesem beimisst. Dabei zeigt sich deutlich, in welchen Bereichen die Kundenzufriedenheit unzureichend ist und Verbesserungen vom Produkt-Management geplant werden sollten.

Es zeigt sich eine durchaus unterschiedliche Einschätzung des Produktes bei den verschiedenen Benutzergruppen, auch hinsichtlich der Bedeutung der Faktoren; bei den meisten Kriterien sind die DV-Experten kritischer als die Endbenutzer. Eine Gesamtzufriedenheit um die 80% kann als gut eingestuft werden, allerdings sind die Bereiche Dokumentation, Kompatibilität, Support und auch Funktionalität – speziell auf der Endbenutzerebene – verbesserungswürdig.

Aus diesen Informationen kann der Produkt-Manager wichtige Rückschlüsse für die Folgeentwicklungen ziehen. Gegebenenfalls können einzelne Problembereiche durch Einzelbefragungen oder andere Quellen weiter detailliert werden.

Händler/Partner/VARs

Software-Produkte, bei denen alternative Vertriebskanäle zum Einsatz kommen (Händler, Partner, Value Added Reseller) sind häufig für den Produkt-Manager besonders schwer zu „greifen", da der direkte Draht zum Kunden nicht besteht. Wird das Produkt – wie häufig im Consumer-Bereich – nur über Dritte vertrieben, hat auch ein eigener Vertrieb diesen Kundenkontakt und damit diese Informationen nicht.

In diesem Fall sind jedoch die Händler und Partner eine wichtige Quelle, um Anregungen für neue Produkte oder Feedback zu bestehenden Produkten zu geben. Da solche Business-Partnerschaften sowieso nur funktionieren, wenn beide Seiten daraus einen Vorteil ziehen, muss ein Händler oder Partner von den Produkten des Herstellers überzeugt sein – egal ob er an der Lizenz verdient oder an Beratungs- und Implementierungsleistungen rund um das Produkt.

Für den Produkt-Manager ist dies also eine wichtige Zielgruppe und er sollte dafür sorgen, dass die Kommunikation in beide Richtungen läuft. Händler- und Partnerveranstaltungen, gemeinsam mit dem Partnervertrieb organisiert, sind – ähnlich wie die weiter oben diskutierten Tagungen von Benutzervereinigungen – ein gutes Forum für diesen Informationsaustausch.

Consultants/Professional Services

Insbesondere bei beratungsintensiven kommerziellen Software-Produkten, bei denen ein hohes Maß an kundenspezifischer Anpassung und Implementierungsleistung erforderlich ist, können auch freiberufliche Consultants eine wertvolle Quelle für neue Anforderungen sein. Sie haben außerdem den Vorteil, dass sie unabhängig sind, die Produkte häufig aus mehreren verschiedenen Kundenumgebungen kennen und meistens auch schon mit Mitbewerberprodukten aus dem gleichen Umfeld gearbeitet haben. Dies gilt natürlich – mit Einschränkungen – auch für die eigene Professional-Services-Organisation, falls der Software-Hersteller eine solche unterhält.

Competitive Analysis

Viele große Firmen leisten sich eigene unabhängige Abteilungen für die Analyse von Mitbewerberprodukten (siehe auch Abschnitt 5.3). Diese kann auch als Teil der Forschungs-, Entwicklungs- oder Marketingfunktion agieren. Obwohl das Thema Benchmarking im Bereich der Hardware-Entwicklung „erfunden" wurde (speziell in der Mainframe-Entwicklung), ist es im Software-Umfeld mittlerweile genauso verbreitet und wichtig.

Werden die Produkte der Mitbewerber in einem eigenen Labor analysiert und getestet, ergeben sich hierbei viele detaillierte Hinweise über die Position der eigenen Produkte, die sich – z.B. im Bereich der Performance – auch in Zahlen ausdrücken lassen. Daraus lassen sich Ziele und Anforderungen für die eigenen Produkte ableiten. Allerdings ist wichtig, darauf zu achten, dass die verwendeten Benchmarks nicht nur theoretische Aussagen über die Leistungsfähigkeit der Produkte liefern, sondern dies auch unter Kundengesichtspunkten tun. Es gibt genug Beispiele aus der Vergangenheit (z.B. die TPC-x-Vergleiche für die Datenbank-Performance von DB2 und Oracle), die für die Kunden letztendlich wenig hilfreich waren. Informationen über den Mitbewerb sind insbesondere auch dann besonders wertvoll, wenn die Produkte häufig über Ausschreibungen „verkauft" werden müssen und man in der Beantwortung der technischen Fragen der Ausschreibung die eigenen Produkte besser positionieren kann.

Allerdings sollten die Informationen über den Wettbewerb andere Quellen nicht dominieren, da man sonst Gefahr läuft, die eigene Strategie zu vernachlässigen und dem Mitbewerb „hinterherzuhecheln". Außerdem sind die Konkurrenzprodukte, die man in der Analyse hat, ja bereits „back level", also veraltet, und man kann nicht wissen, was das neue Produkt des Mitbewerbers an Verbesserungen und Neuerungen vorweisen wird.

Forschung

Nur wenige reine Software-Firmen betreiben eigene Grundlagenforschung. Trotzdem sollte auch diese Quelle nicht unerwähnt bleiben, da der Produkt-Manager aus dem Forschungsbereich wichtige Impulse insbesondere für die Produktstrategie und die weitere technologische Entwicklung bekommen kann. Auch wenn sich viele Ideen aus dem Forschungsbereich nicht unmittelbar in Produkte umsetzen lassen, ist es für den Produkt-Manager unerlässlich, auch den langfristigen Blickwinkel nicht zu vernachlässigen und zu sehen, welche Neuentwicklungen in den nächsten drei bis fünf Jahren auf ihn zukommen und wie man die aktuellen Produkte früh genug in diese Richtung positionieren kann.

Außerdem lassen sich viele Innovationen besser einführen, wenn man sie zunächst im Forschungsumfeld erprobt, von den Zwängen der Produktentwicklung abkoppelt und sie erst mit ausreichend Erfahrung in die Entwicklungsabteilungen entlässt (siehe dazu auch Kap. 6). Ein gelungenes Bespiel hierfür war die Erprobung der Software-Reuse-Technologie im Böblinger IBM-Forschungs- und Entwicklungslabor in einer eigenen Abteilung für „Building Blocks".

Entwicklung

Natürlich ist die Entwicklungsfunktion eine gute Adresse für neue Anforderungen – das gilt für jeden Typ von Produkt. Kein anderer Bereich hat ein tieferes Verständnis für die technischen Details – bzw. muss dieses entwickeln, wenn es sich um eine Neuentwicklung handelt. Darin liegt aber auch eine gewisse Gefahr, denn jeder Software-Entwickler möchte gerne etwas entwickeln, das technisch interessant ist – und gleichzeitig auch perfekt. Dies kann dazu führen, dass die eigentlichen Anforderungen des Marktes und der Kunden zu sehr auf der Strecke bleiben. Außerdem ist häufig eine technisch einfache Lösung für ein Problem, die aber zum richtigen Zeitpunkt kommt, besser und vor allem umsatzträchtiger als die berühmte „vergoldete" Variante, die die Entwicklung vielleicht gerne liefern möchte.

Es gibt aber auch viele Anforderungen, die mehr oder weniger zwangsläufig aus dem technischen Umfeld erwachsen und die implementiert werden müssen – teilweise ohne dass dies der Kunde spürt. Ein Beispiel ist die Umstellung auf ein neues Betriebssystem- oder Datenbank-Release, das als Voraussetzung erforderlich ist. Diese kann nötig werden, weil die alte Version aus der Wartung genommen wird oder weil die neue Version Funktionen bietet, die für das eigene Produkt von Vorteil sind und deshalb ausgenutzt werden sollten (etwa Performance-Verbesserungen). Dies sind alles Punkte, die am besten aus der Entwicklung kommen, dort analysiert und entschieden werden sollten.

Häufig gibt es viele kleine Verbesserungen – die aber stark zur Kundenzufriedenheit beitragen können –, welche man sozusagen „en passant" bei der Implementierung einer größeren Anforderung mit erledigen kann, da für diese Erweiterung ein bestimmtes Modul von einem (oder mehreren) Entwickler(n) sowieso angefasst und verändert werden muss. Auch hier sind entsprechende Vorschläge von der Entwicklung sicher willkommen, der Produkt-Manager sollte aber bedenken, dass auch kleinere Änderungen nicht umsonst zu haben sind und von der Entwicklung in der Regel unterschätzt werden.

Vertrieb

Der Vertrieb ist sicher die Funktion mit dem meisten – und hoffentlich auch besten – Kundenkontakt in jeder Firma. Schon aus diesem Grund ist er als Quelle für Anforderungen unerlässlich. Allerdings ist es für viele Vertriebsleute aufgrund des breiten Spektrums, das sie abzudecken haben, schwer, Anforderungen an ein einzelnes Produkt genau zu formulieren – es sei denn, es handelt sich um einen spezialisierten „Produkt-VB" (Vertriebsbeauftragten).

Häufig sind deshalb die Anforderungen aus dem Vertrieb sehr wage oder vermitteln eher ein Stimmungsbild des oder der Kunden. Aber auch diese Informationen sind für den Produkt-Manager wichtig und sollten insbesondere als „Frühwarnsystem" sehr ernst genommen werden. Häufig wird eine Unzufriedenheit mit einem Produkt oder dem dazugehörenden Service vom Kunden zunächst über den Vertriebskanal geäußert. Dann ist es noch nicht zu spät für den Produkt-Manager, zu reagieren und entsprechende Maßnahmen einzuleiten, bevor der Kunde etwa auf ein vergleichbares Produkt eines Mitbewerbers umsteigt. Ein Besuch beim Kunden mit einem Vertreter der Entwicklung bzw. ein Anforderungsworkshop wirkt häufig Wunder. Man hinterlässt dabei sowohl einen zufriedeneren Kunden – der das Gefühl bekommen hat, seine Probleme werden vom Hersteller ernst genommen – als auch einen positiv gestimmten VB, dessen vage Anforderungen gemeinsam mit dem Kunden konkretisiert und verstanden wurden.

Allerdings muss der Produkt-Manager ein feines Gespür dafür entwickeln, wo die wirklichen Probleme liegen. Natürlich hat jeder Vertriebsmitarbeiter oder Vertriebsleiter die Tendenz, die Anforderungen seines Kunden als die wichtigsten überhaupt darzustellen, da er ja insbesondere den nächsten Abschluss im Auge hat. Hier wird der Produkt-Manager sicher oft in Konflikte geraten; er sollte auf der einen Seite immer vertrauensvoll mit dem Vertrieb zusammenarbeiten, muss aber auf der anderen Seite unbedingt verhindern, dass Anforderungen über seinen Kopf hinweg direkt vom Vertrieb bei der Entwicklung platziert werden.

Marketing

Auch vom Marketing-Bereich können wichtige Impulse für die Gestaltung eines Software-Produktes ausgehen. Hierbei wird das Marketing sicher weniger detaillierte technische Anforderungen, sondern eher Informationen liefern, was das Produkt können muss, um es in den einzelnen Kanälen richtig vermarkten zu können und welche Features das Produkt besonders „sexy" machen könnten. Bei Consumer-Produkten spielt sicher auch die Darstellung im Internet oder die Gestaltung der Verpackung eine große Rolle. Auch bezüglich der vertraglichen Konditionen (Terms and Conditions) wie Lizenzbedingungen, Preisgestaltung etc. ist das Marketing ein guter Ansprechpartner.

Support

Das Support-Team kann – insbesondere bei Consumer-Produkten ohne eigenen Vertrieb – eine sehr ergiebige Quelle für das Anforderungsmanagement sein. Der Support weiß sicher am besten über die Probleme der Kunden Bescheid – keine andere Funktion erhält so viele Kundenbeschwerden –, deshalb lohnt sich eine genaue Auswertung der Problemdatenbank für den Produkt-Manager.

Außerdem verursacht der Support meistens nicht unerhebliche Kosten. Untersuchungen in vielen Call Centern haben aber beispielsweise gezeigt, dass 80% aller Anrufe sich mit den gleichen 5 bis 10 Problemen beschäftigen. Vielfach sind dies Probleme mit der Installation, Fehler oder Unklarheiten in der Dokumentation oder Probleme mit der Benutzerführung. Hier kann man durch Verbesserung der Installationsprozedur, der Dokumentation, der Hilfefunktionen bzw. der Benutzerschnittstelle sowohl Support-Kosten drastisch reduzieren als auch die Kundenzufriedenheit erhöhen.

Bewertung

Die Diskussion über die verschiedenen Quellen für Anforderungen hat gezeigt, dass hier für den Produkt-Manager viele verschiedene Möglichkeiten existieren – aber auch viele Herausforderungen und Konfliktstoff. Nicht für jede Situation und für jedes Produkt ist jede der genannten Quellen verfügbar oder sinnvoll. Es liegt in der Hand des Produkt-Managers, hier den richtigen Mix zu finden. Die nachfolgende Bewertungsmatrix sollte deshalb auch nicht als allgemeingültig, sondern als Hilfestellung und Trend verstanden werden.

Quelle	Neues Produkt	Folge-produkt	Einzelne Kunden	B2B-Produkt	Consumer-Produkt
Marktforschung/ Marktstudien	++	o	-	+	+
Benutzergruppen	--	++	--	++	o
Kundeninterview Workshops	+	++	++	++	o
Customer Satisfaction Surveys	--	+	--	++	++
Händler/Partner/ VARs	-	+	--	+	++
Consultants	o	+	++	+	-
Competitive Analysis	++	+	-	+	+
Forschung	++	o	o	+	+
Entwicklung	+	++	++	++	++
Vertrieb	+	o	++	+	o
Marketing	+	+	o	+	++
Support	-	+	o	+	++

-- nicht relevant   - weniger wichtig   o sollte beachtet werden   + wichtig
++ sehr wichtig

Anforderungsmanagement aus Kunden-, Produkt- und Projektsicht

Nicht nur die verschiedenen Quellen für Anforderungen, sondern auch die jeweils unterschiedlichen Aktivitäten, Prozesse und Schnittstellen legen eine Strukturierung des Anforderungsmanagements in drei sich ergänzende Sichten nahe ([Schien02] S. 16 ff.):

- Kundenorientierung: Kunden stellen Anforderungen, um Lösungen für ihre Probleme zu erhalten. Ihre Kundenanforderungen müssen sich weder auf konkrete Produkte noch Projekte beziehen.
- Produktorientierung: Produkte mit Anwendungen stellen Lösungen für diese Probleme und die daraus resultierenden Anforderungen der Kunden dar. Produktanforderungen werden auf der Basis von Kundenanforderungen spezifiziert und in Projekten umgesetzt.
- Projektorientierung: In Anwendungsentwicklungsprojekten mit begrenzter Laufzeit und definierter Zielsetzung werden Produkte realisiert und damit Problemlösungen für den Kunden bereitgestellt.

Aus diesen drei Sichten leitet Schienmann die folgenden drei zentralen Aufgabenbereiche und Prozesse des Anforderungsmanagements ab:

- Kunden-Anforderungsmanagement (Kunden-AM): das Kunden-AM stellt sicher, dass die Kundenbedürfnisse in der Systementwicklung berücksichtigt und in Produkte umgesetzt werden.
- Produkt-Anforderungsmanagement (Produkt-AM): das Produkt-AM sorgt für die Nachhaltigkeit und Profitabilität der Produktentwicklung. Es überführt Anforderungen aus diversen Quellen (siehe oben), u.a. von Kunden, in Produktanforderungen und fasst diese zu Produkt-Releases zusammen.
- Projekt-Anforderungsmanagement (Projekt-AM): das Projekt-AM detailliert die Produktanforderungen und setzt diese unter Einhaltung der gesetzten Rahmenbedingungen um.

In Ergänzung zum vorangehenden Kapitel kann man auch die verschiedenen Anforderungsquellen recht eindeutig den drei Bereichen des Anforderungsmanagements zuordnen, wie die Tabelle auf Seite 109 zeigt.

Natürlich gibt es auch hier Überschneidungen; außerdem ist sicher die von Schienmann geforderte Unabhängigkeit der Kundenanforderungen von Produkten höchstens bei Neuentwicklungen bzw. kundenspezifischen Entwicklungsaufträgen in der Praxis anzutreffen. Bei Standardprodukten wird eher die Regel sein, dass gerade die Kunden sehr spezifische Anforderungen an einzelne Produkte und an deren Umsetzung stellen werden.

Quelle	Kunden-AM	Produkt-AM	Projekt-AM
Marktforschung/Marktstudien		X	
Benutzergruppen	X		
Kundeninterviews /Workshops	X		
Customer Satisfaction Surveys		X	
Händler / Partner / VARs	X		
Consultants	X		
Competitive Analysis		X	
Forschung		X	
Entwicklung			X
Vertrieb	X		
Marketing		X	
Support		X	

Auch wenn der Produkt-Manager in solchen Fällen vielleicht versucht sein sollte, diese Anforderungen 1:1 an die Entwicklung durchzureichen, sollte er auch diese Anforderungen selbst analysieren und aus der Sicht des Gesamtproduktes bewerten und weiterbehandeln.

In allen drei Bereichen des Anforderungsmanagements sind folgende Aufgaben zu erledigen:

- Die Erhebung der Anforderungen aus den verschiedenen Quellen.
- Die fachliche Analyse der Anforderung, die einer weiteren Klärung und Detaillierung und auch dem Abgleich mit bereits vorhandenen Anforderungen dient. Dies schließt eine Nutzenabschätzung ein.
- Die Dokumentation der Anforderung, die die abgestimmte Version beschreibt und als Grundlage für die Umsetzung durch die Entwicklung dient.
- Die technische Analyse der Anforderung, die das Ob und Wie der Umsetzung betrifft. Dies schließt eine Aufwandsabschätzung ein.
- Die Entscheidung, die entsprechend den unternehmensspezifischen Kompetenzen und Prozessen erfolgt, d.h. ggf. außerhalb des eigentlichen Anforderungsmanagementprozesses.
- Die Realisierung, die entsprechend dem unternehmensspezifischen Entwicklungs- und Release-Prozess erfolgt, also außerhalb des eigentlichen Anforderungsmanagementprozesses.

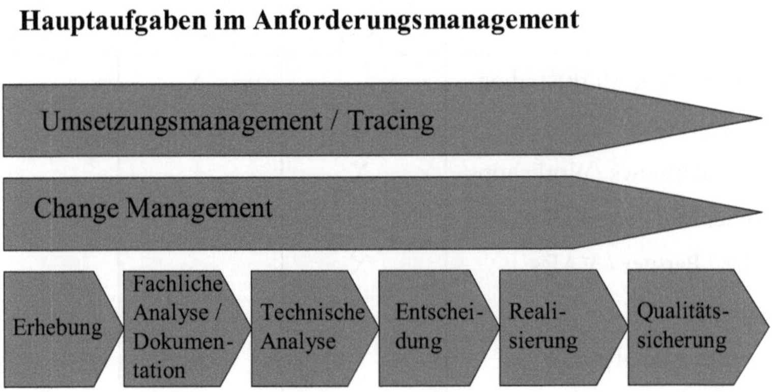

Hauptaufgaben im Anforderungsmanagement

Abb. 5.6: Aufgaben im Anforderungsmanagement

- Die abschließende Qualitätssicherung der Anforderung, bei der von einer möglichst unabhängigen QS-Funktion oder vom Auftraggeber eine Verifikation und Überprüfung der Realisierung auf Konsistenz und Vollständigkeit im Vergleich zur zugrunde liegenden Anforderung erfolgt.

Als Querschnittsaufgaben, die den kompletten Prozess begleiten, kommen hinzu:

- Das Umsetzungsmanagement: hierbei werden die einzelnen Anforderungen durch die verschiedenen Phasen des Produktplanungs- und Entwicklungsprozesses „getraced", d.h. es muss immer nachvollziehbar und auch zurückverfolgbar sein, wo jede Einzelanforderung aus den verschiedenen Quellen geblieben ist sowie wo im Produkt und wie sie umgesetzt wurde, um auch in der Lage zu sein, dem Kunden ein adäquates Feedback zu geben.
- Hiermit im engen Zusammenhang steht das Change Management, d.h. das Aufnehmen, Bewerten und evtl. Einbauen von Änderungen während der laufenden Entwicklung.

Um ein effizientes Umsetzungs- und Change Management durchzuführen, sollte man auf maschinelle Unterstützung bauen. Bewährte Tools in diesem Bereich werden weiter unten vorgestellt.

Bei der Erhebung von Anforderungen können Umfragen, Interviews und Workshops, wie im letzten Abschnitt vorgestellt, wichtige Quellen sein. Helfen können hierbei – insbesondere bei der Ersterhebung – Metaplantechniken und das Stellen von offenen Fragen:

5.11 Anforderungsmanagement

- Was ist das Problem, welches gelöst werden soll?
- Warum wird eine Lösung des Problems benötigt?
- Wer innerhalb der Organisation ist davon betroffen?
- Wo genau ist das Problem aufgetreten?
- Wie könnte das Problem gelöst werden?
- Womit wird das Problem zur Zeit – wen auch unbefriedigend – gelöst oder umgangen?
- Wie viel, d.h. welche quantitativen Aussagen können mit dem Problem verbunden werden (Anzahl von Kunden, Größe von Dokumenten, Schnelligkeit der Bearbeitung etc.)?
- Wann muss das Problem unbedingt gelöst sein?

Die Analyse der Anforderungen dient dazu, die einzelnen Anforderungen zu strukturieren, zu ergänzen und konsistent zu machen. Hierbei wird immer wieder die Situation auftreten, dass sich Anforderungen aus verschiedenen Quellen ganz oder teilweise überschneiden, aber auch Widersprüche zwischen einzelnen Anforderungen sind möglich und müssen ausgeräumt werden. Es empfiehlt sich hierbei mit allgemeineren Anforderungen zu beginnen und diese schrittweise zu verfeinern. Wenn möglich sollte bereits in dieser Phase eine Dokumentation in Form von Snow Cards und/oder Funktionshierarchien erfolgen.

Bei der fachlichen Analyse und Abstimmung wird eine so aufbereitete Anforderung allen beteiligten Parteien noch einmal präsentiert mit dem Ziel, ein gemeinsames Verständnis über die Fachlichkeit zu erreichen. Handelt es sich um eine Auftragsentwicklung für einen (oder eine überschaubare Zahl von) Kunden, werden die Vertreter des Kunden hier sicher eine maßgebliche Rolle spielen, bei einer Standardproduktentwicklung wird sich der Abstimmungsprozess eher zwischen Vertrieb/Marketing, Produkt-Management und Entwicklung vollziehen, wobei in allen Fällen Konflikte vorprogrammiert sind.

Bei der technischen Analyse ist primär die Entwicklung gefragt, die auf Basis des Ergebnisses der fachlichen Analyse untersucht, wie eine Realisierung aussehen könnte und welcher Aufwand dabei entsteht. In dem gesamten Analyseprozess hin zur Entscheidungsfindung muss der Produkt-Manager sowohl die Rolle des Moderators übernehmen, damit alle Parteien Gehör finden, als auch am Ende die Rolle des Entscheiders, der insbesondere dafür sorgen sollte, dass kurzfristige Interessen Einzelner zugunsten der Nachhaltigkeit und des kommerziellen Erfolgs des Produktes nicht zu stark berücksichtigt werden. Häufig werden auch weitere Gremien in den Entscheidungsprozess mit einzubeziehen sein, wie z.B. Vorstand oder Geschäftsleitung, insbesondere wenn es um größere Entwicklungsbudgets geht. Gegenstand der Diskussion mit der Entwicklung wird immer die Frage sein, welche Anforderungen bis zu einem bestimmten Termin von den begrenzten Ressourcen der Entwicklungsmannschaft implementiert werden können und welche Pakete von Anforderungen man sinnvollerweise zusammenbündelt, um Synergien und eine möglichst hohe Produktivität bei der Entwicklung zu ermöglichen. Auch eine Make-or-Buy-Untersuchung sollte bei größeren Vorhaben Standard sein.

Ergebnis der Dokumentation der Anforderungen ist, ein möglichst vollständiges, detailliertes und widerspruchsfreies Pflichtenheft als Vorgabe für die Entwicklung zu erstellen. Als Vorgabe für die Gliederung eines Pflichtenheftes kann der IEEE Recommended Practice for Software Requirements (auch genormt als ANSI/IEEE Std 830-1998) angesehen werden ([IEEE99]). Auch Balzert entwickelt in [Balzert98, LE 4] in Anlehnung an diesen Standard einen ausführlichen Vorschlag für den Inhalt und die Gliederung eines Pflichtenheftes.

Die eigentliche Realisierung durch die Entwicklung, eventuell unter Einbeziehung von Standard- oder OEM-Komponenten, ist nicht Teil des Anforderungsmanagementprozesses im eigentlichen Sinne, sondern folgt den Regeln und Prozessen der Entwicklung. Der Software-Produkt-Manager tut allerdings gut daran, den Prozess eng zu verfolgen, um frühzeitig Warnsignale zu bekommen, falls es zu Problemen kommt. Nicht nur ein völliges Scheitern eines Entwicklungsvorhabens, sondern auch Termin- und/oder Budget-Überschreitungen haben direkte Auswirkungen auf die Zielerreichung eines Software-Produkt-Managers und erfordern entsprechendes Gegensteuern bzw. Planänderungen, die auch die anderen relevanten Funktionen wie Vertrieb und Marketing betreffen können, z.B. im Fall einer resultierenden Verschiebung eines Produkt-Launch.

Bei der Qualitätssicherung wird geprüft, ob das Ergebnis der Realisierung tatsächlich der Beauftragung, d.h. der ursprünglich abgestimmten Anforderung, entspricht. Sinnvollerweise setzt die Qualitätssicherung so früh wie möglich ein, d.h. auf Basis eines ersten funktionalen Prototyps, ansonsten kann auch ein Review von Use Cases oder Benutzungsszenarien bereits frühzeitig auf Diskrepanzen hinweisen.

Der Querschnittsprozess Umsetzungsmanagement dient der Verfolgung der Umsetzung der Anforderungen durch die verschiedenen Phasen. Es muss zu jedem beliebigen Zeitpunkt möglich sein festzustellen, was aus einer Kundenanforderung (KundAnf) geworden ist, d.h. welche Produktanforderung(en) (ProdAnf) aus einer Kundenanforderung abgeleitet wurden und wie die einzelnen Produktanforderungen in der Entwicklung in Projektanforderungen (ProjAnf) abgebildet wurden. Abb. 5.7 zeigt, dass

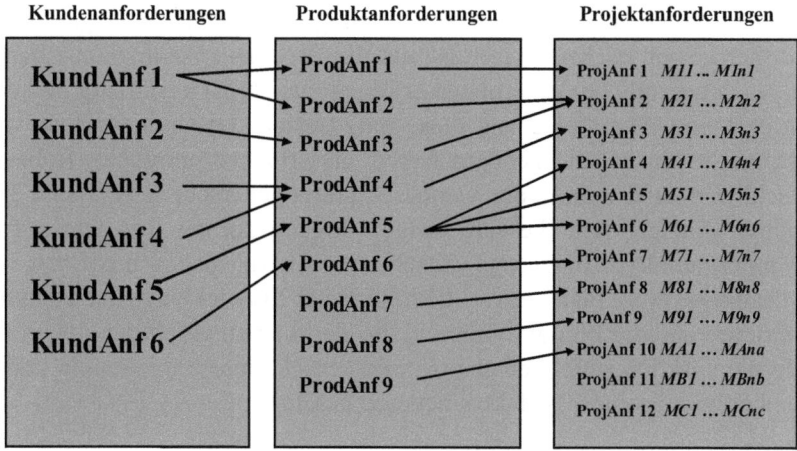

Abb. 5.7: Tracing von Anforderungen

hier schnell eine schwer nachvollziehbare Komplexität entstehen kann. Nur durch systematisches Tracing kann auch dem oder den Kunden während der Planung und Entwicklung des Produktes ein Feedback über den Status seiner Anforderungen gegeben werden. Idealerweise enthalten auch die Modules und Statements zur Implementierung einzelner Anforderungen entsprechende Kennungen, die ein Tracing zurück zur ursprünglichen Anforderung ermöglichen.

Der zweite gemeinsam mit dem Umsetzungsmanagement zu betreibende übergeordnete Prozess ist das Change Management. Bei jeder Produktentwicklung gibt es Änderungen bei den Anforderungen, allerdings ist der konstruktive Umgang mit diesen Änderungen sicher eine der größten Herausforderungen für alle Beteiligten, insbesondere für den Produkt-Manager, da diese ein hohes Konflikt- und Risikopotential haben können. Änderungsanforderungen sind allerdings nicht von vornherein als negativ zu bewerten, bedeuten sie doch, dass sich der Kunde oder die Kunden mit dem Produkt und dessen Einführung auseinandersetzen, dazulernen und infolgedessen weitere Ideen entwickeln. Keine oder sehr wenige Änderungswünsche von Seiten der Kunden deuten also auf eine möglicherweise schlechte Akzeptanz des Produktes am Ende des Prozesses hin. Eine zu hohe Änderungsrate während der Entwicklung lässt jedoch auf einen unzureichenden, zu oberflächlichen oder zu früh abgebrochenen Erhebungsprozess am Anfang schließen.

Natürlich können Änderungen auch aufgrund von veränderten Rahmenbedingungen erforderlich werden. Beispielsweise kann ein Mitbewerber ein neues Produkt auf den Markt bringen, das dem eigenen in der Planung befindlichen Software-Paket in einigen Punkten überlegen ist, so dass hier gezielt nachzubessern ist, um die Wettbewerbsfähigkeit zu erhalten. Auch gesetzliche Änderungen erfolgen manchmal kurzfristig und dann gibt es keine Alternative, als diese umzusetzen. Generell wird der Entwicklungs-Manager die Tendenz haben, die „Bücher" möglichst frühzeitig zu schließen und keine oder wenige Änderungen mehr zuzulassen. Dem Produkt-Manager fällt die schwierige Aufgabe zu, die trotzdem auf ihn hereinprasselnden Änderungswünsche zu filtern, dabei nicht zu viele durchzulassen (um nicht zu viel Unruhe in der Entwicklungsmannschaft zu generieren und die Produktivität und die Termine zu gefährden), aber auch nicht die wirklich wichtigen abzuweisen (dies könnte ja den Erfolg und die Nachhaltigkeit seines Produktes generell gefährden).

Kategorisierung, Bewertung und Bündelung von Anforderungen

Für die Entwicklung eines Produktes ist es von entscheidender Wichtigkeit, dass genau die richtigen Anforderungen umgesetzt werden. Dies wird aber nur geschehen, wenn die Anforderungen für alle Beteiligten nachvollziehbar und verständlich dokumentiert sind und auch eine Kategorisierung und Bewertung die Auswahl erleichtert.
Anforderungen lassen sich u.a. gruppieren nach

- dem Auslöser: durch wen oder wodurch ist die Anforderung generiert worden?
- dem Realisierungsaufwand: wie viele Ressourcen sind für die Umsetzung erforderlich?
- der Verbindlichkeit: wie dringlich ist die Realisierung und was sind ggf. die Konsequenzen, wenn die Anforderung nicht umgesetzt wird?

Auslöser für Anforderungen können sein:

- Neue gesetzliche Bestimmungen und Rahmenbedingungen
  Eine neue Lohn- und Einkommensteuertabelle hat z.B. Auswirkungen auf eine Lohn- und Gehaltsabrechnung, ein neuer Mehrwertsteuersatz überall dort, wo Preise berechnet werden, die Grundsätze ordnungsgemäßer Buchführung haben Einfluss auf jede Finanz- und Buchhaltungssoftware, im Telekommunikationsumfeld müssen bestimmte standardisierte Protokolle eingehalten werden.
  In den meisten Fällen sind Requirements dieser Art Muss-Anforderungen (s.u.), denn bei einer Nicht-Umsetzung oder -Anpassung wird

gegen Gesetze verstoßen oder aber das Produkt verliert ein für seinen produktiven Einsatz erforderliches Zertifikat.
- Produkt- oder geschäftsstrategische Anforderungen
Diese Anforderungen kommen häufig aus dem Produkt-Management selbst bzw. aus der Geschäftsleitung mit dem Ziel, ein neues Marktsegment zu erschließen (neues Produkt) oder den Markt für ein bestehendes Produkt zu erweitern.
- Fachliche oder technische Kundenanforderung
Hier ist die Quelle ein bestimmter Kunde oder eine Kundengruppe. In der Regel sind die Anforderungen fachlicher Natur und dienen dazu, die Geschäftsprozesse des Kunden besser zu unterstützen, es können aber auch technische Anforderungen sein, wie z.B. Verbesserung von Antwortzeiten, wenn Kunden konkrete Produktprobleme oder -schwächen melden.
- Interne Anforderungen
Auch aus internen Funktionen können sinnvolle Anforderungen kommen, insbesondere dann wenn sie dazu dienen die Produktentwicklungs- oder -Support-Kosten zu senken. So kann z.B. aus dem Produkt-Support-Bereich die Anforderung kommen, die Hilfe-Funktionen und/oder die Produktdokumentation in einem bestimmten Produktbereich zu verbessern, da diese offenbar unklar oder nicht ausreichend waren und zu einem erhöhten Call-Aufkommen geführt haben. Ähnliches gilt für Anforderungen aus der Entwicklung, die zu einer verbesserten Wartbarkeit des Produktes führen.
- Anforderungen aufgrund von Abhängigkeiten
Anforderungen dieser Kategorie entstehen aufgrund von Abhängigkeiten zu anderen Produkten (eigenen oder Fremdprodukten). Typische Situationen sind: aufgrund einer Funktionserweiterung eines anderen Produkts aus der gleichen Produktfamilie muss die Schnittstelle zu diesem erweitert werden oder aber die Version des zugrundeliegenden Betriebssystems oder Datenbanksystems wird aus der Wartung zurückgezogen und eine Migration auf das Nachfolgeprodukt ist erforderlich geworden.

Auch der geschätzte Realisierungsaufwand ist natürlich eine wichtige Kenngröße zur Kategorisierung von Anforderungen. Die Höhe des Aufwands kann man sowohl absolut betrachten als auch in Relation zum gesamten Entwicklungsbudget. Ein Aufwand von 100 Personentagen kann für ein Standardprodukt aus dem Hause Microsoft oder SAP eine vernachlässigbare Größe sein, für eine Individualentwicklung oder ein Nischenprodukt jedoch nicht. Insofern mag es – auch aus Sicht des Release-Prozesses – angebracht sein, zu unterscheiden zwischen Minimalanforderungen sowie mittleren oder Großanforderungen.

- Minimalanforderungen
  Dies sind Anforderungen mit geringem Aufwand, die sich auch kurzfristig umsetzen lassen in Situationen, in denen man flexibel auf eine Kundenanforderung oder ein Problem reagieren muss. Häufig werden kleine Releases (Frequenz z.B. alle 3 Monate) und große Releases (Umsetzungszeit 12 Monate oder sogar mehr) geplant. Außerdem ist eine beliebte Vorgehensweise von Software-Herstellern, Lieferungen von Fehlerkorrekturen mit kleineren funktionalen Erweiterungen als „Bonbon" anzureichern. Weitere Gründe für eine solche Unterscheidung mögen in Genehmigungs- und Budgetprozessen liegen. Für Minimalanforderungen kann der Produkt-Manager etwa ein Budget haben, aus dem er eigenständig die Entwicklung beauftragen kann.
- Mittlere oder Großanforderungen
  Dies sind alle anderen Anforderungen, die sich vom Aufwand, vom erforderlichen Entwicklungs-Skill und ggf. auch funktionalen und technischen Abhängigkeiten mit anderen Anforderungen her nur in einem mittel- bis langfristig geplanten Release umsetzen lassen und auch einen kompletten Entwicklungsprozess mit allen Phasen durchlaufen müssen.

Ein weiteres wichtiges Unterscheidungsmerkmal von Anforderungen kann der Grad der Verpflichtung zur Realisierung sein:

- Muss-Anforderungen
  Einem oder auch mehreren Kunden sind bereits verbindliche Zusagen über die Realisierung z.B. vom Vertrieb gemacht worden oder es bestehen bereits vertragliche Verpflichtungen. Hintergrund für diese Zusagen sind in der Regel Wettbewerbssituationen, in denen man den Kunden anderenfalls an einen Mitbewerber verloren hätte. Oder aber es sind die bereits erwähnten gesetzlichen Bestimmungen, bei deren Nichterfüllung der Hersteller die Zulassung für den weiteren Einsatz des Produktes in absehbarer Zeit verlieren wurde. Insgesamt kann man sagen: eine Nicht-Umsetzung von Muss-Anforderungen führt in jedem Fall zu einem Kunden- und damit Umsatzverlust und kann somit dramatische Folgen für das Unternehmen haben.
- Kann-Anforderungen
  Dies sind alle anderen Anforderungen mit einem geringeren Grad an Verbindlichkeit, wobei man hier natürlich noch weitere Abstufungen vornehmen könnte (Absichtserklärung, Wunsch, Vorschlag etc.).
  Insgesamt sind hier auch die Konsequenzen bei Nicht-Realisierung nicht – oder noch nicht – so entscheidend. Natürlich kann eine solche Anforderung, die man heute noch ohne nennenswerte Folgen auf ein Folge-

Release verschieben kann, zu einem späteren Zeitpunkt zu einer Muss-Anforderung werden.

Aus Produktsicht hat sich eher die Unterscheidung in funktionale und nicht-funktionale Anforderungen durchgesetzt (s. auch den IEEE Standard 830-1998 Recommended Practice for Software Requirements Specifications (ANSI/IEEE) und den IEEE Guide for Developing System Requirement Specifications [IEEE99]).

Funktionale Anforderungen befassen sich mit dem fachlichen Verhalten des Systems, z.B.:

- Das Online-Konto muss Abfragen auf die verbuchten Umsätze des letzten halben Jahres ermöglichen.
- Der Report „Kartenkündigungen" muss die Zahl und Ids der im letzten Monat gekündigten Kreditkarten je Produkt und Geschäftsstelle enthalten.
- Nach Anlage eines Neukunden muss eine automatische Freischaltung der GSM-Rufnummer im Netz erfolgen.

Nichtfunktionale Anforderungen beschreiben eher die quantitativen Eigenschaften des Gesamtsystems oder Teilen des Systems oder auch, mit welcher Qualität die Funktionen des Systems erbracht werden:

- Die Antwortzeiten bei der Kontoabfrage liegen in 90% der Fälle unter 5 Sekunden.
- Der Report liegt am 5. Arbeitstag jedes Monats auf jeder Geschäftsstelle vor.
- Jeder Neukunde kann 30 min nach Eingabe seiner Stammdaten telefonieren.

Bei den nichtfunktionalen Anforderungen kann man folgende Kriterien unterscheiden, die insgesamt sicher auch einen großen Einfluss auf die Zufriedenheit des Kunden mit einem Software-Produkt haben:

- Zuverlässigkeit (Reliability)
  Unter Zuverlässigkeit versteht man das Maß, in dem das Software-Produkt wiederholbar in der Lage ist, korrekte Ergebnisse zu liefern.
  Natürlich ist Software nie fehlerfrei – obwohl alle Kunden dies erwarten –, aber der Qualitätsgrad von Software-Produkten sollte natürlich immer so hoch sein, dass unternehmenskritische Prozesse zuverlässig abgebildet werden.
  Eine schlechte Qualität und somit eine hohe Fehlerrate führt zwangsweise zu einem schnellen Image-Verlust und damit auch einem Verlust an Marktanteilen. Da Qualität immer auch eine Funktion der Zeit ist,

muss der Produkt-Manager diesen Trade-off zwischen früherer Verfügbarkeit seines Produktes und einer ausgereifteren Qualität im Auge haben.
Natürlich sind nicht alle Fehler gleich schwerwiegend. Deshalb werden diese in Fehlerklassen kategorisiert und je nach Fehlerklasse unterschiedlich schnell vom Software-Hersteller abgearbeitet. Hierfür hat dieser eine entsprechende Support-Struktur aufzubauen. Fehler der höchsten Klasse führen i.d.R. zu Datenverlust, falschen Ergebnissen (z.B. bei Kundenrechnungen) oder Ausfall des Gesamtsystems oder wesentlicher Komponenten.
Unter Robustheit – als Teil der Zuverlässigkeit – versteht man die Fähigkeit des Systems, auf fehlerhafte Eingaben bzw. Aktionen des Benutzers adäquat zu reagieren und diese durch entsprechende Prüfungen abzufangen, so dass sie nicht zu einer Fehlersituation führen können.

- Sicherheit (Security)
Sicherheit – insbesondere von unternehmenskritischen Daten oder Kundendaten – ist eine der wichtigsten Anforderungen überhaupt. Hierzu gehört, dass Benutzer sich autorisieren müssen und – abhängig von ihrer Rolle – nur auf bestimmte Daten und/oder Funktionen Zugriff haben. Diese Zugriffsmechanismen können beliebig granular ausgestaltet werden. Missbrauch muss erkennbar und nachvollziehbar sein, z.B. durch Schreiben von entsprechenden Zugriffsprotokollen. Ferner ist natürlich der Schutz vor externem Zugriff etwa aus dem Internet immer wichtiger geworden.

- Verfügbarkeit (Availability)
Viele kritische Anwendungen verlangen nach einer Systemverfügbarkeit jenseits der 99%-Marke. Dies ist i.d.R. nur durch entsprechende Hard- und Software-Architekturkonzepte (redundante Auslegung und Hot-Standby, Clustering von Anwendungskomponenten) erreichbar. Diese müssen insbesondere in der System-Software, teilweise aber auch in der Anwendungssoftware umgesetzt werden. Hierzu gehören auch Maßnahmen für den schnellen Wiederanlauf im Fehlerfall (Restart/Recovery) oder sogar Katastrophenfall (Disaster-Recovery-Maßnahmen, Backup-Rechenzentren etc.).

- Effizienz (Performance)
Hierzu gehören sowohl das Antwortzeitverhalten (interaktiv) als auch Fragen des Durchsatzes/der Kapazität (z.B. bei Batch-Prozessen), die vom System erreicht werden müssen. Die Ermittlung von Performance-Anforderungen auf der Basis eines realistischen Mengengerüstes vor Beginn der Entwicklung ist eines der schwierigsten und wichtigsten

Themen überhaupt. Kaum ein Thema hat so starken Einfluss auf die Architektur und das Design einer Software-Lösung wie die Performance-Anforderungen. Sie müssen in jeder Phase der Entwicklung beachtet und möglichst auch validiert werden, da am Ende der Entwicklung mangelnde Performance sehr schwer und häufig nur mit hohem Aufwand korrigiert werden kann.

Das Problem liegt in der meistens sehr hohen Zahl von Einflussgrößen und Parametern, von der die Performance eines Systems abhängen kann: Zahl der User, Transaktionsraten, Transaktionsmix, Größe von Files und Datenbanken, Zahl von Tabellen in Datenbanken, Übertragungsraten, Zahl von Datensätzen, die pro Zeiteinheit verarbeitet werden müssen etc. Hier gibt es häufig konkurrierende Ziele, sodass die Optimierung des Software-Produktes nur nach einigen, aber nicht nach allen Kriterien erfolgen kann.

- Benutzerfreundlichkeit (Usability)
Insbesondere – aber nicht nur – bei Consumer-Produkten ist die Benutzerfreundlichkeit und damit auch die leichte Erlernbarkeit ein entscheidendes Kriterium für den Markterfolg. Hierzu gehört eine übersichtliche und konsistente Gestaltung von Bildschirmmasken (Screens), eine gute Benutzerführung, Verständlichkeit von Systemmeldungen insbesondere im Fehlerfall, Verfügbarkeit von Hilfefunktionen und eine gut lesbare Dokumentation, die immer auch einen Index enthalten sollte.
In vielen Fällen lohnt sich sicher ein „Usability Test" in einem Ergonomie-Labor, in dem geeignete Testpersonen (z.B. Sekretärinnen bei Word Processor Software oder Buchhalter bei Finanzsoftware) bestimmte Aufgaben zu lösen haben und dabei genau beachtet wird, an welchen Stellen Probleme auftauchen, ob diese z.B. durch Lesen der Hilfetexte gelöst werden können oder ob externe Unterstützung angefordert werden muss, um die Aufgabe zu beenden.
- Installierbarkeit (Installability)
Auch dies ist ein Kriterium, das bei Consumer-Software besonders wichtig ist, da diese eine erfolgreiche Installation eines PC-Produktes innerhalb sehr kurzer Zeit (teilweise Minuten) erwarten, dies der erste Kontakt mit dem Produkt ist und bei Nichterfolg bei der Installation sicher eine hohe Frustration und damit Unzufriedenheit mit dem Produkt zu erwarten ist. Große Software-Hersteller entwickeln i.d.R. eigene Installationssoftware, mit der jedes eigene Produkt in der gleichen Weise installiert und versioniert werden kann.
- Dokumentation
Auch wenn sich viele Endanwender heute vielleicht nicht mehr die Zeit nehmen, die Produktdokumentation zu lesen, ist – insbesondere im

kommerziellen Bereich – die zielgruppengerechte Produktdokumentation ein wesentliches Qualitätsmerkmal. Zu unterscheiden sind Dokumente für den Endanwender, den System-Installateur, das Customizing, die Anwendungsentwicklung und den Betrieb. Eine gute Dokumentation sollte auch im Sinne des Herstellers sein, da diese in vielen Fällen Support-Anfragen vermeiden und damit letztlich Kosten sparen kann.

- Wartbarkeit (Maintainability)
Wartungsfreundlichkeit ist sicher eher ein internes Thema für einen Software-Hersteller. Natürlich gibt es ja auch den Fall, dass der Kunde den Source Code erwerben kann und die Software ganz – oder in Teilen – selbst weiterentwickelt. In diesem Fall wird die Wartbarkeit sicher zu einem zentralen Thema. Erzielt wird Wartbarkeit durch eine gute, vollständige und aktuelle Dokumentation der Entwicklungsergebnisse (Architektur, High und Low Level Design) und eine gute Dokumentation und Kommentierung des Codes, sowie das Einhalten von Entwicklungsstandards (Namenskonventionen, Coding Standards, Inline-Kommentierung, Module Header, Schnittstellendokumentation).

- Portabilität (Portability)
Der Wunsch nach Portabilität kommt sowohl von den Software-Herstellern (Möglichkeit, dasselbe Produkt unter verschiedenen Systemplattformen zu vermarkten) als auch von den Anwendern (Unabhängigkeit von einem Hersteller), so dass heute mehr Software-Produkte mit diesem Merkmal verfügbar sind als noch vor 10 Jahren. Unterstützt wird diese Entwicklung natürlich auch durch entsprechende Sprachen und Entwicklungsumgebungen, die das Entwickeln von portablen Anwendungen unterstützen (z.B. Java). Ansonsten wird Portabilität erreicht durch ein weitgehendes Kapseln von systemspezifischen Funktionen.

Nach der Kategorisierung der Anforderungen folgt die wohl schwierigste Aufgabe des Produkt-Managers: die Bewertung der Anforderungen und danach deren Bündelung/Paketierung in einzelne Lieferungen (Release-Planung). Hier ist sowohl seine Erfahrung als auch seine Kreativität gefragt, da natürlich immer wesentlich mehr Anforderungen existieren werden als Ressourcen und Budget, um diese umzusetzen. Außerdem sind auch zeitliche Restriktionen zu berücksichtigen (beispielsweise Produktmessen oder Ankündigungen von Mitbewerberprodukten). Zielkonflikte sind also vorprogrammiert. Zunächst sollte – unter Einbeziehung der Entwicklung insbesondere für die Schätzungen – eine Business-Bewertung der einzelnen Anforderungen erfolgen:

- Welcher Entwicklungsaufwand steht hinter jeder einzelnen Anforderung und welche Kosten sind damit verbunden? In der Regel wird pro Personentag ein firmenspezifischer interner Kostensatz angenommen.
- Welche/wie viele zusätzliche Kunden kann man ggf. durch die Implementierung dieser Anforderung gewinnen und wie viel Umsatz wird dadurch generiert? Oder, als alternative Fragestellung:
- Welche/wie viele bestehende Kunden würden verloren gehen, wenn diese Anforderung nicht mit dem nächsten Release implementiert wird und wie viel Umsatz würde hierdurch verloren gehen?
- Wo kann an anderen Stellen des Unternehmens (z.B. im Support) durch die Implementierung dieser Anforderung wie viel Geld gespart werden?

Bei der Beantwortung dieser Fragen wird man feststellen, dass es an vielen Stellen Sinn macht, Anforderungen zu kleinen Gruppen zusammenzufassen und diese Fragen jeweils für diese Gruppen zu beantworten. Die Differenz zwischen zusätzlichem Umsatz plus entgangenem Umsatz plus Kosteneinsparungen abzüglich der Entwicklungskosten ergibt eine Art „Deckungsbeitrag" der Anforderung. Als nächstes sollte man die Muss-Anforderungen identifizieren, d.h. diejenigen, bei denen auch zeitlich keine weitere Verschiebung als Alternative existiert:

- Gesetzliche Anforderungen und Ähnliches.
- Bestehende Vertragssituationen, in denen diese Anforderungen den Kunden bereits zugesagt wurden.
- Technische Zwänge bzw. Abhängigkeiten, zu denen keine Alternativen existieren oder diese entsprechend teurer wären.

Eine weitere wichtige Gruppe von Anforderungen sind solche, bei denen

- wichtige Kunden bei Nicht-Lieferung bereits mit der Kündigung der Lizenz gedroht haben,
- zahlenmäßig viele und/oder wichtige Kunden diese Anforderung gewünscht haben,
- Mitbewerberprodukte einen deutlichen Vorteil haben,
- Customer Satisfaction Surveys eine deutliche Unzufriedenheit der Kunden in einem Bereich ausweisen, der mit dieser Anforderung adressiert wird. Dies können gerade auch Verbesserungen im nicht-funktionalen Bereich wie z.B. bei der Zuverlässigkeit und der Performance sein,
- das Produkt im Vergleich zum Mitbewerb mit der Implementierung dieser Anforderung ein wichtiges Alleinstellungsmerkmal erhalten würde.

In eine dritte Gruppe von Anforderungen fallen

- in die Zukunft gerichtete strategische Neuerungen/Verbesserungen, die ggf. keinen kurzfristigen, sondern eher einen langfristigen Business Impact haben.
- interne Anforderungen – häufig aus der Entwicklung – die produktinterne Verbesserungen (z.B. Wartbarkeit) zur Folge haben, aber nicht durch Kundenanforderungen „untermauert" sind.

Übrig bleiben als letzte Gruppe Anforderungen mit

- zu hohen Kosten im Vergleich zum Nutzen (wenn sie nicht bereits in einer der oberen Kategorien gefallen sind);
- keiner oder zu geringer Business-Relevanz (zu wenige Kunden, die daran Interesse haben, wenig Einfluss auf Kaufentscheidung oder Kündigung).

Zu berücksichtigen sind ebenfalls Abhängigkeiten zwischen Anforderungen (manche können beispielsweise nur zusammen realisiert werden) oder auch Gruppen von Anforderungen, die etwa die gleichen Module eines bestehenden Produktes betreffen und deshalb in der Kombination „preiswerter" zu realisieren sind als einzeln.

Aufgrund dieser Bewertung muss der Produkt-Manager eine Auswahl treffen, die mit den zur Verfügung stehenden Ressourcen und zum angepeilten Termin machbar ist. Natürlich ist ein ausgewogener Release-Umfang ideal, in dem alle Muss-Anforderungen abgearbeitet werden, alle wichtigen Kundenanforderungen berücksichtigt sind, sowohl einige strategische Akzente gesetzt werden als auch Qualitätsverbesserungen zur Steigerung der Kundenzufriedenheit gemacht werden, nicht nur funktionale, sondern auch nicht-funktionale Aspekte adressiert sind und auch die interne Produktinfrastruktur nicht zu kurz kommt. Dies wird aber wohl ein Idealzustand sein, der in der Praxis selten vorkommt. Häufig müssen deshalb für ein Release Schwerpunkte gesetzt werden, z.B. ein „Qualitäts-Release" oder ein „Migrations-Release" zur Unterstützung eines neuen Datenbanksystems etc. Generell kann man natürlich auch die Diskussion führen, ob „kleine" Releases mit einer höheren Frequenz oder „größere" Releases mit längeren Abständen adäquat sind:

- Kleinere Releases mit geringeren Aufwänden sind schneller fertigzustellen und sind somit eher geeignet, flexibler auf Kundensituationen oder veränderte Wettbewerbssituationen einzugehen. Dafür sind sie infolge der hohen fixen Kosten pro Release z.B. für Produkt- und Projekt-Management, Regression Tests, Paketierungs- und Distributionskosten

und nicht zuletzt Vertriebs- und Marketingkosten wesentlich unwirtschaftlicher.
- große Releases sind demnach insgesamt wirtschaftlicher. Anforderungen mit hohem Aufwand an Skill und Ressourcen lassen sich auch nicht in beliebig kurzer Zeit entwickeln, sondern benötigen längere Zyklen. Allerdings dürfen diese auch nicht zu lang sein, da sonst die Gefahr besteht, am Markt vorbeizuentwickeln.

Möglich und von vielen Software-Unternehmen praktiziert ist natürlich auch eine Kombination von beiden Ansätzen.

Dokumentation von Anforderungen

Anforderungsmanagement ist insgesamt eine dokumentationsintensive Aufgabe: jede Kundenanforderung muss zunächst einzeln erfasst und dokumentiert werden. Dann werden alle – auch die Anforderungen aus anderen Quellen – in einem Lastenheft zusammengefasst. Dies ist das Hauptdokument des Produktanforderungsmanagements. Aus diesem entsteht dann unter der Regie der Entwicklung das Pflichtenheft für das zu entwickelnde Produkt als Ergebnis des Projektanforderungsmanagements und Gesamtergebnis des kompletten Anforderungsprozesses. Im Folgenden werden mögliche Gliederungsvorschläge für diese drei Dokumententypen exemplarisch dargestellt:

Für die Dokumentation einzelner Kundenanforderungen empfiehlt Schienmann ([Schien02]) folgendes Template:

Kundenanforderung Nr.:
1. Quelle der Anforderung
2. Klassifizierung
    2.1 Produktverweis (falls vorhanden)
    2.2 Anforderungsart
3. Motivation
    3.1 Problembeschreibung
    3.2 Zielsetzung
4. Beschreibung der Kundenanforderung
5. Bekannte Rahmenbedingungen
6. Einschätzung
    6.1 Nutzen (qualitativ/quantitativ)
    6.2 Wichtigkeit
    6.3 Dringlichkeit
7. Kostenrahmen
8. Weitere Anmerkungen (Abnahmekriterien, Stabilität, Risiko)

Nachdem alle Anforderungen auf diese Weise vom Kunden-Anforderungsmanagement dokumentiert worden sind und der Produkt-Manager diese wie im letzten Kapitel beschrieben kategorisiert, bewertet und zu einem Release gebündelt hat, erstellt er aus den ausgewählten Anforderungen das Lastenheft.

Für die Gliederung des Lastenheftes empfiehlt Helmut Balzert in [Balzert00] folgendes Gliederungsschema:

1. Zielbestimmung
Hier wird beschrieben, welche Ziele durch den Einsatz des Produktes erreicht werden sollen.

2. Produkteinsatz
Es wird festgelegt, für welche Anwendungsbereiche und für welche Zielgruppen das Produkt vorgesehen ist.

3. Produktübersicht
Gibt einen meist grafischen Überblick über die Produktumgebungen.

4. Produktfunktionen
Die Hauptfunktionen des Produktes aus Auftraggebersicht sind auf oberster Abstraktionsebene zu beschreiben. Das bedeutet, dass die typischen Arbeitsabläufe, die mit dem zu erstellenden Produkt durchgeführt werden sollen, zu nennen sind.
Die Funktionalität kann mit Hilfe von Akteuren und Geschäftsprozessen oder mit Hilfe von Schnittstellen und Datenflüssen systematisch dargestellt werden.

5. Produktdaten
Die langfristig zu speichernden Hauptdaten und deren voraussichtlicher Umfang (Mengengerüst) sind aus Benutzersicht aufzuführen.

6. Produktleistungen
Werden an Hauptfunktionen und Hauptdaten Leistungsanforderungen bzgl. Zeit und Genauigkeit gestellt, dann werden sie hier aufgeführt. Zu prüfen ist, ob die gewünschten Leistungen mit den unter 5. genannten Datenmengen erreicht werden können.

7. Qualitätsanforderungen
Die wichtigsten Qualitätsanforderungen und die jeweils geforderte Qualitätsstufe sind hier aufzuführen, wie Zuverlässigkeit, Benutzerfreundlichkeit, Effizienz etc.

8. Ergänzungen
Hier werden Ergänzungen beschrieben oder besondere Anforderungen, z.B. außergewöhnliche Anforderungen an die Benutzerschnittstelle oder Ähnliches.

Die Strukturierung der funktionalen Anforderungen in der Beschreibung der Produktfunktionen kann unter verschiedenen Gesichtspunkten erfolgen:

- Gliederung nach Anwendungsfällen (bei klassischen Informationssystemen mit vielen Benutzerinteraktionen),
- Gliederung nach Entitäten eines Datenmodells (bei datenintensiven Anwendungen wie z.B. Reporting oder Data-Warehouse-Systemen),
- Gliederung nach Geschäftsprozessen,
- Gliederung nach Anwendungskomponenten bzw. nach einer schon bestehenden Systemlandschaft,
- Gliederung nach verschiedenen Benutzergruppen (Endbenutzer, Administratoren, Anwendungsprogrammierer etc.).

Das so fertiggestellte Lastenheft ist nun die Basis für die Entwicklung, das Pflichtenheft das endgültige „Vertragsdokument" zwischen Produkt-Management und den übrigen Funktionen für die Erstellung eines neuen Produktes oder Produkt-Releases. Allerdings ist hier im Vergleich zum Lastenheft der Blickwinkel ein anderer: im Gegensatz zu den Anforderungen aus Kundensicht steht nun die genaue Spezifizierung der Systemeigenschaften im Vordergrund.

Das folgende Template zeigt die empfohlene Gliederung eines Pflichtenheftes nach dem ANSI/IEEE Standard 830 (Software Requirement Specifications) ([IEEE99]):

1. Einleitung (Introduction)
Gibt einen Überblick über die Anforderungsdefinition.
1. Zielsetzung (Purpose)
2. Produktumfang (Scope)
3. Definitionen, Akronyme und Abkürzungen
4. Referenzen
5. Überblick (Overview)
2. Übersichtsbeschreibung (Overall Description)
Gibt einen Überblick über das Produkt und die allgemeinen Faktoren, die seine Konzeption beeinflussen.
1. Produkt-Umgebung (Product Perspective)
2. Produkt-Funktionen
3. Benutzer-Eigenschaften (User Characteristics)
4. Restriktionen (Constraints)
5. Annahmen und Abhängigkeiten

3. Spezifische Anforderungen (Specific Requirements)
Beschreibung aller Details, die für den Systementwurf benötigt werden.
Das am besten geeignete Gliederungsschema dieses Kapitels hängt von der Anwendung und der zu spezifizierenden Software ab. Die IEEE-Richtlinie enthält dazu acht Vorschläge. Unabhängig von der Richtlinie sollte das Kapitel folgende Informationen enthalten:
1. Externe Schnittstellenanforderungen
2. Funktionale Anforderungen
3. Leistungsanforderungen (Performance Requirements)
4. Entwurfsrestriktionen (Design Constraints)
5. Qualitätsmerkmale (Software System Attributes)
6. Andere Anforderungen

Für eine objektorientierte Entwicklung kann Kapitel 3 wie folgt gegliedert werden:
3. Spezifische Anforderungen (organisiert nach Objekten)
3.1 Externe Schnittstellen-Anforderungen
3.1.1 Benutzungsschnittstelle
3.1.2 Hardware-Schnittstellen
3.1.3 Software-Schnittstellen
3.1.4 Kommunikationsschnittstellen
3.2 Klassen / Objekte
3.2.1 Objekt 1
3.2.1.1 Attribute
3.2.1.1.1 Attribut 1 bis
3.2.1.1.n Attribut n
3.2.1.2 Funktionen
3.2.1.2.1 Funktionale Anforderung 1 bis
3.2.1.2.m Funktionale Anforderung m
3.2.2 Objekt 2 bis
3.2.p Objekt p
3.3 Leistungsanforderungen
3.4 Entwurfsrestriktionen
3.5 Qualitätsmerkmale
3.6 Andere Anforderungen

Eine noch ausführlichere Gliederungsmöglichkeit für Systemspezifikationen, die auch z.B. Aspekte der Produktkomponenten, des System-Betriebs und der Entwicklungsumgebung adressieren, findet sich wieder in [Balzert00].

Abschließend sollte die Anforderungsdokumentation – möglichst durch eine unabhängige Funktion – qualitätsgesichert werden. Dabei kann man sich Fragen nach der

- Korrektheit,
- Vollständigkeit,
- Eindeutigkeit,
- Konsistenz,
- Geltung,
- Priorisierung,
- Verifizierbarkeit,
- Nachvollziehbarkeit,
- Verständlichkeit,
- Umsetzbarkeit.

der Anforderungen stellen. Das Vorgehen mit Lasten- und Pflichtenheft dient dazu, ein gemeinsames Verständnis aller Beteiligten zu den Anforderungen sicherzustellen. Dies darf allerdings nicht dazu führen, dass der Gesamtprozess zu inflexibel wird. Das Projekt-Anforderungsmanagement muss auch noch während des Entwicklungsprozesses Änderungen in kontrollierter Form zulassen.

Management der Abhängigkeiten zu anderen Produkten

Es gibt in den meisten Fällen auch Anforderungen, die nicht direkt von Kunden oder internen Stellen und aus dem eigenen Produkt heraus kommen, sondern durch Abhängigkeiten zu anderen Produkten entstehen. Gerade diese Punkte muss der Produkt-Manager im Auge behalten, da sie sich sonst zu größeren Problemen entwickeln könnten. Es können sein:

- Abhängigkeiten zu Produkten anderer Hersteller (externe Abhängigkeiten),
- Abhängigkeiten zu eigenen Produkten (interne Abhängigkeiten).

Bei den externen Abhängigkeiten handelt es sich meistens um Software, die das eigene Produkt als Voraussetzung für seinen Einsatz benötigt (Prerequisites). Dies können sein:

- Betriebssystem-Software (Windows, ein spezielles UNIX-Derivat, OS/390 oder ähnliche Systeme),
- Datenbanksysteme (SQL-Server, DB2, Oracle oder ähnliche),
- Middleware (Transaktionsmonitore, Messaging- und Queuing-Systeme),
- andere Anwendungssysteme, zu denen Schnittstellen bestehen.

Typische Situationen, in denen aufgrund dieser Abhängigkeiten etwas getan werden muss oder sollte, sind:

- Der Hersteller des jeweiligen Software-Produktes zieht das Produkt bzw. ein älteres Release aus dem Vertrieb/der Wartung zurück; deshalb muss der Hersteller des darauf aufbauenden Produktes auf die neue Version „migrieren". Im einfachsten Fall kann dies lediglich einen Regressionstest mit diesem Nachfolgeprodukt/-Release bedeuten. Im schlimmsten Fall können aber umfangreiche Datenmigrationen oder aufwändige Anpassungen z.B. von verwendeten Schnittstellen entstehen. Natürlich achten Software-Hersteller darauf, möglichst aufwärtskompatibel zu sein, um die Investitionen ihrer Kunden zu schützen, dies kann aber sicher nicht immer vorausgesetzt werden. Auf jeden Fall wird die Anforderung, das neuere Produkt des anderen Herstellers zu unterstützen, zu einer „Muss-Anforderung", wenn das Vorgänger-Produkt nicht mehr zur Verfügung steht.
- Das Basisprodukt bringt in seiner neuen Version Erweiterungen/Verbesserungen, von denen das eigene Produkt profitieren würde. Dies können sowohl funktionale als auch nicht-funktionale, z.B. Performance-Verbesserungen sein. Auch diese Anpassungen können einfach oder aufwändig sein. Im einfachsten Fall ist evtl. nur ein Re-Compile und Regressionstest des eigenen Produktes erforderlich, falls aber z.B. APIs geändert wurden, können sich die erforderlichen Änderungen auch durch das ganze Produkt ziehen. Im Gegensatz zu der im letzten Punkt geschilderten Situation hat der Produkt-Manager hier i.d.R. die Wahl, ob die Verbesserung in das eigene Produkt eingebaut wird oder nicht.

Auch bei Produkten des eigenen Hauses kann es zu ähnlichen Abhängigkeiten kommen, insbesondere dann, wenn es sich um Produkte derselben Produktfamilie bzw. -plattform handelt. Im Unterschied zu den externen Abhängigkeiten kann man diese allerdings besser managen, da sich ja die Produkt-Manager eines Herstellers hier austauschen, Termine synchronisieren und cross-funktionale Abhängigkeiten zwischen den Produkten frühzeitig erkennen und in die Entwicklungspläne einfließen lassen können. Dies sind jedenfalls Dinge, die in einem Team von Produkt-Managern selbstverständlich sein sollten und auch zu entsprechenden Synergien führen müssten.

Bei großen Herstellern wie der IBM kann man natürlich nicht erwarten, dass z.B. die Release- und Entwicklungspläne eines OS/390-Betriebssystems „Rücksichten" nehmen auf ein aus Sicht dieses Herstellers „unbedeutenderes" Produkt wie etwa ein nationales Anwendungsprogramm. In diesem Fall sind diese Punkte wie externe Abhängigkeiten zu behandeln.

Der Produkt-Manager sollte grundsätzlich eine aktuelle Liste der internen und externen Abhängigkeiten zu anderen Produkten führen und sich insbesondere bei den externen Produkten über Neuerungen bei den entsprechenden Herstellern auf dem Laufenden halten. Auch der zeitliche Aspekt sollte hierbei abgebildet werden, damit wichtige terminliche Deadlines bei der Release-Planung nicht übersehen werden.

Anforderungsmanagement für Produktfamilien und -plattformen

Die Begriffe „Produktfamilie" und „Produktplattform" werden in Kapitel 6 noch aus organisatorischer Sicht behandelt. Während die Familie eher ein Marketing-Konzept ist, wird eine Plattform technologisch induziert. Ein wesentlicher Erfolgsfaktor bei der Etablierung einer Familie oder Plattform ist ein konsequentes übergreifendes Anforderungsmanagement.

Für eine Produktfamilie bedeutet dies, dass das Anforderungsmanagement kontinuierlich dafür sorgen muss, dass die Marketing-Aussage, auf der die Familienbildung basiert, inhaltlich gefüllt wird. Zielt die Marketing-Aussage auf die Ähnlichkeit der Produkte in der Familie (z.B. IBMs DB2), so muss ein übergreifendes Familien-Anforderungsmanagement sicherstellen, dass diese Ähnlichkeit über die Zeit erhalten oder besser noch verstärkt wird. Dies kann sich in der Implementierung gleicher Standards in gleicher Interpretation, gleicher Schnittstellen oder gleicher Features in allen Produkten der Familie ausdrücken. Idealerweise wird gleichartige neue Funktionalität in allen Familienprodukten zum gleichen Zeitpunkt verfügbar, aber das wird nur selten erreicht.

Zielt die Marketing-Aussage auf das Zusammenwirken der Produkte zur Lösung eines Problem- bzw. Aufgabenfeldes (z.B. Microsoft Office), so muss das Anforderungsmanagement dafür sorgen, dass die Integration der Produkte verbessert wird, Funktionen nicht doppelt implementiert werden, das Look-and-Feel der Produkte sehr ähnlich wird etc. Eine besondere Herausforderung entsteht, wenn zugekaufte Software zu integrieren ist. Generell ist es eine Frage des Produkt-Portfolio-Managements, welche Funktionalität einer Familie in Form von Einzelprodukten am Markt vertrieben werden soll.

Solange die Produktverantwortlichen der Einzelprodukte nicht nur am Erfolg der Familie, sondern auch am Erfolg ihres jeweiligen Einzelprodukts gemessen werden, besteht ein hohes Konfliktpotential zwischen dem übergreifenden Familienanforderungsmanagement und dem Anforderungsmanagement der Einzelprodukte. Erfahrungsgemäß führt dies zu regelmäßigen Eskalationen, die aufbauorganisatorisch am besten dadurch aufgefangen werden, dass die Einzelproduktverantwortlichen an den Verantwortlichen für die Familie berichten.

Noch höhere Komplexität für das Produkt-Management bedeutet die Etablierung einer Produktplattform. Generell zeichnet sich eine Produktplattform dadurch aus, dass in ihr Technologiekomponenten zusammengefasst sind, die von allen auf ihr basierenden Produkten genutzt werden. Das bedeutet, dass das einzelne Produkt nur in Kombination mit der Plattform funktionsfähig ist. Typischerweise dient die Plattform auch zur Integration der Produkte miteinander. Bei jeder funktionalen Erweiterung ist zu entscheiden, ob diese ganz oder partiell in der Plattform implementiert wird oder in einem Einzelprodukt. Die Entscheidung hängt davon ab, ob weitere Produkte die Funktionalität brauchen. Häufig steht die Plattformentwicklung unter erheblichem Druck der Einzelproduktverantwortlichen, da diese von der Plattformfunktionalität abhängig sind. Auch hier empfiehlt sich eine Aufbauorganisation, die den Entscheidungsprozess schlank hält.

Typischerweise hat die Produktplattform erhebliche Bedeutung nicht nur für den Erfolg der Einzelprodukte, sondern auch des Gesamtunternehmens. Veränderungen der Plattform sind jeweils sorgfältig aus Kundensicht zu prüfen, besonders im Hinblick auf Investitionsschutz, Wachstumspfad und Migrationsaufwände. Daher ist in diesen Fragen im Allgemeinen die Unternehmensführung persönlich involviert.

Erfolgsfaktoren des Anforderungsmanagements

Wie alle Unternehmensprozesse, die quer zur Aufbauorganisation ablaufen und dementsprechend eine bereichsübergreifende Zusammen-arbeit erfordern, macht auch der Anforderungsmanagementprozess in vielen Unternehmen große Schwierigkeiten. Als wesentlicher Erfolgsfaktor hat sich die Etablierung eines Prozessverantwortlichen erwiesen, der persönlich daran gemessen wird, wie gut der Prozess funktioniert. Dazu lassen sich Messkriterien definieren, die widerspiegeln, wie schnell und sorgfältig Anforderungen bearbeitet werden, z.B. durchschnittliche Zeitdauer von initialer Erhebung bis zur Entscheidung über die Realisierung und bis zur Auslieferung. Damit der Prozess funktioniert, müssen nicht nur der Ablauf und die Verantwortlichkeiten der Beteiligten klar definiert sein, sondern der Prozessverantwortliche sollte kontinuierlich darauf achten, dass keine Anforderung unverhältnismäßig lang an einer Stelle hängen bleibt. Die Rolle des Prozessverantwortlichen ist nicht unbedingt dankbar, aber notwendig, und sollte von der Unternehmensführung unterstützt und mit Eskalationsrecht ausgestattet werden. Eine sinnvolle Zuordnung der Prozessverantwortung ist in der folgenden Tabelle dargestellt:

Anforderungsmanagementprozess für	Prozessverantwortung bei
Kundenanforderungen	Kundenmanagement
Produktanforderungen	Software-Produkt-Management
Projektanforderungen	Entwicklung

Dabei kann das Kunden-Anforderungsmanagement recht stark mit dem Produkt-Anforderungsmanagement verzahnt werden. Das Projekt-Anforderungsmanagement hingegen steht in engem Zusammenhang mit dem Projektmanagement- und Entwicklungsprozess der Entwicklung, so dass die Verknüpfung zum Kunden- und Produkt-Anforderungsmanagement typischerweise etwas loser ist.

5.12 Werkzeugunterstützung

Gerade für das Anforderungsmanagement ist eine adäquate Werkzeugunterstützung unbedingt erforderlich, die nicht nur ein Ablagesystem für die Anforderungen beinhaltet, sondern auch den Workflow für die einzelne Anforderung steuert und dem verantwortlichen Produkt-Manager eine Prozessüberwachung erleichtert. Die Auswahl eines Standard-Software-Produkts stellt aber nicht die komplette Problemlösung dar, sondern kann nur der zweite Schritt nach einer unternehmensspezifischen Definition des Anforderungsmanagement-prozesses sein. In die Werkzeugauswahl muss dann der definierte Prozess mit den dazugehörigen Informationselementen ebenso einfließen wie die IT-Architektur und die sonstige Software-Landschaft des Unternehmens. Dazu gibt es eine Vielzahl von infrage kommenden Software-Produkten, etwa DOORS der Firma Telelogic oder die Produkte ClearQuest und RequisitePro der Firma Rational, die zum IBM-Konzern gehört. Hilfreiche Informationen zum Thema Anforderungsmanagement (Requirements Engineering) und Werkzeugauswahl bietet Tom de Marcos Atlantic Systems Guild (www.systemsguild.com).

Wesentliches Element der Tätigkeit des Software-Produkt-Managers ist die Koordination aller Bereiche innerhalb und außerhalb des Unternehmens, die für den nachhaltigen Produkterfolg relevant sind. Dementsprechend stellen Telefon und Laptop mit E-Mail-Software die wichtigsten Werkzeuge dar. Der Software-Produkt-Manager unterliegt permanent der Gefahr des Kommunikations-Overkills, d.h. konsequente Zeitplanung (ggf. mit Werkzeugunterstützung) und ein wohl durchdachtes Filter- und Ablagesystem (für E-Mail, sonstige elektronische Dokumente und Papier) sind überlebensnotwendig. Darüber hinaus wird Standard-Office-Software benötigt, insbesondere für Textverarbeitung (z.B. Word), Erstellung von Präsentations-Charts (z.B. PowerPoint) und Berechnungen (z.B. Excel). Eine gute Sekretariatsunterstützung kann die Produktivität des Software-Produkt-Managers deutlich erhöhen, erspart ihm aber nicht die Beherrschung dieser Werkzeuge.

Die Hersteller von ERP Software bieten Komponenten zum Product Life Cycle Management (PLM) an, die aber vorrangig auf die Fertigungsindustrie ausgerichtet sind. Bestrebungen, den Ansatz auf andere Industrien auszudehnen, stecken noch in den Kinderschuhen. Interessanter sind Nischenanbieter wie etwa BetaSphere (www.betasphere.com), die sich auf die Einbeziehung von Kunden in Produktdefinition und -entwicklung fokussieren. SUN hat im Bereich der Java-Weiterentwicklung positive Erfahrungen mit BetaSphere gemacht.

Da der Produkt-Manager intensiv mit allen Funktionen im Unternehmen zusammenarbeitet, kann es für ihn hilfreich sein, Zugriff auf deren aufgabenspezifische Software-Systeme zu haben. Ob ein solcher Zugriff eingerichtet wird, lässt sich nur in Abhängigkeit von Unternehmenskultur, Rollendefinition des Software-Produkt-Managements, Organisation und persönlicher Arbeitsweise des jeweiligen Produkt-Managers entscheiden. In Frage kommen Projektmanagementwerkzeuge der Entwicklung, Fehler-Tracking-Werkzeuge der Entwicklung und Wartung, Customer Relationship Management (CRM)-Werkzeuge von Marketing und Vertrieb sowie Planungs- und Controlling-Werkzeuge des Gesamtunternehmens bzw. der einzelnen Bereiche. Entscheidend ist letztlich, dass der Produkt-Manager zeitnah Zugriff auf alle relevanten Daten in zuverlässiger Qualität hat, die er für seine Arbeit braucht. Wenn dies ohne Zugriff auf die aufgabenspezifischen Software-Systeme gewährleistet werden kann, dürfte es allen Beteiligten lieber sein.

5.13 Die Auftraggeberrolle für die Entwicklung

Das Zusammenwirken von Produkt-Management und Entwicklung wird noch in Kap. 6 beleuchtet. Wir plädieren dafür, dem Produkt-Management im Rahmen seiner Produktverantwortung auch die Auftraggeberrolle für sämtliche Entwicklungsaktivitäten zu übertragen. Dies beinhaltet die Verantwortung für die Finanzierung, für die Entwicklungsinhalte und für die Abnahme der Entwicklungsergebnisse bzw. -zwischenergebnisse. Die Finanzierung ist im Rahmen der Planungsprozesse des Unternehmens sicherzustellen (siehe dazu Abschnitt 5.14). Die Entwicklungsinhalte werden über den Anforderungsmanagementprozess gesteuert (siehe oben). Die

Abnahme von Entwicklungs(-zwischen-)ergebnissen erfolgt typischerweise auf Basis von Reviews und Tests, die in den Entwicklungsprozess einzuplanen sind. Dabei muss der Software-Produkt-Manager für eine Wahrnehmung seiner Interessen durch qualifizierte interne und/oder externe Reviewer und Tester sorgen, die ihm eine verlässliche Grundlage für seine Abnahmeentscheidung liefern.

Die Etablierung einer solchen strikten Trennung zwischen Auftraggeber- und Auftragnehmerrolle für die Entwicklung ist zu Anfang immer etwas mühsam, da einerseits die Entwickler darin zunächst eher eine lästige Kontrolle als eine Hilfestellung sehen, andererseits die Fachseite sich durch die Mitwirkung in Reviews oder Tests in eine ungewohnte Mitverantwortung für die Entwicklungsergebnisse gedrängt fühlt. Sind diese Anfangsschwierigkeiten aber überwunden, erweist sich die Trennung im Allgemeinen als sinnvoll und hilfreich, weil die Rollenverteilung eindeutiger ist und im günstigsten Fall zu einem stärkeren Miteinander im Unternehmen führt. Konflikte zwischen Produkt-Management und Entwicklung lassen sich dadurch nicht vermeiden, aber die Spielregeln zur Austragung sind klarer definiert.

Eine regelmäßige Quelle für Konflikte liegt in der Änderung von Anforderungen während des Entwicklungsprozesses, also dem Projekt-Anforderungsmanagement (siehe oben). Aus Entwicklungssicht wäre es ideal, wenn die Anforderungen zu Beginn eines Projekts vollständig spezifiziert werden und während der Laufzeit des Projekts keinerlei Änderungen mehr daran vorgenommen werden. Aus Sicht einer Fachabteilung bzw. von Marketing und Vertrieb hingegen können Veränderungen im Markt, in Kundensituationen oder durch gesetzliche Anforderungen zu jedem Zeitpunkt dazu führen, dass Änderungen an Projektanforderungen notwendig werden. Es ist Aufgabe des Projekt-Anforderungsmanagements, hier jeweils zeitnah für Entscheidungen zu sorgen. Die Mehraufwände auf der Entwicklungsseite, die durch solche Änderungen entstehen, hängen zu einem gewissen Teil ab von dem Typ des Entwicklungsprozesses, der der Entwicklung zugrunde liegt. Während das altgediente Wasserfallmodell mit späten Änderungen schlecht umgehen kann, sind neuere Ansätze wie inkrementelle Modelle oder Extreme Programming besser darauf ausgerichtet. Diese haben allerdings den Nachteil, dass für den Software-Produkt-Manager als Auftraggeber die Beurteilung des Projektfortschritts schwieriger ist als beim Wasserfallmodell. Frühzeitige Indikatoren für den Projekterfolg im Hinblick auf die Kundenakzeptanz der Ergebnisse liefern Prototyp-orientierte Vorgehensmodelle. Dabei können Kunden bzw. Fachseite schon in einer relativ frühen Projektphase Hands-on-Erfahrungen mit einem Prototyp sammeln, der bereits die wesentlichen Elemente der Benutzungsoberfläche enthält. Eine detaillierte Gegenüberstellung unterschiedlicher Typen von Entwicklungsprozessen ist in [Balzert98] zu finden.

Die Lehrmeinung des Software Engineering orientiert sich am Capability Maturity Modell (CMM) der Carnegie Mellon University und besagt, dass die ideale Software-Entwicklungsorganisation mit allen Typen von Entwicklungsprozessen gleichermaßen zuverlässig und virtuos operieren kann und der jeweils optimale Typ zu Projektbeginn nach gewissen Kriterien ausgewählt werden kann. Dieser Idealvorstellung genügt nach unserem Kenntnisstand keine real existierende Entwicklungsorganisation. Die meisten sind schon froh, wenn sie einen Prozesstyp einigermaßen zuverlässig beherrschen. Deshalb hält sich die Wahlmöglichkeit in der Praxis sehr in Grenzen, und es ist dem Software-Produkt-Manager als Auftraggeber nicht zu empfehlen, der Entwicklungsmannschaft kurzfristig einen Prozesstyp aufzuzwingen, den sie nicht beherrscht, weil damit die Wahrscheinlichkeit rapide steigt, dass das Projekt in Probleme läuft, auch wenn der gewählte Prozesstyp theoretisch optimal sein sollte. Längerfristig sollte der Software-Produkt-Manager allerdings die Entwicklung motivieren, die Beherrschung eines flexibleren Prozesses anzustreben.

Grundsätzlich ist der Software-Produkt-Manager darauf angewiesen, mit einigem Vorlauf fundiert einschätzen zu können, ob der Entwicklungszeitplan mit hinreichender Qualität eingehalten werden kann. Er muss nämlich Marketing- und Vertriebsaktivitäten aufsetzen, die zur Einführung eines neuen Produkts bzw. zur Verfügbarkeit einer neuen Produktversion stattfinden sollen. Fehler in der Einschätzung können daher zu erheblichen Mehrkosten, schlechter Presse und Umsatzeinbußen führen. Da solche Fehler bei nahezu allen Herstellern und Anwenderorganisationen passieren, sind viele Hersteller dazu übergegangen, nicht mehr mit harten nachprüfbaren Terminen nach außen aufzutreten, sondern über den Weg einer begrenzten Verfügbarkeit bei ausgewählten Kunden erst allmählich zu einer allgemeinen Verfügbarkeit überzugehen. Auch auf der Anwenderseite lässt sich solch ein Weg manchmal beschreiten, etwa indem eine neue Anwendung zunächst nur einem kleinen Benutzerkreis verfügbar gemacht wird.

Probleme hinsichtlich der Nutzerakzeptanz lassen sich durch frühzeitige Einbindung von Nutzern von Kunden- bzw. Fachseite adressieren. Dies kann schon in der Phase der Anforderungserfassung und -priorisierung erfolgen (siehe oben), während des Entwicklungsprozesses anhand von Prototypen oder kurz vor Markteinführung am nahezu fertigen Produkt. Dabei ist allerdings viel Fingerspitzengefühl notwendig. Da immer nur eine kleine Zahl von Nutzern einbezogen werden kann, besteht die Gefahr, dass diese sich als nicht repräsentativ erweisen, dass einzelne Wortführer die Gruppe dominieren oder dass die Nutzer zu stark aus ihrer Ist-Welt heraus urteilen. Letztlich muss der Produkt-Manager das Nutzer-Feedback abwägen und selbst entscheiden. Werden dabei allerdings Nutzer-Anmerkungen nicht berücksichtigt, besteht die Gefahr, dass diese Nutzer sich missbraucht fühlen, bitter enttäuscht reagieren und ihrem Unmut im Kollegenkreis oder öffentlich über Stellungnahmen und Benutzerorganisationen Luft machen. Nutzereinbindung ist also ein zweischneidiges Schwert, das mit großer Umsicht eingesetzt werden sollte.

5.14 Planungsprozesse

Ein Software-Produkt-Manager verbringt einen erheblichen Teil seiner Zeit mit der eher unproduktiven, aber notwendigen Aufgabe, sein Produkt (bzw. -familie oder -plattform) in den unternehmensinternen Planungsprozessen zu vertreten. Dies reicht von der Positionierung des Produkts in der Unternehmensstrategie über die Marketing- und Vertriebspläne bis zur Budgetplanung. Letztlich geht es dabei immer um die Frage, welche Ressourcen kurz-, mittel- und langfristig für das Produkt zur Verfügung stehen. Basis für diese Entscheidungen sind Markt- und Umsatzprognosen, der Stand des Produkts im Lebenszyklus, die Abhängigkeiten zu anderen Produkten (insbesondere bei Familien oder Plattformen) etc. Aus diesen Elementen baut der Produkt-Manager seine „Story", mit der er sein Produkt im Rahmen der Planungsprozesse „verkauft".

Es ist eine Frage der Unternehmenskultur, wie solche Planungsprozesse ablaufen und welche Erwartungen dabei an den Produkt-Manager gestellt werden. Idealerweise sollten alle Beteiligten das Ziel verfolgen, ein für das Unternehmen optimales Gesamtergebnis zu erzielen. Häufig arten solche Prozesse aber zu einem Verdrängungswettbewerb aus, den die Beteiligten zur persönlichen Profilierung nutzen. „Gewonnen" hat dann am Ende der, der die meisten Ressourcen für sein Produkt bekommt. Hier ist die Unternehmensführung gefordert, eine solche Entartung der Planungsprozesse zu unterbinden. Der einzelne Produkt-Manager kann das nicht im Alleingang erreichen, sondern muss seine Rolle wohl oder übel kulturkonform spielen.

6 Software-Produkt-Management als Teil der Unternehmensstruktur

Nachdem in Kapitel 5 die Kernelemente des Software-Produkt-Managements detailliert behandelt wurden, geht es in diesem Kapitel um die organisatorische Seite im Hersteller- bzw. Anwenderunternehmen. Dazu wird in Abschnitt 6.1 zunächst die Frage behandelt, wie Software-Produkt-Management mit den anderen Funktionen des Unternehmens zusammenspielt. In 6.2 gehen wir dann auf die Einordnung von Software-Produkt-Management in der Aufbauorganisation ein. Abschnitt 6.3 erläutert die unterschiedliche Schwerpunktsetzung und Ausgestaltung des Software-Produkt-Managements in Abhängigkeit von Unternehmenstyp und Produktart.

6.1 Das Zusammenspiel im Unternehmen

Für ein Software-Unternehmen hängt der Unternehmenserfolg kurz-, mittel- und langfristig entscheidend vom Erfolg seiner Software-Produkte ab. Dabei kann Erfolg sich finanziell ausdrücken, wie auch in Kundenzufriedenheit bzw. Kundenbindung. Damit liegt es nahe, eine Struktur zu etablieren, die ganzheitlich auf diesen Produkterfolg fokussiert ist. Genau das ist der Sinn eines Software-Produkt-Managements. Der Software-Produkt-Manager bedient idealerweise virtuos alle „Stellschrauben" innerhalb und außerhalb des Unternehmens, die kurz-, mittel- und langfristig für den Produkterfolg relevant sind. Und Stellschrauben gibt es viele. Sie reichen von Produktdefinition und Marktdefinition über die Steuerung oder zumindest Beeinflussung von Marketing und Vertrieb bis zur Preisgestaltung und dem Anforderungsmanagement unter Einbeziehung von Kunden. Dieses Spektrum wurde in ganzer Breite bereits in Kapitel 5 dargestellt.

In dieser Breite liegen gleichzeitig der Reiz und die Krux des Software-Produkt-Managements. Es gibt keine andere Position in einem Software-Unternehmen, in der man so hautnah mit allen relevanten Themen des Unternehmens gleichzeitig zu tun hat. Dummerweise gibt es aber i.A. kaum Mitarbeiter in einem Unternehmen, die einen so breit gefächerten Skill mitbringen. Typischerweise hat ein Produkt-Manager in einem dieser Zweige, vielleicht in zweien, seine Karriere gemacht, aber nicht in allen. Dementsprechend ist er in diesem einen oder zwei Themen kompetent, in allen übrigen aber nur intelligenter Laie. Das führt zwangsläufig entweder zu Akzeptanzproblemen oder zur Vernachlässigung dieser Themen durch den Produkt-Manager. Eine Ausbildung, die einen Mitarbeiter auf die Tätigkeit des Produkt-Managers vorbereitet, gibt es so gut wie nirgends. Es ist also Learning-by-Doing angesagt. In größeren Unternehmen kann man der Situation begegnen, indem die Produkt-Manager eines größeren Produktbereichs zu einem Team zusammengefasst werden, in dem die unterschiedlichen Skills der Team-Mitglieder dann durch entsprechende Aufgabenteilung bewusst genutzt werden (siehe dazu auch Abschnitt 6.2). Größere Unternehmen sind allerdings generell durch Arbeitsteilung geprägt, d.h. Vertrieb, Marketing und Entwicklung stellen separate Organisationseinheiten dar. Das Produkt-Management hat typischerweise keine Weisungsbefugnis über diese Einheiten, sondern ist als Stabsfunktion in einer dieser Einheiten oder direkt bei der Unternehmensführung aufgehängt. Damit sind Konflikte zwischen dem ganzheitlichen Anspruch des Produkt-Managements und den Verantwortlichkeiten in den einzelnen Einheiten vorprogrammiert. Der Produkt-Manager braucht also nicht nur breite fachliche Kompetenz, sondern auch ein Höchstmaß an diplomatischem Geschick im Umgang mit Ziel- und Kulturkonflikten und dem menschlichen Faktor. Dieser Aspekt wird in [Condon02] sehr praxisnah dargestellt. Die Unternehmensführung kann und muss hier durch klare Definition und Abgrenzung von Aufgaben und Kompetenzen Hilfestellung leisten (siehe [Gorche00], S. 22 ff.) und im Bedarfsfall den Schiedsrichter spielen.

In kleineren Unternehmen besteht die Möglichkeit einer Produkt-Management-Teambildung meist nicht. Außerdem ist der Unternehmenserfolg hier mit dem Erfolg des einen oder der wenigen Produkte des Unternehmens so eng verknüpft, dass die Unternehmensführung zumeist selbst wesentliche Produkt-Management-Aufgaben in der Hand behalten möchte, insbesondere die Finanzen betreffende. Doch auch und gerade in einem kleinen Unternehmen ist die ganzheitliche Produktsicht von entscheidender Bedeutung. Da aber ein Geschäftsführer i.A. aus Zeit- wie auch aus Skill-Gründen dem ganzheitlichen Ansatz nicht entsprechen kann, werden häufig wichtige Aspekte vernachlässigt.

Software-Produkt-Management im unternehmensinternen Umfeld

Es gehört zum Wesen von Unternehmen, dass Menschen mit unterschiedlichen Fähigkeiten, Erfahrungen und Wissen als Mitarbeiter zusammenarbeiten, um gemeinsame Ziele zu erreichen. Typischerweise erfolgt diese Zusammenarbeit arbeitsteilig, so dass die individuellen Stärken jedes Mitarbeiters möglichst optimal genutzt werden. Die Aufgabe des Managements liegt gerade darin, diese Ziele – strategisch bis operativ – zu definieren und zu kommunizieren, aufbau- und ablauforganisatorische Strukturen zu schaffen, die die Zusammenarbeit leiten und unterstützen, und die Zielerreichung regelmäßig zu prüfen und ggf. korrigierend einzugreifen. In diesem Sinne ist Software-Produkt-Management in vollem Umfang eine Management-Aufgabe mit dem Fokus auf einem oder mehreren Software-Produkten.

Die Arbeitsteilung bei Software-Herstellern sieht häufig so aus, dass separate Organisationseinheiten für Entwicklung, Vertrieb, Marketing und Dienstleistung, d.h. Service und Consulting bestehen. Controlling, Personal und Recht hängen typischerweise als Stabsaufgaben direkt an der Unternehmensführung, für Unternehmensstrategie betrachtet sie sich meist selbst als zuständig. IT-Bereiche auf der Anwenderseite stellen sich in zunehmendem Maße ähnlich auf, wobei zumeist nicht zwischen Vertrieb und Marketing differenziert wird und das Vorhandensein der Stabsfunktionen Personal und Recht vom Grad der Eigenständigkeit des IT-Bereichs abhängt. Unabhängig davon, ob es aufbauorganisatorisch abgebildet ist oder nicht, besteht die Aufgabe von Software-Produkt-Management darin, die Zusammenarbeit der genannten Funktionen im Hinblick auf produktbezogene Ziele zu optimieren.

Diese Aufgabe ist gleich in mehreren Dimensionen konfliktbeladen. Hat das Unternehmen mehrere unterschiedliche Produkte bzw. Produktfamilien, so stehen diese in Konkurrenz zueinander, nicht etwa im Markt, sondern im Wettbewerb um die beschränkten unternehmensinternen Ressourcen. Der jeweilige Produkt-Manager vertritt in diesem Wettbewerb, der in Form von Strategiediskussionen und Planungsprozessen ausgetragen wird, sein Produkt. Dabei wird von ihm erwartet, engagiert und parteiisch zu agieren. Andererseits wird es seiner weiteren Karriere aber nicht gut tun, wenn er dabei strategische Vorgaben der Unternehmensführung in Frage stellt. Wir werden darauf später beim Thema Portfolio-Management zurückkommen.

Unternehmensbereiche wie Vertrieb und Entwicklung haben in jeder Branche unterschiedliche Kulturen, aber die Unterschiede sind kaum irgendwo so ausgeprägt wie in der Software-Branche. Während Vertriebsmitarbeiter typischerweise eher kurzfristig und auf einzelne Kunden orientiert sind, denken Entwickler eher längerfristig und abstrakt. Denning und Dunham vertreten dazu die These ([DenDun03]): „Informatiker sind darauf geschult, weltliche Gegenstände als potentielle Abstraktionen zur Repräsentation in einem Programm zu betrachten. Kunden reduzieren sich in dieser Welt auf Abstraktionen. Abstraktionen haben keine Vorbehalte und machen keine Bewertungen." (Übersetzung der Autoren). Umgekehrt tendieren Vertriebsmitarbeiter oft dazu, Abschlüsse um fast jeden Preis zu machen, auch wenn dazu Kundenwünsche zu erfüllen sind, die die Stringenz und Konsistenz eines Software-Produkts gefährden. Condon hat in seinem Buch ([Condon02]) ausführlich geschildert, wie solche und ähnliche Konflikte den Software-Produkt-Manager als Mediator und Schlichter fordern.

In den seltensten Fällen hat ein Software-Produkt-Manager Weisungsbefugnis über alle relevanten Organisationseinheiten. Er muss also überzeugen, was umso leichter fällt, wenn er als kompetent in dem jeweiligen Themenbereich angesehen wird. Da aber kaum jemand in allen Themen gleich kompetent sein kann, ist darüber hinaus Führungsstärke im nichthierarchischen Sinne gefragt. Häufig ist allerdings zu beobachten, dass der Software-Produkt-Manager nicht als Führer, sondern eher als Mädchen für alles agiert. Die Unternehmensführung wie auch die Verantwortlichen der Organisationseinheiten tendieren in solchen Unternehmen dazu, den Software-Produkt-Manager als Kümmerer für jedes Problem zu missbrauchen, das aufkommt und nicht eindeutig einer der Organisationseinheiten zuzuordnen ist. Als Konsequenz ist der Software-Produkt-Manager dann gezwungen, dem Dringlichen höhere Priorität als dem Wichtigen einzuräumen, was meist dazu führt, dass er zu seinen wichtigen Aufgaben, die den mittel- bis langfristigen Erfolg seiner Produkte betreffen, gar nicht kommt. Eine Unternehmensführung tut sich und dem Unternehmen keinen Gefallen, wenn sie eine solche Situation entstehen lässt. Hier helfen nur klare Aufgabenabgrenzungen zwischen dem Produkt-Manager und beispielsweise einem Projekt-Manager, der die Verantwortung für ein Entwicklungsprojekt oder den Launch eines neuen Produkts trägt.

Vision, Strategie und Portfolio-Management

Es ist nicht das Ziel dieses Buches, ein Kompendium zum Thema Unternehmensführung zu liefern. Dazu gibt es ein gewaltiges Angebot an Literatur. Da aber ein Software-Produkt-Manager durch die Verantwortung für sein Produkt oder seine Produkte auch eine Teilverantwortung für den Erfolg des Gesamtunternehmens hat, ist er von einigen Elementen der Unternehmensführung sehr direkt betroffen bzw. arbeitet an ihnen mit. Auf diese Elemente und die Rolle, die der Software-Produkt-Manager in Beziehung zu ihnen hat, wollen wir an dieser Stelle eingehen.

Vornehmste Aufgabe einer Unternehmensführung besteht darin, die Vision und Strategie ihres Unternehmens zu definieren, zu kommunizieren und umzusetzen. Dabei kommt es darauf an, dass Vision und Strategie einerseits eine gewisse Stabilität über die Zeit haben, damit die Mitarbeiter des Unternehmens sich an ihnen verlässlich orientieren können. Andererseits dürfen sie aber längerfristig nicht zu starr sein, damit sich das Unternehmen rechtzeitig auf Veränderungen im Markt, in der Technologie und der Gesellschaft einstellt. In der Bewältigung dieses Balance-Akts zeigt sich die Qualität einer Unternehmensführung. Ob ein Software-Produkt-Manager an der Definition mitwirken kann, hängt von seinem Stellenwert im Unternehmen ab. In jedem Fall stellen Vision und Strategie aber wesentliche Vorgaben für ihn bei der Formulierung seiner Produktstrategie dar.

McGrath (siehe [McGrat01]) hat zum Thema Vision den Begriff der Core Strategic Vision (CSV) geprägt: "Eine CSV ist die Antwort auf drei grundlegende Fragen: Wohin wollen wir? Wie kommen wir dahin? Und warum glauben wir erfolgreich zu sein?" (Übersetzung der Autoren) ([McGrat01], S. 1). Zur Frage der Stabilität einer CSV sagt McGrath: "Zu lange an einer überholten Vision festzuhalten ist nahezu immer der Grund, warum einst erfolgreiche Unternehmen scheitern." (Übersetzung der Autoren) ([McGrat01], S. 16). Der nächste Schritt zur Umsetzung einer Vision ist das Alignment mit der Unternehmensstrategie, die sich nach McGrath ([McGrat01], S. 36) ausdrückt in

- Kernkompetenzen,
- Finanzplan,
- Geschäftsausrichtung,
- Technologie-Trends und Strategie,
- Produktstrategie,
- Markt- und Wettbewerbsstrategie.

Für Technologieunternehmen ist es vielfach sinnvoll, zwischen Produktplattform, Produktfamilie und Einzelprodukt zu unterscheiden. McGrath definiert ([McGrat01], S. 53 u. 56): „Eine Produktplattform ist eine Sammlung von gemeinsamen Elementen, insbesondere Basistechnologieelementen, die in einer Reihe von Produkten implementiert sind. Es ist eine Definition, die primär zur Planung, Entscheidungsfindung und zum strategischen Denken dient. Die Wahl der zugrunde liegenden Technologie in einer Plattform-Strategie ist vielleicht die kritischste strategische Entscheidung, die ein Hochtechnologie-Unternehmen trifft." (Übersetzung der Autoren). Ein Beispiel für eine Produktplattform ist das SAP-Kernsystem, das als Basis für alle SAP-Komponenten dient. McGrath versteht die Produktplattform als entscheidenden Wettbewerbsfaktor, dessen Beherrschung zu den Kernkompetenzen eines Unternehmens gehören muss. Für ihn muss eine Produktplattform also unter Kontrolle des Unternehmens sein. Bezogen auf Software muss allerdings hinzugefügt werden, dass es weitere Plattformfragen gibt, die entscheidenden Einfluss auf den Produkterfolg haben können, ohne dass das Unternehmen diese Plattformen unter Kontrolle hat. So ist für PC-Software jeder Art die Frage der Betriebssystem-Plattform zu beantworten. Während aktuell die Antwort für Microsoft Windows angesichts dessen Marktbeherrschung leicht fällt, war vor 15 Jahren eine Entscheidung für IBMs OS/2 eine valide Option. Möglicherweise macht der zunehmende Erfolg von Linux diese Frage in Zukunft wieder schwieriger.

Eine Plattform, die echte Wettbewerbsvorteile bringt, legt es nahe, darauf nicht nur ein Produkt, sondern eine ganze Produktfamilie basieren zu lassen. Doch auch reine Marketing-Gründe können für die Etablierung einer Produktfamilie sprechen. Ein Beispiel dafür ist IBMs DB2-Familie (siehe Kapitel 3). Generell bringt eine Produktplattform und/oder eine Produktfamilie eine erhöhte Komplexität ins Software-Produkt-Management (siehe auch Kapitel 5).

Die Unternehmensstrategie dient also dazu zu beschreiben, wie die Vision umgesetzt und erreicht werden soll. Hilfreich ist dabei der Ansatz des Produkt- bzw. Projekt-Portfolio-Managements. Portfolio-Management ist ein Begriff, der vor allem aus der Finanzdienstleistungsbranche bekannt ist. Ein Anleger oder ein Fonds-Manager legt das zur Verfügung stehende Vermögen differenziert an, z.B. in unterschiedlichen Aktien, Rentenpapieren, Immobilien etc. Die gesamte Menge dieser Anlagen wird als Portfolio bezeichnet. Portfolio-Management ist dann das Steuern dieser Anlagen über die Zeit nach Rendite- bzw. Risikokriterien. Dieser Ansatz lässt sich auch auf ein Unternehmen übertragen. So macht es Sinn, z.B. aktuelle und geplante Produkte als Portfolio zu betrachten und daran Investitionsentscheidungen auszurichten. Dabei eignen sich grafische Darstellungen als Hilfsmittel, um etwa Produkte im Verhältnis zu Größe und Wachstum ihres jeweiligen Marktes, ihres Marktanteils, ihres Investitionsbedarfs oder ihres Risikos zu positionieren. Einige Beispiele sind in den Abbildungen 6.1 und 6.2 dargestellt.

Abbildung 6.1 zeigt ein Portfolio existierender Produkte A bis H. In den Achsen sind Wachstum des Marktsegments und Marktanteil (im Segment) dargestellt. Die Größe der Darstellung des jeweiligen Produkts symbolisiert die im laufenden Jahr geplante Investition, die Farbe zeigt die Zusammengehörigkeit in Produktfamilien. Die Quadranten haben folgende Bedeutung (siehe [Cooper00], S. 200):

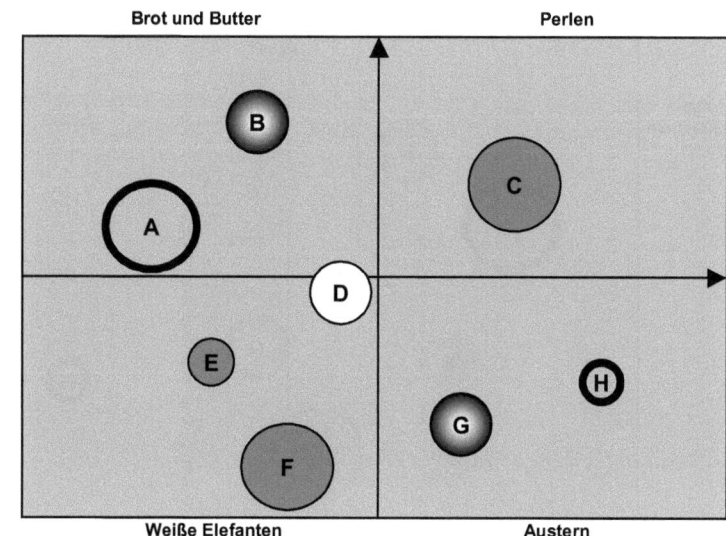

Abb. 6.1: Produkt-Portfolio

- Perlen: Dies sind die Star-Produkte mit hohem Anteil in einem stark wachsenden Marktsegment. Im Beispiel fällt nur Produkt C in diesen Quadrant.
- Austern: Dies sind Hoffnungsträger mit (noch) kleinem Marktanteil in einem stark wachsenden Marktsegment.
- Brot und Butter: Dies sind die Produkte, die für stabile Einnahmen sorgen, mit hohem Marktanteil in einem nur schwach wachsenden Marktsegment.
- Weiße Elefanten: Produkte mit niedrigem Marktanteil in schwach wachsendem Markt, von denen ein Unternehmen möglichst wenige haben sollte.

Abbildung 6.2 zeigt ein Portfolio von neuen Produkten A bis H, deren Entwicklung gestartet ist oder wird. In den Achsen sind Gewinnerwartung für das Produkt und Erfolgswahrscheinlichkeit der Entwicklung dargestellt. Die Größe der Darstellung des jeweiligen Produkts symbolisiert die im laufenden Jahr geplante Investition, die Farbe zeigt die Zusammengehörigkeit in Produktfamilien. Analog zu den beiden Beispielen in Abb. 6.1 und 6.2 gibt es eine Vielzahl von Möglichkeiten, das Produkt-Portfolio nach relevanten Kriterien zu visualisieren (siehe [Cooper00], S. 199).

144   6 Software-Produkt-Management als Teil der Unternehmensstruktur

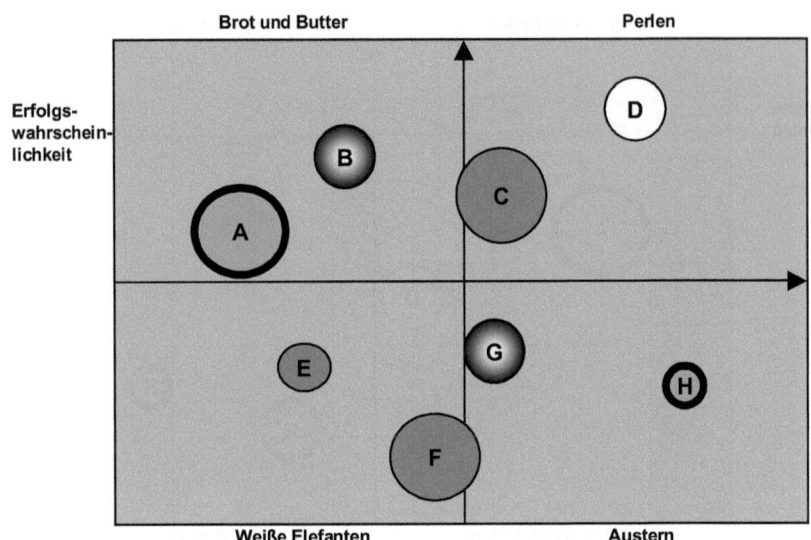

Abb. 6.2: Neuproduktentwicklung

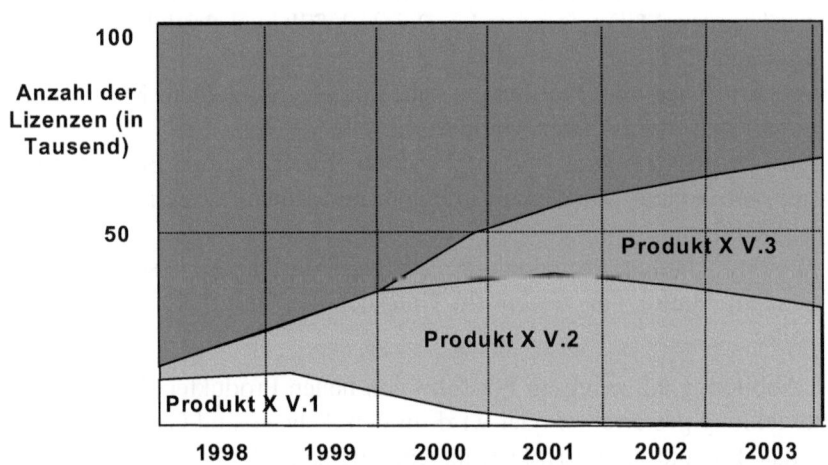

Abb. 6.3: Lizenzentwicklung

Wichtig ist bei der Analyse des Produkt-Portfolios die Berücksichtigung des Produktlebenszyklus. Dieses Konzept ist nicht Software-spezifisch, hat aber für Software einige spezielle Aspekte.

Während man bei einfachen Consumer-Produkten hier die Zahl der verkauften Produkte über die Zeit betrachtet, ist bei Software die längerfristige Verpflichtung des Anbieters zur Unterstützung des Produkts zu berücksichtigen. Grafisch lässt sich der Software-Produktlebenszyklus daher besser durch die Zahl der in Benutzung befindlichen Produktlizenzen über die Zeit darstellen. Außerdem sind neue Versionen bzw. Folgeprodukte einzubeziehen. Ein Beispiel ist in Abb. 6.3 dargestellt.

An die Position eines Produkts im Lebenszyklus werden eine Reihe von Maßnahmen geknüpft. So wird typischerweise in der Startphase überdurchschnittlich viel in Entwicklung und Marketing des Produkts investiert. In der späteren Sättigungsphase hingegen wird das Investitionsvolumen zurückgenommen. Die daraus resultierenden erhöhten Gewinne können dann in neue Produkte investiert werden. Auch auf die Wartung hat die Position Einfluss. So ist ein Hersteller regelmäßig bemüht, nicht zu viele Produktversionen parallel in der Wartung zu haben, da dies Kosten verursacht. Deshalb werden alte Versionen nach Vorankündigung aus der Wartung genommen, um Kunden, die diese Versionen noch im Einsatz haben, zu motivieren, auf neuere Versionen zu migrieren. Dies ist häufig ein Konfliktpunkt zwischen Herstellern und Kunden, den Hersteller dadurch zu entschärfen suchen, dass sie dem Kunden vergünstigte Upgrade-Konditionen einräumen.

Cooper bezieht in [Cooper00] den Portfolio-Management-Ansatz auf Projekte zur Neuproduktentwicklung. Als hilfreiche grafische Darstellungen nennt er

- Risiko vs. Ertrag,
- Technischer vs. Marktneuheitsgrad,
- Grad der technischen Machbarkeit vs. Marktattraktivität,
- Wettbewerbsposition vs. Attraktivität,
- Kosten vs. Ertrag,
- Kosten vs. Dauer bis zur Markteinführung.

Dabei fasst er den Begriff Neuprodukt sehr weit, d.h. in Bezug auf Software ist für ihn jedes neue Release bereits ein Neuprodukt. Ähnlich undifferenziert verwendet er auch den Begriff Innovation für jegliche Neuerungen. Tatsächlich erscheint es aber gerade im Software-Bereich sinnvoll, zwischen Evolution und Innovation zu unterscheiden. Dabei ist Innovation eine besonders radikale Form der Veränderung, z.B. ein Technologiewechsel, bei der Risiken und Chancen wesentlich größer sind und die andere

Management-Ansätze braucht als bei evolutionärer Weiterentwicklung. Dies stellen William Miller und Langdon Morris in ihrem lesenswerten Buch „4th Generation R&D: Managing Knowledge, Technology, and Innovation" ([MilMor99]) dar. Während evolutionäre Weiterentwicklung, wie sie für etablierte Software-Produkte typisch ist, relativ gut planbar ist, entzieht sich echte Innovation schon dadurch der Planbarkeit, dass das Risiko des totalen Scheiterns immens hoch ist. Diese Art der Innovation blüht in einer Atmosphäre auf, die Kreativität bis hin zum Spinnertum fördert und die dazu notwendigen Freiräume gibt. Dementsprechend sind Steuerungs- und Controlling-Ansätze, die im Bereich der evolutionären Weiterentwicklung sinnvoll und üblich sind, für echte Innovation tödlich, weil sie solche innovativen Ideen angesichts ihres inhärent unkalkulierbaren Risikos im Keim ersticken. Dieser Sachverhalt ist auch der Grund dafür, dass entgegen dem von den führenden Technologie-Unternehmen gern verbreiteten Image die wahrhaft bahnbrechenden Innovationen meist aus kleineren Unternehmen kommen oder von Entwicklern in Großunternehmen, die die Grundlagen „unter der Decke" schaffen und erst in die Unternehmensprozesse einbringen, wenn die Innovation bereits so stabil ist, dass das Risiko beherrschbar erscheint. Ein Beispiel für den zweiten Fall ist die Portierung von Linux auf /390 Mainframes, die einige wenige Entwickler im IBM-Entwicklungslabor Böblingen durchführten. Nachdem das System lief, setzten erst unternehmensweite kontroverse Diskussionen ein, die schließlich dazu führten, dass IBM daraus ein Produkt machte.

Das bedeutet, dass im Rahmen eines Portfolio-Managements nicht alle Projekte in einem Portfolio betrachtet werden sollten, auch wenn natürlich letztlich alle Projekte um die Ressourcen des Unternehmens konkurrieren. Es macht mehr Sinn, zunächst unterschiedliche Portfolios zu bilden, auf die jeweils unterschiedliche Betrachtungs- und Entscheidungskriterien anzuwenden sind. So hat es sich beispielsweise bewährt, Portfolios mit Projekten zur Weiterentwicklung bestehender Produkte (Evolution mit niedrigem Risiko), zur Neuproduktentwicklung auf Basis bekannter Technologie (Evolution mit mittlerem Risiko) und zur zielgerichteten Forschung (Innovation mit hohem Risiko) getrennt zu managen. Dabei muss in einem übergeordneten Prozess jedem Portfolio top-down ein bestimmter Teil der Unternehmensressourcen zugeordnet werden.

Projekte des dritten Portfolios, also der Forschungskategorie, werden typischerweise zu einem Zeitpunkt aufgesetzt, zu dem die Eigenschaften eines eventuell resultierenden Produkts noch nicht absehbar sind und dementsprechend auch noch kein Software-Produkt-Manager dafür benannt ist. Trotzdem erscheint es sinnvoll, in solche Projekte frühzeitig Marketing-

und Produkt-Management-Skills einzubeziehen, damit nicht für viel Geld technologisch brillante Konzepte entstehen, die hinterher keiner haben will und keiner braucht. Spätestens wenn ein Forschungsprojekt ein Ergebnis erzielt hat, das hinreichend tragfähig erscheint, sollte ein explizites Produkt-Management etabliert werden, das systematisch die Marktchancen untersucht, an der Definition der auf dem Forschungsergebnis basierenden Produkte mitwirkt und deren Marktpositionierung und -einführung managt.

Cooper wendet sich in [Cooper00] strikt an das Top-Management und lässt den menschlichen Faktor, der insbesondere bei Go/NoGo-Entscheidungen über Projekte wie auch generell im Portfolio-Management eine wichtige Rolle spielt, völlig außer Acht. Die Bedeutung dieses menschlichen Faktors ist sehr überzeugend im Buch „The Smart Organization: Creating Value Through Smart R&D" der Brüder Matheson [MatMat98] dargestellt, die auch gute Beispiele bringen. Ein Software-Produkt-Manager muss sein Produkt bzw. die zu seiner Entwicklung notwendigen Projekte im Portfolio-Management-Prozess typischerweise vertreten. In Unternehmen, in denen seine persönliche Karriere in starkem Maße davon abhängt, dass seine Produkte und Projekte im Rahmen des Portfolio-Managements möglichst viele Ressourcen bekommen, wird dieser Ansatz allerdings nie den gewünschten Unternehmenserfolg nach sich ziehen.

Der Projekt-Portfolio-Management-Ansatz wird aktuell von manchen Beratern auch propagiert für Unternehmen, in denen der Projekt-Begriff wesentlich feingranularer verstanden wird. Während in der obigen Darstellung der Projekt-Begriff für die Entwicklung einer kompletten Version oder eines Release eines Produkts verwendet wird, definieren viele Anwenderunternehmen die Realisierung einer einzelnen Anforderung als Projekt, wenn der dafür geschätzte Aufwand eine bestimmte Größe überschreitet. In solchen Fällen halten wir den Portfolio-Management-Ansatz nicht für geeignet, da seine Zielrichtung die grobgranulare Finanzallokation ist. Die feingranulare Entscheidung über die Realisierung einer einzelnen Anforderung sollte stattdessen im Rahmen des Anforderungsmanagementprozesses getroffen werden, wie er in Kap. 5 dargestellt wird.

6.2 Organisationsformen

Der überwiegende Teil der Aufgaben des Software-Produkt-Managements (siehe Kap. 5) besteht in jedem Software-Unternehmen, allerdings haben Hersteller- bzw. Anwenderunternehmen unterschiedliche Schwerpunkte (siehe Abschnitt 6.3). Die Organisationsform des Software-Produkt-Managements ist also keine Frage des „Ob", sondern nur des „Wie", d.h. wie soll das Unternehmen organisiert werden, damit die Aufgaben des Software-

Produkt-Managements optimal ausgeführt werden können. Auf diese Frage gibt es wie immer bei Organisationsfragen keine allgemeingültige richtige Antwort. Einflussfaktoren sind Größe und Kultur des Unternehmens, die Struktur der übrigen Aufbauorganisation, die Produktstruktur und nicht zuletzt die handelnden Personen und deren Vorlieben und Abneigungen.

Grundsätzlich ist in einem Unternehmen zunächst die Erkenntnis notwendig, dass das Unternehmen Software-Produkte hat, bevor Software-Produkt-Management und seine Organisationsform zum Thema werden kann. Diese Erkenntnis ist bei einem Software-Hersteller im Allgemeinen trivial, bei Anwenderunternehmen hingegen setzt sich diese Sicht erst allmählich durch (siehe Abschnitt 6.1). Wir setzen sie für die folgenden Betrachtungen voraus.

Software-Produkt-Management hat immer eine unternehmerische Komponente, die im Ziel des nachhaltigen Produkterfolgs zum Ausdruck kommt (siehe auch Abschnitt 5.1). Daher ist es nicht verwunderlich, dass in kleinen Unternehmen ein großer Teil dieser Aufgaben typischerweise vom Unternehmensführer selbst wahrgenommen wird. Mit wachsender Unternehmensgröße muss die Unternehmensführung mehr und mehr Verantwortung und Kompetenzen delegieren, damit das Unternehmen handlungsfähig bleibt. Da Unternehmensführungen im Allgemeinen dazu tendieren, in allen wichtigen Produktfragen das Heft in der Hand zu behalten, liegt es nahe, zunächst keine wertvollen Stellen für Software-Produkt-Management zu spendieren. So entsteht die typische Situation, dass es Software-Produkt-Management als Organisationseinheit in vielen Unternehmen gar nicht gibt. Die Aufgaben werden dann partiell von der Unternehmensführung wahrgenommen, die für Teilaufgaben die funktionalen Bereiche des Unternehmens in die Pflicht nimmt. Die Unternehmensführung ist aber im Allgemeinen schon aus Zeitgründen nicht in der Lage, das Thema kontinuierlich gesamthaft zu verfolgen. Deshalb plädieren wir dafür, so früh es die wirtschaftliche Situation eines Unternehmens erlaubt, dedizierte Software-Produkt-Manager zu etablieren. Dabei kann eine Person durchaus für mehrere oder alle Software-Produkte des Unternehmens verantwortlich sein.

Die vorherigen Kapitel dieses Buches, insbesondere Kap. 5, haben die enorme Spannbreite der Tätigkeit des Software-Produkt-Managers deutlich gemacht. Schon in Abschnitt 6.1 haben wir das Problem diskutiert, dass der einzelne Produkt-Manager nicht in allen Teilthemen des Software-Produkt-Managements gleichermaßen tiefen Skill haben kann. Er muss sich also entweder in den Gebieten, die außerhalb seines Skills liegen, auf die Management-Rolle zurückziehen und auf die Fachleute bauen, oder die Software-Produkt-Management-Organisationseinheit ist so groß, dass die

Mitarbeiter sich entsprechend ihren jeweiligen Skills spezialisieren können. In kleinen Unternehmen besteht die zweite Möglichkeit nicht, d.h. wenn die Software-Produkt-Management-Aufgabe von einer Einzelperson wahrgenommen wird, sind Management-Fähigkeiten besonders wichtig. Besteht eine größere Organisationseinheit mit entsprechender Spezialisierung, muss trotzdem sichergestellt werden, dass jedes Produkt hinreichende Aufmerksamkeit genießt, d.h. der Produktfokus darf durch die Spezialisierung nicht verloren gehen. Anderenfalls läuft die Organisationseinheit Software-Produkt-Management Gefahr, sich überflüssig zu machen, da sie nur die Spezialisierung widerspiegelt, die in den übrigen Bereichen des Unternehmens ohnehin schon vorhanden ist.

Die unternehmerische ganzheitliche Komponente im Software-Produkt-Management legt nahe, die Organisationseinheit recht nah an der Unternehmensführung aufzuhängen, also als Stabsfunktion. Die Erfolgswahrscheinlichkeit einer solchen Struktur hängt allerdings stark von der Unternehmenskultur und der Einstellung der Beteiligten, insbesondere der Unternehmensführung ab. Denn die Aufhängung als Stabsfunktion bedeutet viel Verantwortung ohne Weisungsbefugnis gegenüber denen, die die wesentlichen Ressourcen haben und dementsprechend maßgeblich zum Erfolg beitragen müssen. Wenn die Unternehmenskultur einer Zusammenarbeit quer zur Aufbauorganisation zuwiderläuft und Eskalation zur Unternehmensführung als persönlicher Angriff interpretiert wird, wie das noch immer in vielen Unternehmen üblich ist, steht der Software-Produkt-Manager schnell auf verlorenem Posten. Diese Organisationsform kann also nur funktionieren, wenn die Unternehmensführung die Spielregeln so definiert, kommuniziert und lebt, dass der Software-Produkt-Management-Organisationseinheit der Rücken gestärkt wird.

Welche Alternativen gibt es dazu? Gehen wir zunächst von einer funktional orientierten Organisationsstruktur aus (siehe Abb. 6.4), d.h. unter

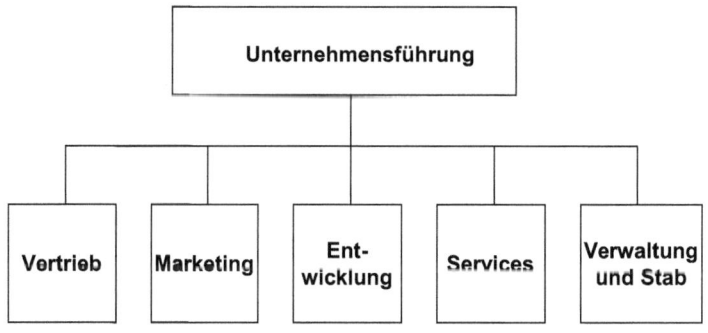

Abb. 6.4: Funktionale Organisation

der Unternehmensführung gibt es die Bereiche Entwicklung, Vertrieb, Marketing und Services sowie Verwaltungs- und Stabsfunktionen (z.B. Controlling). Die Organisationseinheit Software-Produkt-Management könnte entweder in den Bereich Entwicklung oder den Bereich Marketing integriert werden. Eine Integration in den Vertrieb ist nicht zu empfehlen, da die Kurzfristigkeit der Vertriebsziele einen zu großen Konflikt zum Ziel der Nachhaltigkeit des Software-Produkt-Managements darstellt.

Eine Integration in die Entwicklung erscheint plausibler und wurde und wird häufig praktiziert. Dahinter steht der Gedanke, dass die Entwickler die Technologieentwicklung ohnehin am besten abschätzen können. Die Erfahrungen der IBM, die diese Organisationsform lange genutzt hat, zeigen allerdings deutlich die Nachteile. Die Entwickler sind typischerweise recht weit vom Markt und den Kunden entfernt, auch wenn größere Kundennähe durch vielfältige Initiativen angestrebt wird. Aufgrund der kulturellen Distanz zwischen Entwicklung, Vertrieb und Marketing kann eine in der Entwicklung aufgehängte Produkt-Management-Funktion ihrer Mittlerrolle nicht richtig nachkommen, da sie nicht als neutral betrachtet wird. Eine notwendige Eskalation, die die Organisationseinheit Software-Produkt-Management zu Lasten des Entwicklungsbereichs betreibt, wird in der Regel vom Entwicklungsmanagement vermieden werden.

Die aufgeführten Nachteile gelten zum Teil auch für eine Aufhängung von Software-Produkt-Management im Marketing, wobei Marketing doch näher an Markt und Kunden ist. Außerdem ist Marketing im Allgemeinen eine kleinere Einheit, deren Eigeninteressen eher auf einer Linie mit nachhaltigem Software-Produkt-Management sind, auch wenn die Zielrichtung insgesamt kürzerfristig ausgerichtet ist. Will also eine Unternehmensführung in einer funktional ausgerichteten Aufbauorganisation eine Software-Produkt-Management-Funktion nicht als eigenständige Stabsfunktion betreiben, plädieren wir für eine Aufhängung beim Marketing. Dies gilt aber nur, wenn das Marketing organisatorisch vom Vertrieb getrennt ist.

Viele Unternehmen sind inzwischen von einer streng funktional orientierten Aufbauorganisation zu anderen Organisationsformen übergegangen, die den Notwendigkeiten der Zusammenarbeit im Unternehmen besser entsprechen sollen. Es ist nicht Thema dieses Buches, die Vor- und Nachteile solcher Organisationsformen, von Matrix bis zu Geschäftsprozessorientierung, generell zu behandeln. Allerdings wollen wir festhalten, dass angesichts der vielfältigen Formen der innerbetrieblichen Kooperation und Kommunikation – gleichgültig ob entlang der Geschäftsprozesse oder informell – keine wie auch immer geartete Aufbauorganisation eine Zusammenarbeit quer zu dieser jeweiligen Organisation überflüssig machen kann. Gerade im Management solcher Querbezüge liegt aber eine wesentliche Aufgabe des Produkt-Managements.

Betrachten wir als Beispiel die aktuelle Organisation der IBM. Es handelt sich dabei um eine mehrdimensionale Matrixorganisation mit den Dimensionen Produkt, Funktion und Geographie. Dabei ist mit Funktion zum Beispiel Vertrieb oder Entwicklung gemeint. Unterhalb der Unternehmensführung bestehen mehrere Divisionen, die jeweils die Verantwortung für bestimmte Produktgruppen haben, z.B. Software oder Server. Daneben gibt es eine Vertriebsorganisation und eine Service-Organisation. Alle Mitarbeiter in einem Land gehören personell zur jeweiligen Landesorganisation, sind aber funktional einer der obigen Divisionen zugeordnet. Innerhalb der jeweiligen Produktdivision ist die Produktpalette nochmals aufgeteilt in Unterproduktgruppen. In der Software-Division gibt es zum Beispiel die Untergruppen Middleware oder Database. Der jeweilige Leiter einer Unterproduktgruppe hat die komplette Produktverantwortung für seine Produkte, die von einer Stabsfunktion wahrgenommen wird, in der Produkt-Management und Marketing angesiedelt sind. Die Entwicklungskapazitäten in den weltweiten Labors sind den Divisionen und darin den Unterproduktgruppen zugeordnet, wobei der jeweilige Leiter einer Unterproduktgruppe Weisungsbefugnis hat. Dabei arbeitet ein Labor in vielen Fällen für mehrere Divisionen bzw. Unterproduktgruppen. Zwischen den Produktdivisionen und der Vertriebsorganisation gibt es jeweils periodenbezogene Vereinbarungen über dedizierte Kapazitäten und Zielumsätze für die Produktgruppen, die dann geographisch und produktbezogen heruntergebrochen werden. Der wesentliche Nachteil dieses Konzepts liegt darin, dass durch die starke Zentralisierung von Produkt-Management und Marketing die länder- und regionsspezifischen Anforderungen häufig nicht genügend Berücksichtigung finden. Außerdem gibt es natürlich Abstimmungsprobleme zwischen den Produktgruppen und Divisionen, was aber in einem Unternehmen dieser Größenordnung unvermeidlich ist.

Jede Unterproduktgruppe kann und soll als eigenständiges Geschäft betrieben werden, das durch die Produkt-Management-Funktion umfassend gemanagt wird. Das schließt auch die Weisungsbefugnis des Leiters einer Unterproduktgruppe auf dedizierte Mitarbeiter im Vertriebsbereich ein. Das ist zwar aus Produkt-Management-Sicht vorteilhaft, hat aber den Nachteil, dass es zu Konkurrenzsituationen zwischen IBM-Vertriebsmitarbeitern kommt. Dementsprechend schwer ist es für die Vertriebsorganisation, den Grundsatz „One Face to the Customer" aufrechtzuerhalten.

IBM ist ein Beispiel für den Umgang mit Produkt-Management in einer besonders großen Organisation. Das dargestellte Konzept mit seinen Vor-

und Nachteilen ist aber durchaus auch auf deutlich kleinere Unternehmen adaptierbar. Auch Anwenderunternehmen können davon lernen. Traditionell haben IT-Bereiche auf der Anwenderseite keine eigenständigen Marketing- und Vertriebsfunktionen. Doch auch das ändert sich zunehmend. Insbesondere wenn die Fachbereiche im Unternehmen die Möglichkeit bekommen, am IT-Bereich vorbei IT-Leistungen von außen zu beziehen, wird die Notwendigkeit für Marketing und Vertrieb offensichtlich. Doch selbst wenn das nicht der Fall ist, ist es für den IT-Bereich hilfreich, den Fachbereichen seine Leistungen und seinen Beitrag zum Unternehmenserfolg vertrieblich näher zu bringen. Diese Kommunikationsherausforderung war immer schwierig und ist durch die Ernüchterung nach den Übertreibungen der letzten Jahre heute noch schwieriger geworden. In diesem Zusammenhang ist es nach unserer Erfahrung hilfreich, das Konzept der Software-Komponenten als Produkte, d.h. als Assets des Unternehmens, zu nutzen, weil es einer unternehmerischen Sicht auf IT entspricht. Der konsequente nächste Schritt ist dann ein explizites Management dieser Assets, also die Etablierung von Software-Produkt-Management. Für die Organisationsform innerhalb des IT-Bereichs gilt dann weitgehend das oben Dargestellte.

6.3 Ausgestaltung des Software-Produkt-Managements

In diesem Abschnitt werden wir die verschiedenen Kernelemente des Software-Produkt-Managements verschiedenen Unternehmensformen und Produktarten gegenüberstellen und eine Empfehlung aussprechen, welche Kernelemente für welche Situation besonders wichtig sind. Dabei wollen wir einige typische Beispielsituationen analysieren, ohne hier Anspruch auf Vollständigkeit zu erheben.

- Szenario A: ein großer Software-Hersteller, der ausschließlich Applikationssoftware im Business-to-Business (B2B)-Segment entwickelt, wie z.B. SAP.
- Szenario B: ein Hersteller von System-Software (Betriebssysteme, Datenbanken, Middleware) auch für den kommerziellen Bereich, z.B. IBM
- Szenario C: ein mittlerer bis kleiner Open-Source-Software-Anbieter mit vielen Kunden sowohl im B2B- als auch im Consumer (B2C)-Bereich, z.B. Suse Linux.
- Szenario D: ein mittelgroßes Software-Unternehmen mit vielen Kunden im Consumer-Umfeld, z.B. ein PC-Spiele-Hersteller.
- Szenario E: ein Anbieter von Outsourcing/ASP-Dienstleistungen, z.B. EDS.

6.3 Ausgestaltung des Software-Produkt-Managements

- Szenario F: ein IT-Anwender als ausgelagerter Dienstleister eines großen Unternehmens, z.B. Postbank Systems oder Itellium (KarstadtQuelle-Konzern).

Die folgende Matrix soll die Wichtigkeit der einzelnen im letzten Kapitel vorgestellten Kernelemente des Software-Projekt-Managements für diese Szenarien bewerten.

Szenario / Kernelement	A	B	C	D	E	F
Marketing	++	++	++	++	+	+

Vertrieb
  Direktvertrieb
  Reseller
  • Distributoren
  • VARs
  Telesales
  Internet Vertrieb
  Influencer
	
	++
	
	+
	++
	-
	-
	+
		
		++
		
		+
		+
		-
		-
		o
			
			++
			
			++
			+
			+
			o
			o
				
				-
				
				++
				o
				+
				+
				o
					
					++
					
					-
					+
					--
					--
					+
						
						+
						
						-
						o
						--
						--
						o

Partnering	++	++	++	+	o	o
Lizenzmodelle	++	++	++	++		
SLAs					++	+
Pricing / Preisgestaltung	+	+	+	++	+	+
Produktfamilien/-plattformen	++	++	+	++	o	+
Anforderungsmanagement	++	++	++	++	++	++
Einbindung von Kunden	++	++	+	+	+	++
Abhängigkeit von anderen Produkten	++	++	+	+	+	+

Support-Struktur
  Wartung
  Schulung
  Technische Services
	
	++
	++
	+
		
		++
		++
		+
			
			+
			o
			+
				
				o
				--
				--
					
					+
					o
					+
						
						+
						++
						+

Professional Services	++	+	o	--	+	+
Unternehmensplanungsprozesse	+	+	+	+	+	+

-- nicht relevant - weniger wichtig o sollte beachtet werden + wichtig ++ sehr wichtig

Ein großer Software-Hersteller von Anwendungssoftware (Szenario A) wird immer das volle Spektrum aller im Produkt-Management angesiedelten Aktivitäten benötigen. Auch vertriebsmäßig wird sich eine solche Firma immer breit aufstellen und sowohl einen eigenen Vertrieb als auch einen Partnervertrieb aufbauen und nutzen. Aufgrund der Beratungsintensität seiner Produkte benötigt dieser Hersteller nicht nur Vertriebs-, sondern auch Implementierungspartnerschaften auf verschiedenen Stufen. Dazu haben die meisten großen Hersteller entsprechende Partnerschaftsprogramme aufgebaut.

Lizenzbedingungen werden zentral erstellt und gelten i.d.R. weltweit mit Anpassungen an die lokale Rechtslage. Pricing-Modelle sollten möglichst flexibel sein (One Time Charge, Monthly Licence Charge, kapazitäts- und nutzungsabhängige Modelle), um in den unterschiedlichen Kundensituationen das geeignete Kalkulationsmodell anwenden zu können. Die Support-Struktur ist meistens mehrstufig (1st, 2nd und 3rd Level Support), wobei der 1st Level Support für die Entgegennahme des Kundenproblems, eine erste Analyse und auch eine Fehlerkorrektur zuständig ist, falls das Problem bereits bekannt und von einem anderen Kunden berichtet wurde. Hierzu unterhalten große Hersteller zentrale Fehlerdatenbanken, die weltweit genutzt werden. Probleme, die vom ersten Level nicht gelöst werden können, werden an den 2nd Level weitergeleitet. Die letzte Instanz ist als 3rd Level entweder die Entwicklungsfunktion selbst oder ein spezielles Change Team für das „current release", das organisatorisch in der Nähe der Entwicklung angesiedelt ist. All dies hat der Produkt-Manager – falls noch nicht existent – zu etablieren, ansonsten am Laufen zu halten und zu optimieren.

Auch beim Anforderungsmanagement wird der Produkt-Manager in diesem Szenario das komplette Spektrum der geschilderten Quellen für Anforderungen nutzen, einschließlich Benutzervereinigungen und Kundenumfragen. Aufgrund der Vielfalt der Einsatzmöglichkeiten und des kundenspezifischen Customizings ist auch das frühzeitige Einbinden von möglichen Kunden (bei Neuentwicklungen) oder bestehenden Kunden (bei Weiterentwicklung) in frühen Phasen sowie für Pilottests sehr zu empfehlen. Das Einführen von Produktfamilien und -plattformen sollte in diesem Umfeld frühzeitig erwogen und umgesetzt werden, da es auf der einen Seite Synergien schafft (in der Entwicklung, aber auch in anderen Bereichen wie etwa Support), aber auch die Bereiche Marketing und Vertrieb durch eine stringente Produkt-Strategie unterstützt. In diesem Fall wird der Produkt-Manager in einem Team für die Produktfamilie/-plattform arbeiten und sich mit seinen Kollegen permanent abstimmen müssen.

Große Software-Hersteller haben in der Regel festgelegte einheitliche Entwicklungsprozesse, auf die der Produkt-Manager wenig Einfluss hat. Trotzdem sollte der Produkt-Manager darauf hinwirken, dass die Entwicklungsprozesse und -umgebungen effizient, state-of-the-art und wettbewerbsfähig sind, insbesondere auch, dass die Entwicklungszyklen verkürzt und nicht verlängert werden.

Die Einbindung des Software-Produkt-Managements in die Planungsprozesse des Unternehmens sehen wir hier (wie auch bei allen nachfolgend diskutierten Unternehmenstypen) grundsätzlich als wichtig und unverzichtbar an, da Budgets und Ressourcen in der Regel mindestes ein Jahr im Voraus beantragt und vergeben werden. Hier steht der Software-Produkt-Manager in Konkurrenz zu seinen Kollegen, d.h. er benötigt immer wieder eine gute „Story", warum das Unternehmen ausgerechnet in die Entwicklung „seines" Produktes investieren sollte.

Auch bei einem großen Hersteller von systemnaher Software (Szenario B) wird das Produkt-Management nicht viel anders aussehen wie im vorangehenden Fall. Alle Kriterien haben aus unserer Sicht eine ähnliche Gewichtung, außer dass Influencer hier vielleicht eine etwas geringere Rolle spielen als bei der Anwendungssoftware, da die Systemplattform in den meisten Fällen vorgegeben ist und nicht zur Debatte steht.

Ein mittleres bis kleineres Software-Unternehmen, das zudem noch sowohl den Business- als auch den Consumer-Markt bedient und auf Open-Source-Software aufsetzt wie z.B. Suse (Szenario C), wird generell weniger auf den eigenen Vertrieb, sondern zum großen Teil auf Distributoren und Partner setzen und von diesen auch sehr stark abhängig sein. Dies gilt es auch bei der Erhebung von Anforderungen zu berücksichtigen, da hier die Einbindung von Endkunden schwieriger ist als beim eben genannten Fall. Da hier auch Consumer als Kunden bedacht werden, ist vom Produkt-Management auf eine für diese Zielgruppe einfache Preisgestaltung und vor allem einen konkurrenzfähigen Endpreis zu achten, da diese Produkte häufig in erster Linie über den Preis verkauft werden und erst in zweiter Linie über den Funktionsumfang oder andere Kriterien. Professional Services spielen bei diesen Herstellern eine geringere Rolle, sie bauen i.d.R. auch keine eigene Professional-Services-Organisation auf.

Ein Unternehmen, welches ausschließlich den Consumer-Markt bedient (etwa ein Hersteller von Spiele-Software, Szenario D) wird wahrscheinlich keinen eigenen Vertriebskanal etablieren, sondern seine Produkte ausschließlich über Händler vertreiben. Für das Feedback bzw. neue Anforderungen stehen dem Produkt-Manager also im Wesentlichen diese Partner und – falls er seine Kunden kennt – Kundenumfragen (schriftlich oder auch via Internet) zur Verfügung. Ein solcher Hersteller tut gut daran, dass seine Produkte einen hohen Wiedererkennungswert haben. Deshalb sollten seine Produkte – in diesem Fall seine Spiele – alle das gleiche „Look-and-Feel" haben. Somit wird der Produkt-Manager seine Spiele als Produktfamilie organisieren – auch um so Entwicklungskosten zu sparen, einen hohen Anteil an Reuse zu betreiben und somit seine Software zu einem günstigen Preis bzw. mit hoher Marge anbieten zu können. Da Consumer-Software immer mehr über das Internet verfügbar gemacht wird, wollen wir diesen „Vertriebskanal" hier nicht unerwähnt lassen, sehen diesen aber weniger als aktiven Vertrieb eines Unternehmens, sondern eher als Bestellmöglichkeit und Bezugsquelle. Bei den anderen hier diskutierten Szenarien – mit Ausnahme der Open-Source-Software – dürfte diese Möglichkeit des Vertriebs deshalb auch eine eher untergeordnete Rolle spielen.

Eine weitere Gruppe von Unternehmen, die wir betrachten wollen, sind Anbieter von Outsourcing oder ASP-Dienstleistungen (Szenario E). Die „Produkte", die von solchen Unternehmen angeboten werden, bestehen aus einem komplexen Bündel aus Hardware, Standard-Software (System- und Anwendungssoftware), Customizing, Anwendungsentwicklung, Betrieb und weiteren Services. Outsourcing-Angebote sind in der Regel so komplex und individuell, dass sie nur über den eigenen Vertrieb angeboten werden und nicht über alternative Vertriebswege. Auch Partnerschaften werden wohl weniger im Sinne von Vertriebspartnerschaften, sondern eher z.B. mit Hard- und Software-Herstellern als Technologiepartnerschaften abgeschlossen.

Die Preisgestaltung von Outsourcing-Verträgen kann sehr komplex sein, auf jeden Fall werden anstelle von Lizenzverträgen – wie bei Herstellern – Service Level Agreements (SLAs) zur Anwendung kommen, die im Einzelnen regeln, welche Leistungen wann, wie schnell und mit welcher Qualität erbracht werden müssen. Abweichungen von diesen SLAs werden i.d.R. durch einen vorher vereinbarten Eskalationsprozess aufgefangen und geregelt.

Auch ein IT-Anwender (Szenario F) – speziell die IT-Abteilung, die „Produkte" (also i.d.R. selbstentwickelte Anwendungssysteme oder modifizierte bzw. weiterentwickelte Standardprodukte) anbietet –, benötigt grundsätzlich alle oben angesprochen Kernelemente des Software-Produkt-Managements, nur – im Vergleich zum Software-Hersteller – mit etwas anderer Ausprägung und möglicherweise anderen Schwerpunkten. Betrachten wir z.B. Unternehmen wie Postbank Systems oder Itellium, d.h. IT-Anwender, die IT-Leistungen sowohl für ihren Mutterkonzern als auch, jedenfalls von der Zielsetzung her, für externe Kunden erbringen. In der

Regel sind bei diesen Unternehmen Vertrieb und Marketing, aber auch alternative Vertriebskanäle und Partnering nicht so bedeutend wie bei einem Hersteller und damit auch entsprechend schwach ausgeprägt. Abhängig davon, wie so ein Unternehmen am Markt agiert und wie stark die Zielsetzung und Notwendigkeit ist, neue Kunden außerhalb des bisherigen Spektrums (z.B. Mutterkonzern) zu gewinnen, um so stärker gewinnen Marketing, ein eigener Vertrieb, weitere Vertriebskanäle oder auch Partnerschaften (z.B. auch Technologie-Partnerschaften mit Herstellern) an Bedeutung.

Auch eine gut aufgebaute Support-Struktur mit eigenem Call Center und einer zentralen Anlaufstelle für interne und externe Kunden bei Problemen kann bei einem Anwender ein wichtiger Wettbewerbsfaktor sein. Der Prozess Anforderungsmanagement hat unseres Erachtens bei allen Unternehmensformen (Hersteller wie Anwender) einen zentralen Stellenwert. Auch ein Anwender muss die Anforderungen an seine Produkte (egal ob interner oder externer Kunde) erheben, richtig bewerten und umsetzen. Dieser Prozess alleine rechtfertigt – auch wenn die anderen Prozesse nicht so aufwändig gelebt werden wie bei einem Software-Hersteller – die Etablierung eines unabhängigen Produkt-Managements. Besonders wichtig ist hierbei auch die Betonung langfristiger strategischer Aspekte: Wie entwickelt sich der eigene Markt und welche Produkte und Dienstleistungen sollten in den nächsten drei bis fünf Jahren angeboten werden? Diese Fragestellungen sind außerdem stark mit der IT-Strategie des Unternehmens verflochten, so dass der Produkt-Manager eng mit dieser Funktion zusammenarbeiten oder eventuell sogar Teil des IT-Strategie-Boards des Unternehmens sein sollte.

Auch das Thema Abhängigkeiten wird den Produkt-Manager eines Anwenders beschäftigen. Zum einen gibt es – wie beim Hersteller auch – Abhängigkeiten von der eingesetzten Standard-Software oder aber auch von eigenentwickelten Anwendungsprogrammen. Darüber hinaus kann es aber auch Abhängigkeiten der angebotenen Produkte untereinander geben bzw. Produkte, die aufeinander aufbauen. Das Element „Produktfamilie" oder „Produktplattform" wird dagegen bei den meisten Anwendern heute noch unterschätzt und könnte bzw. sollte vom Potential her eine größere Rolle spielen. Auch bei Anwendern lassen sich durch ein modular aufgebautes Produktangebot Synergien erzielen, sowohl im Bereich des Marketings als auch bei den Entwicklungskosten.

Die Beispiele zeigen, dass die in diesem Buch dargelegten Kernelemente des Software-Produkt-Managements insofern allgemeingültig sind, als sie alle bei den unterschiedlichsten Software-Unternehmen – Herstellern wie Anwendern – das Software-Produkt-Management definieren und zusammenhalten, auch wenn es im Einzelfall leichte Unterschiede und verschiedene Schwerpunkte geben mag. Allen Unternehmensformen gemeinsam ist die Wichtigkeit des Anforderungsmanagements als zentralem Prozess innerhalb des Software-Produkt-Managements. Die Umsetzung der richtigen Anforderungen zum richtigen Zeitpunkt mit den verfügbaren Ressourcen zusammen mit der richtigen Marketing- und Vertriebsstrategie bestimmt den Erfolg des Software-Produkt-Managers und seines Produktes.

7 Zusammenfassung und Ausblick

Unternehmen werden üblicherweise gegründet, um längerfristig erfolgreich am Wirtschaftsleben teilzunehmen. Damit muss es bei allem modischen Fokus auf Kurzfristigkeit wesentliches Ziel jeder Unternehmensführung sein, die Nachhaltigkeit des Erfolgs des Unternehmens zu gewährleisten. Auf Basis dieses Ansatzes der Nachhaltigkeit verdeutlicht dieses Buch den Stellenwert eines konsequenten Software-Produkt-Managements für den Erfolg von Unternehmen, die Software-Produkte in ihrem Portfolio haben. Dabei wird der Begriff „Software-Produkt" verstanden als ein Produkt, dessen vorrangiger Bestandteil Software ist. Diese Definition greift sowohl für die Hersteller- wie auch für die Anwenderseite.

Generell gibt es kein Patentrezept für die Definition von Verantwortlichkeiten und die Organisation von Software-Produkt-Management, sondern diese Fragen müssen in Abhängigkeit von den Zielen der Unternehmensführung, der gesamten Aufbauorganisation und der Unternehmenskultur geklärt werden. Wichtig ist dabei, die Voraussetzungen dafür zu schaffen, dass die Software-Produkt-Manager den nachhaltig wichtigen Fragen genügend Aufmerksamkeit widmen können und nicht von den Tagesaktualitäten völlig aufgezehrt werden. Wir plädieren dafür, dass das Software-Produkt-Management die Verantwortung für den nachhaltigen Markterfolg des Produkts oder der Produkte hat, wobei die Definition geeigneter Messgrößen einiger Sorgfalt bedarf. Gesamthaft betrachtet handelt es sich dabei um eine kontinuierliche Tätigkeit, nur Teile haben Prozess- oder Projektcharakter. Die Aufgabe umfasst die zukunftsorientierte Positionierung des Produkts im Markt inklusive der eventuellen Etablierung einer Produktplattform oder -familie, die Vertretung der Produktsicht in allen inhaltlichen und finanziellen Planungs- und Entscheidungsprozessen sowie die Steuerung und Koordination aller Parteien innerhalb und außerhalb des Unternehmens, die für den nachhaltigen Produkterfolg relevant sind. Das sind insbesondere Entwicklung, Vertrieb und Marketing. Der wichtigste Prozess, der in der Verantwortung des Software-Produkt-Managers liegt, ist das Anforderungsmanagement. Eine spezifische Werkzeugunterstützung für Software-Produkt-Management gibt es nur für Anforderungsmanagement, aber Office- und Business-Intelligence-Werkzeuge sind generell hilfreich.

Die meisten Kernaufgaben des Software-Produkt-Managements sind sowohl auf Hersteller- wie auf Anwenderseite relevant, wenn auch mit unterschiedlicher Gewichtung. Diese resultiert primär aus der Zahl der Kunden und der Produktart. Während Software-Produkt-Management in Herstellerunternehmen bereits breit genutzt wird, ist es auf der Anwenderseite ein recht neuer Ansatz. In diesem Buch werden erstmalig in der deutsch- und englischsprachigen Literatur die Positionierung, die Kernelemente und die Organisation von Software-Produkt-Management umfassend dargestellt und von der Hersteller- auf die Anwenderseite übertragen. Wir sind überzeugt, dass die verstärkte Nutzung des Software-Produkt-Management-Ansatzes auf der Anwenderseite die dortigen IT-Organisationen in die Lage versetzen wird, die zukünftigen geschäftlichen und technologischen Herausforderungen besser zu bewältigen.

Während der Entstehungszeit dieses Buchs entbrannte eine interessante Diskussion in der amerikanischen Öffentlichkeit über die Frage, ob die IT weiterhin erhebliche Bedeutung für die Wettbewerbsfähigkeit von Wirtschaftsunternehmen haben wird, oder ob IT zu einer Selbstverständlichkeit wird, über die eine Differenzierung am Markt genauso wenig möglich sein wird wie über den elektrischen Strom, den ein Unternehmen verwendet. Ihren Kulminationspunkt fand diese Diskussion in dem provokanten Artikel „IT Doesn't Matter", in dem Nicholas Carr im Harvard Business Review [Carr03] die zweite Position vertrat.

Wir halten diese Diskussion für verfehlt. Natürlich hat es keinen Einfluss auf die Wettbewerbsfähigkeit eines Unternehmens, wenn es dem Pförtner einen 19-Zoll-Super-Ultra-TFT-Bildschirm statt seines alten 15-Zoll-Röhrenmonstrums spendiert. Was Einfluss auf die Wettbewerbsfähigkeit hat, sind Effektivität und Effizienz der Geschäftsprozesse des Unternehmens, die Fähigkeiten der Mitarbeiter sowie die Gestaltung der Schnittstelle zum Kunden. Es ist ein Grundelement unseres Wirtschaftssystems, dass über diese Faktoren Differenzierung am Markt möglich war, ist und weiterhin sein wird. Dementsprechend werden Investitionen in IT, die diese Faktoren spürbar voranbringen, auch in Zukunft hochgradig wettbewerbsrelevant sein. Aktuelle Beispiele für Unternehmen, die sich auf genau diese Weise am Markt positiv differenzieren, sind Amazon.com oder Dell, deren Erfolg maßgeblich auf ihre innovativen Prozesse und Kundenschnittstellen zurückzuführen ist, die nur mit Hilfe von IT realisiert werden konnten. Commodity-Produkte können Bestandteil von solchen Lösungen sein, aber durch sie allein lassen sich keine Wettbewerbsvorteile erzielen. Unsere Sicht wird gestützt durch die sehr fundierten Ergebnisse von Erik Brynjolfsson, Professor der MIT Sloan School of Management ([Brynjo03]), der in seiner Untersuchung von über 1000 amerikanischen Unternehmen nicht nur eine signifikante Korrelation zwischen der Intensität des IT-Einsatzes und der Unternehmensproduktivität belegte, sondern auch feststellte: „Unsere statistische Analyse ergab, dass IT eingebettet ist in ein Cluster von zugehörigen Innovationen, insbesondere organisatorischen Veränderungen außerhalb des IT-Bereichs. Dieses Cluster, das wir die digitale Organisation nennen, beinhaltet:

- Automatisierung zahlreicher Routine-Aufgaben,
- hochqualifizierte Arbeit,
- dezentralere Entscheidungskompetenz,
- verbesserten Informationsfluss vertikal und quer zur Aufbauorganisation,
- starke leistungsbasierte Anreize,
- starke Betonung von Weiterbildung und Rekrutierung.

Im Durchschnitt produzieren Unternehmen, die diese Elemente erfolgreich kombinieren, wertvolleren Output als ihre Wettbewerber und erzielen eine höhere Produktivität. Sie haben i.A. auch eine höhere Mitarbeiter- und Kundenzufriedenheit." (Übersetzung der Autoren)

Es ist nicht zutreffend, dass es keine signifikante Innovation mehr im IT-Sektor gebe. Ein Indikator sind etwa die Venture-Capital-Ströme in den IT-Sektor, die in den USA im Jahr 2002 zwar deutlich niedriger waren als im irrationalen Überschwang des Boom-Jahres 2000, aber immer noch höher lagen als im Jahr 1998, als die Grundlage für die folgende Boom-Phase gelegt wurde. Technologische Entwicklungen, die wiederum neue Gestaltungsmöglichkeiten für Prozesse und Schnittstellen eröffnen werden, zeichnen sich bereits ab. Unter anderen sind zu nennen die Themen Web Services oder Computing On Demand, die schon in näherer Zukunft neue Möglichkeiten des Zusammenwirkens zwischen Anwender- und Herstellerunternehmen ermöglichen werden. Diese Entwicklung kann es Anwenderunternehmen erleichtern, selbst als Application Service Provider (ASP) am Markt zu agieren – ein weiterer Grund für ein explizites Software-Produkt-Management auf der Anwenderseite. Mittel- bis langfristig wird die Nanotechnologie völlig neuartige, heute nur partiell absehbare Anwendungsfelder eröffnen. Man kann davon ausgehen, dass die Nanotechnologie in alle Bereiche der Geschäfts- und Lebenswelt in einem nicht gekannten Maße eindringen wird. An der Integration in Textilien wird bereits gearbeitet. So sollen integrierte Prozessoren die Luftdurchlässigkeit von Kleidung in Abhängigkeit von Messwerten für Temperatur und Feuchtigkeit steuern oder im Katastrophenfall in Teppichböden den besten Weg zum Notausgang anzeigen. Wir werden in absehbarer Zeit riesige Sensornetze bekommen, die neuartige Möglichkeiten der Beobachtung und Auswertung von Natur, Mensch und Umwelt schaffen (siehe [MatRöm03]). Die Netze werden drahtlos verbunden werden mittels vorhandener Netzstandards wie Bluetooth oder neuer Standards wie ZigBee, das den Stromverbrauch der Sensoren optimiert. Es wird viel Software benötigt werden, um die zu erwartenden Milliarden von Nanoprozessoren zu steuern und die erfassten Daten aufzubereiten und auszuwerten.

Die Rolle des Software-Produkt-Managers wird nach unserer Einschätzung angesichts dieser Entwicklung sowohl auf Hersteller- wie auf Anwenderseite noch wichtiger, um kreative neue Business-Modelle zu entwickeln und Technologie und Geschäft immer wieder aufs Neue zusammenzubringen.

Anhang: Stellenbeschreibung

Die folgende beispielhafte Stellenbeschreibung unterstellt die Aufhängung des Software-Produkt-Managements als Stabsfunktion im Bereich Marketing.

Titel: Software-Produkt-Manager der Produktfamilie X

Berichtet an: Direktor Produkt-/Marketing-Management

Pflichten:
- Verantwortet den nachhaltigen wirtschaftlichen Erfolg seiner Produktfamilie X im Einklang mit Unternehmenszielen und Unternehmensstrategie.
- Entwickelt die Produktstrategie für alle Produkte seiner Familie und die Familie selbst.
- Entwickelt abgestimmten langfristigen Marketing-Plan und Marketing- und Vertriebsstrategie für das Marktsegment mit Festlegungen, wie der kurz- bis langfristige Marketing-Mix aussehen soll, der zu maximalem Wachstum von Umsatz und Gewinn der Produktfamilie führt (z.B. Werbemaßnahmen, Öffentlichkeitsarbeit, Schulung und Support, Lizenzbedingungen, Pricing, Produkt-Image).
- Monitort die Zielerreichung und Planumsetzung für alle Produkte seiner Familie in Zusammenarbeit mit dem Controlling und berichtet darüber an die Unternehmensführung.
- Verantwortet die Durchführung des Anforderungsmanagementprozesses und Make-or-Buy-Entscheidungen zur Weiterentwicklung der Produktfamilie.
- Verantwortet die Release-Planung für alle Produkte seiner Produktfamilie.
- Vertritt seine Produktfamilie innerhalb des Unternehmens in allen relevanten Prozessen und wirkt an der Fortschreibung des Produkt-Portfolios des Gesamtunternehmens mit, insbesondere hinsichtlich der Hinzufügung neuer Produkte zu seiner Produktfamilie (inkl. Analyse von Wettbewerb, Markt und neuen Technologien, Business Case mit ROI (Return on Investment)-Kalkulation).

- Koordiniert in Bezug auf seine Produktfamilie alle relevanten Funktionen des Unternehmens, insbesondere Vertrieb, Marketing, Services und Entwicklung, insbesondere Orchestrierung von Produktankündigungen und ähnlichen öffentlichkeitswirksamen Maßnahmen.
- Vertritt seine Produktfamilie nach außen, d.h. bei Influencern, Presse, Kunden, Messen, Tagungen etc.

Qualifikationen:
- Diplom in Informatik oder Marketing,
- mindestens sieben Jahre Erfahrung in mindestens zwei relevanten Bereichen des Unternehmens,
- umfassende Marktkenntnisse,
- erwiesene Fähigkeit zur überzeugenden Kommunikation auf allen Hierarchieebenen des Unternehmens und nach außen (schriftlich, mündlich, Präsentationen) sowie Verhandlungsgeschick,
- Fähigkeit, eine große Palette von Aufgaben mit wechselnden Prioritäten parallel zu bearbeiten,
- Beherrschung aller relevanten Unternehmensprozesse und der Ermittlung der wirtschaftlichen Kennzahlen,
- tiefergehende Kenntnisse hinsichtlich Vertrags- und Lizenzfragen.

Literaturverzeichnis

[Balzert00]	Balzert, H.: Lehrbuch der Software-Technik, Software-Entwicklung, Spektrum Akademischer Verlag, 2. Auflage, 2000
[Balzert98]	Balzert, H.: Lehrbuch der Software-Technik, Software-Management, Software-Qualitätssicherung, Unternehmensmodellierung, Spektrum Akademischer Verlag, 1998
[Besaha03]	Besaha, B.: Bounty Hunting in the Patent Base, Comm. acm vol. 46, no. 3, March 2003, pp. 27–29
[BITplan02]	Bitplan: Erfolgsfaktoren in der Softwareentwicklung, Auswertung der Agility Days 2002, http://www.bitplan.de/download/AuswertungErfolgsfaktorenAgilityDays2002.pdf
[Brynjo03]	Brynjolfsson, E.: The IT Productivity Gap, Optimize Magazin, Issue 21, July 2003
[Carr03]	Carr, N.: IT Doesn't Matter, Harvard Business Review, May 2003
[Condon02]	Condon, D.: Software Product Management: Managing Software Development from Idea to Product to Marketing to Sales, Aspatore Books, 2002
[CoEdKl01]	Cooper, R.G., Edgett, S.J., Kleinschmidt, E.J.: Portfolio Management for New Products, 2nd edition, Perseus Books, Cambridge, 2001
[Cooper00]	Cooper, R.G.: Product Leadership – Creating and Launching Superior New Products, Perseus Books, Cambridge, 2000
[Cusuma03]	Cusumano, M.: Finding Your Balance in the Products and Services Debate, Comm. acm vol. 46, no. 3, March 2003, pp. 15–17

[DenDun03]	Denning, P.J., Dunham, R.: The Missing Customer, Comm. acm vol. 46, no. 3, March 2003, pp. 19–23
[Fahl03]	Fahl, W.: Anforderungsmanagement als Erfolgsfaktor in der Softwareentwicklung, in Softwaretechnik-Trends, Band 23, Heft 1, Februar 2003
[Gorche00]	Gorchels, L.: The Product Manager's Handbook: The Complete Product Management Resource, 2nd edition, NTC Business Books, Chicago, 2000
[HoRoPL00]	Hoch, D.J., Roeding, C.R., Purkert, G., Lindner, S.K.: Secrets of Software Success, Harvard Business School Press, Boston, 2000
[HooFar01]	Hooks, I.F., Farry, K.A.: Customer-Centered Products – Creating Successful Products through Smart Requirements Management, Amacom, New York, 2001
[IEEE99]	IEEE Standards Software Engineering, 1999 Edition, Volume Four: Resource and Techniques Standards, New York, The Institute of Electrical and Electronic Engineers, 1999
[JohGus00]	Johnson, M.D., Gustafsson, A.: Improving Customer Satisfaction, Loyalty, and Profit: An Integrated Measurement and Management System, Jossey-Bass, 2000
[Kittlaus01]	Kittlaus, H.-B. (Hrsg.): Database Marketing, Deutscher Sparkassen Verlag, Stuttgart, 2001
[Kittlaus99]	Kittlaus, H.-B., Goebel, R. (Hrsg.): Business Process Reengineering und Produktivitätssteigerungsprogramm, Deutscher Sparkassen Verlag, Stuttgart, 1999
[KoArSW02]	Kotler, P., Armstrong, G., Saunders,J., Wong, V.: Grundlagen des Marketing, 3. überarbeitete Auflage, Pearson Studium, München, 2002
[Kreger03]	Kreger, H.: Fulfilling the Web Services Promise, Comm. acm vol. 46, no. 6, June 2003, pp. 29–34
[LinFen03]	Linden, A., Fenn, J.: Understanding Gartner's Hype Cycles, Gartner Group, May 2003
[MatRöm03]	Mattern, F., Römer, K.: Drahtlose Sensornetze, Informatik-Spektrum 26(3), Juni 2003, S. 191–194

[MatMat98]   Matheson, D., Matheson, J.: The Smart Organization: Creating Value Through Smart R&D, Harvard Business School Press, Cambridge, 1998

[McGrat01]   McGrath, M.E.: Product Strategy for High Technology Companies, 2nd edition, McGrawHill, New York, 2001

[MilMor99]   Miller, W.L., Morris, L.: 4th Generation R&D: Managing Knowledge, Technology, and Innovation, John Wiley, New York, 1999

[Myers00]   Myers, J.H.: Measuring Customer Satisfaction: Hot Buttons and Other Measurement Issues, American Marketing Association, 2000

[Reichh96]   Reichheld, F.F.: The Loyalty Effect: The Hidden Force Behind Growth, Profits, and Lasting Value, Harvard Business School Press, Cambridge, 1996

[RobRob99]   Robertson, S., Robertson, J.: Mastering the Requirements Process, Addison-Wesley, New York, 1999

[RusKan03]   Rust, R.T., Kannon, P.K.: E-Service: A New Paradigm for Business in the Electronic Environment, Comm. acm vol. 46, no. 6, June 2003, pp. 37–42

[Samuel03]   Samuelson, P.: Trade Secrets vs. Free Speech, Comm. acm vol. 46, no. 6, June 2003, pp. 19–23

[Schien02]   Schienmann, B.: Kontinuierliches Anforderungsmanagement, Addison-Wesley, München, 2002

[Schmid03]   Schmid, K.: Lösungen für Probleme des Requirements Engineering für Produktlinien, in Softwaretechnik-Trends, Band 23, Heft 1, Februar 2003

[Standi01]   Standish Group: Chaos Chronicles Version 3, http://www.standishgroup.com/chaos/index.php

Stichwortverzeichnis

Abhängigkeiten zu anderen Produkten 127
Abwärtskompatibilität 17
Amazon 52, 55, 160
Änderungsrechte 91
Anforderungen 50, 96, 97, 107, 111, 114, 123
Anforderungsmanagement 6, 95, 108, 129, 130
Anwender 32, 35, 64, 92, 156
Apache 32
Application Service Provider (ASP) 152, 161
AS/400 83
Assets 2, 38
Auftraggeber 132
Aufwärtskompatibilität 17
Ausgliederung 35

BEA 27, 60, 62, 66, 86
Benutzerfreundlichkeit 119
Benutzergruppen 98
Benutzer-Konferenz 65
Benutzervereinigungen 98
BetaSphere 132
Brand Marketing 59
Brokat 1
Business Software 18
Business-Modell 30, 31, 34

Capability Maturity Modell (CMM) 134
ClearQuest 131
Co-Marketing 63
Commoditization 23
Competitive Analysis 103

Componentware 18
Consulting 74
Consumer Software 18
Core Strategic Vision (CSV) 141
CRM 45, 49, 61
Customer Satisfaction Surveys 100

Daueraufgabe 38
DB2 16, 53, 60, 103, 127, 129, 142
Dell 160
Dienstleister 34
Differenzierung 54, 160
Direktvertrieb 68
Distribution 67, 72
Distributoren 26
DOORS 131

EDS 152
Effizienz 118
Entwicklung 104, 132
Evolution 7, 53, 145
Exemplar 14

Forrester Research 44, 98
Forschung 104

Garantie 90
Gartner 22, 44, 61, 98
Gesetz des steigenden Grenznutzens 28, 56
Gewinn 40, 76

Händler 102
Hersteller 30
Heyde 1
Hype Cycle 47

IBM 16, 21, 27, 31, 32, 33, 40, 51, 53, 59, 60, 62, 70, 71, 82, 83, 86, 93, 99, 104, 128, 129, 131, 142, 146, 151, 152
IDC 22, 44, 61, 98
Incentive-Systeme 75
Independent Software Vendors (ISVs) 26, 72
Innovation 7, 53, 145, 161
Installierbarkeit 119
Internet 34, 73, 83
Itellium (KarstadtQuelle-Konzern) 153, 156

Java 21, 27, 60, 61, 66, 132
JBOSS 32

Kanalkonflikte 75
Kosten 22, 28, 64, 77, 78
Kultur 135
Kümmerer 39
Kunde 99
Kundenzufriedenheit 40, 100

Lastenheft 123, 124
Linux 32, 33, 61, 142, 146
Lizenz 82, 83, 85
Lizenzmodell 83, 86
Lizenzvertrag 89
Lotus 27, 60, 85

Magic Quadrant 45
Marke 58, 59, 60
Marketing Communication (MarCom) Plan 65
Marketing 56, 59, 66, 106
Marketing-Strategie 22, 44, 61, 58, 63, 64, 57, 142
Marktanteil 41, 142
Marktdefinition 44
Marktdurchdringung 49
Markteintrittsbarrieren 23
Marktforschung 44, 98
Marktführer 28, 29

Marktführerschaft 61
Messgröße 41
Meta Group 44, 98
Microsoft 19, 27, 32, 33, 41, 51, 52, 53, 85, 115, 129, 141
MySQL 32

Nachhaltigkeit 37, 159
NLS (national language support) 50
NSE Software AG 1, 30
Nutzungsrecht 82

Object Code 91
One-Click-Technologie 53, 55
Open Source 32, 54, 152
Oracle 59, 60, 62, 86, 103, 127
Organisation 42, 147, 149, 150, 151, 159
OS/2 27, 142
OS/390 33, 127, 128
Outsourcing 36, 95, 152
Ownership 32

Partner 24, 63, 71, 102
Patentierung 54
Performance 118
Pflichtenheft 112, 125
Planung 135
Portabilität 120
Portfolio-Management 140, 142, 145, 147
Postbank Systems 153, 156
Preismodelle 82
Preissensitivität 79
Pricing 76
Product Life Cycle Management (PLM) 132
Produktarten 152
Produktfamilie 16, 53, 129, 142
Produktivität 1
Produktlebenszyklus 145
Produktname 15
Produktplattform 52, 129, 141
Produktpositionierung 44

Produktstrategie 51
Public Relation 65

Qualität 1

Rational 1, 131
Red Hat 33
RequisitePro 131

SAP 27, 49, 53, 54, 66, 93, 115, 141, 152
Scope 49
Service 103
Service Level Agreement (SLA) 90, 92
Sicherheit 118
Siebel 45
Skill 43, 55, 137, 148
SLA 93
Software License Management 3
Software-Krise 1
Source Code 91
Spreadsheet 27
Standardisierung 28, 34, 64
Stellenbeschreibung 163
SUN 27, 33, 60, 132
Support-Struktur 93
Suse 33, 155
Suse Linux 152
System-Integratoren (SIs) 26

Telelogic 131
Telesales 73
Tivoli 60

Tracing 113
Typ 14

UNIX 27, 32, 33, 61, 83, 127
Unternehmensführung 37, 138, 140, 148, 149, 159
Unternehmenslizenz 84, 89
Unternehmensstrategie 6, 76, 141, 142

Value Added Resellers (VARs) 26, 72, 102
Verfügbarkeit 91, 118
Vertrieb 67, 72, 105
Vertriebskanal 72, 86, 75
Vertriebsstrategie 67, 71
VisiCalc 27

Wang 52
Wartbarkeit 120
Wartung 31, 84, 85, 90, 91, 94, 145
Web Service 93
Werkzeugunterstützung 131
Wettbewerb 53, 61, 79, 81, 160
Windows 27, 33, 41, 127, 141

Xerox 61

Ziel 1, 2, 37, 40, 41, 58, 64, 76, 139, 147, 159
zOS 33
Zuverlässigkeit 117

Druck: Mercedes-Druck, Berlin
Verarbeitung: Stein+Lehmann, Berlin

MIX
Papier aus verantwortungsvollen Quellen
Paper from responsible sources
FSC® C105338

If you have any concerns about our products,
you can contact us on
ProductSafety@springernature.com

In case Publisher is established outside the EU,
the EU authorized representative is:
**Springer Nature Customer Service Center GmbH
Europaplatz 3, 69115 Heidelberg, Germany**

Printed by Libri Plureos GmbH
in Hamburg, Germany